질문과 답변으로 쉽게 배우는
해킹/보안 실무

모의해킹이란
무엇인가?

질문과 답변으로 쉽게 배우는 해킹/보안 실무

모의해킹이란 무엇인가?

지은이 조정원

펴낸이 박찬규 엮은이 이대엽 디자인 북누리 표지디자인 아로와 & 아로와나

펴낸곳 위키북스 전화 031-955-3658, 3659 팩스 031-955-3660
주소 경기도 파주시 문발로 115 세종출판벤처타운 #311

가격 22,000 페이지 288 책규격 172 x 235mm

초판 발행 2014년 03월 12일 2쇄 발행 2017년 07월 15일
ISBN 978-89-98139-44-5 (93000)

등록번호 제406-2006-000036호 등록일자 2006년 05월 19일
홈페이지 wikibook.co.kr 전자우편 wikibook@wikibook.co.kr

이 도서의 국립중앙도서관 출판시도서목록(CIP)은
서지정보유통지원시스템 홈페이지(http://seoji.nl.go.kr)와
국가자료공동목록시스템(http://www.nl.go.kr/kolisnet)에서 이용하실 수 있습니다.
CIP제어번호 CIP2014006828

모의 해킹 이란 무엇인가 ?

질문과 답변으로 쉽게 배우는 해킹/보안 실무

조정원 지음

위키북스

책을 통해 다른 사람들과 이야기하는 것은 행복한 일이다. 마냥 책을 쓴다고 생각하면 육체적으로, 정신적으로 매우 힘든 작업이다. 그렇지만 삶 속에서 한 주제에 대해 계속 질문하고 그 답을 찾기 위해 자료를 보고, 나의 생각들을 정리하게 되면 이것은 나의 자산이자 다른 사람들과 이야깃거리를 만들 수 있는 기회가 된다.

이제까지 기술적으로 집필한 책은 모두 내 업무와 관련된 것이었다. 컨설턴트를 마무리하면서, 관리실무를 하면서, 필요한 모든 지식들을 하나씩 정리해나갔고, 함께 연구하는 멤버들과 좋은 작품을 만들어냈다. 계획했던 프로젝트를 하나씩 끝내가는 과정이었다.

이렇게 기술적인 책을 쓰다 보니 갑자기 의문이 들기 시작했다. 정말로 모의해킹 업무를 후배들에게 설명해야 한다면 어떻게 설명해줄까?! 어떤 실무이든 내가 경험한 것이라면 잘 이야기를 해줘야 할 텐데 내 머릿속에서도 내가 하고 있는 업무가 정리되지 않는다면 제대로 된 대답이 나올 수 없으리라 생각했다. 그래서 다양한 커뮤니티 활동을 통해 질문받은 내용을 토대로 나의 경험을 살려 답변을 적어내려가기 시작했다. 이 중에는 질문을 했던 사례를 그대로 답변한 것도 있고, 내가 나한테 질문을 하고 답변을 쓴 것도 있다.

이 질문의 답변들은 정답이 아니다. 사람마다 경험한 바가 모두 다르기 때문에 답변도 모두 다를 것이다. 이 책은 사람들의 답변을 받고 나의 모의해킹 경험을 바탕으로 답변한 내용이다. 어떤 사람들은 이 답변을 보고 이해하지 못할 수도 있다. 심지어 화를 낼 수도 있다. 그렇지만 내가 보안 분야에서 종사한 지 8년이 된 이 시점에서 나도 내가 어떻게 답변할 수 있을지 궁금했다. 앞으로 5년을 더 보안 분야에 종사하고 난 뒤에 책을 쓴다면 다른 답변이 나올 것이라 생각한다.

지금 내가 이 책을 쓰지 않는다면 앞으로도 후배들에게 조금이나마 궁금증을 풀어줄 수 있는 책이 당분간 나오지 않을 것이라 생각한다. 이 책을 읽는 후배들도 이 답변을 그대로 받아들이기보다는 답변에 나오는 상황들을 상상하면서 다시 한번 의문이 생긴다면 질문해 주길 바란다. 나는 언제나 이런 질문들을 반길 것이다. 언제든지 함께 재미있게 이야기할 준비가 돼 있다.

9년이라는 짧은 경험이지만 다양한 프로젝트와 프로젝트 매니저를 진행하고 담당하면서 경험한 모든 내용들이 조금씩이라도 다 이 책에 언급돼 있기 때문에 이 분야에 관심이 있는 모든 분들에게 충분히 전달될 수 있으리라 생각한다. 내용상 기술적 용어를 모두 제외하고 말할 수는 없었지만 최대한 줄이면서 좀 더 이해하기 쉬운 표현을 사용하려고 노력했다. 기술적인 접근법을 알고 싶다면 내가 이전에 집필한 책들을 참고해도 좋다. 몇 년 후에도 이와 동일한 주제로 책을 쓸 것이다. 그때는 또 다른 관점이 생길 것이고 경험 부족으로 생긴 잘못된 부분은 수정해 나갈 것이다. 그때는 정말 모든 분야에서 이와 같은 경험을 바탕으로 한 책들이 많이 나와서 모든 이들이 접할 수 있으면 좋겠다.

이 책을 끝까지 쓸 수 있게 힘을 주신 하나님께 감사드리고, 부족한 원고임에도 선뜻 계약을 추진해주신 출판사 대표님께 감사하다. 집필하는 동안 항상 옆에서 힘이 돼 준 와이프 김혜진과 아들 조호영에게 사랑한다고 전하고 싶다. 이 책을 위해 기꺼이 시간을 투자해준 멤버들에게 감사하고, 이 모든 것은 멤버들의 자산이고 가치라는 점을 한번 더 강조한다. 모든 멤버들에게 사랑한다고 전하고 싶다.

보안 분야에 입문하는 학생들 중에는 모의해킹(Penetration)에 흥미를 느끼는 학생들이 많다. 학원에서도 커리큘럼의 대부분은 기술적인 사항을 다루기 때문에 모의해킹으로 진로를 선택하는 사람이 반절 이상이다. 그만큼 기술의 조합을 통해 자신이 선택한 시스템을 점령해 나가는 과정은 매우 흥미롭다. 언론에 나오는 공격 사례들을 보면 웹 사이트 취약점을 이용해 시스템에 침투한 뒤 사람들이 많이 방문하는 곳에 악성코드를 심어 개인PC에 설치하게 한다. 이렇게 설치된 악성코드들은 사이버테러에 이용되며 다른 사이트를 침투할 때 경유지로 활용된다.

이런 종류의 공격도 모의해킹을 진행할 때 항상 생각하는 사나리오다. '내가 공격자라면 이 시스템의 어떤 경로를 통해 침투할 것인가', '어떤 정보를 획득하기 위해서 이 방법을 선택했고 이 시스템에 침투한 뒤에 어떤 행동을 추가적으로 할 것인가'를 생각하며 진행하는 작업은 매우 흥미롭다. 그리고 이 공격들을 어떻게 방어해야 최선의 대응 방안(Best Practice)이 나올지 고민하는 것도 모의해킹의 중요한 업무다.

모의해킹의 범위는 나도 감히 정의할 수 없을 정도로 넓다. IT의 모든 분야에서 보안적인 이슈를 고려하고 이슈와 관련된 공격을 바탕으로 시나리오를 구성해서 어떤 중요한 정보를 획득할 수 있는지 고민하는 것이 모의해킹의 범주에 해당한다고 할 수 있다. 그만큼 몇 개월을 공부하고 일한다고 해서 이뤄지는 것이 아니라, 업무를 하면서도 꾸준히 최신 동향을 읽고, 자신만의 기술을 연마하고 노하우를 만들어가는 것이 중요하다. 2개월, 3개월 전에 다뤘던 기술도 한동안 관심을 두지 않으면 다른 환경에서 적용할 수 없을 정도로 변화하는 곳이 IT 분야의 보안이다.

고객사에서 이제 더는 취약점이 나오지 않을 것 같은 서비스에서 새로운 이슈를 찾아 작년과는 뭔가 다른 새로운 것을 보여주기를 바랄 때 그 당시에는 극도로 스트레스를 받으며 진행하지만 이를 성공적으로 해냈을 때 느끼는 쾌감은 모의해커를 선택하길 자랑스럽게 만드는 원동력이다.

저자는 이런 느낌을 후배들과 공유하기 위해 이 책을 집필했다. 학생들은 책에서 배운 기술과 학원에서 배운 기술만 가지고 모든 것을 해내려고 노력한다. 모의해킹에서 기술은 당연히 바탕이 돼야 하지만 실무에서는 고객들과의 만남, 다른 업무와의 조합 때문에 매우 큰 차이를 느낄 것이다. 모의해커의 길을 선택한 지 몇 달 만에 퇴사하거나, 즐거운 마음이 아닌 기계적으로 일하는 이유도 바로 여기에 있다. 이 책은 이런 이유에 관해 내 경험을 바탕으로 솔직하게 이야기하고 후배들에게 들려주고 싶은 이야기를 정리한 결과다.

또한 이 책은 이 분야에 도전하고 싶은 학생들이 많이 궁금해하는 점에 관해 옆에 앉은 선배가 차근차근 설명해주는 이야기 모음집이라 할 수 있다. 그 자리에서 바로 대답했다면 잘못 전달되어 뜻이 제대로 전달되지 못하는 경우도 있지만, 한 질문에 대해 여러 번에 걸쳐 고민하고 쓰고 다시 고치는 과정에서 아는 내용을 모두 종합해서 정성껏 대답한 내용들을 꾹꾹 눌러담았다. 물론 이 책의 내용은 내 경험을 바탕으로 쓴 내용이라서 주관적인 의견도 많이 포함돼 있지만 거짓 정보를 가지고 경험하지 않은 것을 가지고 이야기한 것은 아니기 때문에 조금이나마 이 분야를 이해하는 데 도움될 것이다.

이 책을 보고 또 다른 선배에게 물어보고 또 다른 답변이 나온다면 스스로 정리해보기 바란다. 그리고 1년 후에 다시 이 책을 보면서 자신의 경험과 비교해보길 바란다. 공감되는 부분도 많을 것이고 이 책에 쓰여있지 않은 경험도 많이 있을 것이다. 그런 경험들도 글로 남겨져 나도 나중에 그 글을 보면서 공감하고 웃음을 지었으면 좋겠다.

이 책의 구성

이 책은 모의해킹 분야에 관해 고민하는 독자를 대상으로 쓰여졌다. 모의해킹과 관련된 질문과 내 경험을 바탕으로 쓴 기술 에세이다.

1장은 모의해킹 진단에 관한 질문/답변이다. 모의해킹 분야에 입문하는 사람들이 자신이 공부하는 내용들이 실무에서 어떻게 사용될 수 있는지 생각할 수 있는 시간이다. 공부하면서 배운 내용과는 많이 다를 것이다. 침투 관점에서만 설명하지 않았고, 관리실무 관점에서 바라본 모의해킹 업무에 관한 내용도 많이 다뤘다. 1장에서 설명한 프로세스도 정답은 아니다. 이 책을 읽는 독자들도 경험을 살려서 자신만의 방법론과 프로세스를 만들어가야 한다.

2장은 학습 내용에 관한 질문/답변이다. 모의해킹 업무를 하려면 공부해야 할 영역이 많다. 이 영역을 모두 배운 뒤에 취업에 도전하는 것이 아니라, 학습 방향을 잘 잡아서 집중적으로 준비할 기간이 필요하다. 2장에는 학습할 때 궁금했던 내용만 수록했다. 아울러 포괄적인 답을 요구하는 질문도 많았는데, 그 중에서 수많은 세미나에서 나온 대표적인 질문을 선택해서 정리했다.

3장은 입사에 관한 질문/답변이다. 학생들이 공부하는 목적 중 가장 중요시하는 것은 취업이다. 자격증을 취득하는 것도, 토익공부를 하는 것도, 프로그래밍 공부를 열심히 하는 것도 취업하고자 하는 목적 때문일 것이다. 모의해킹과 관련된 분야에 취업하고자 하는데, 정보가 없다는 것에 답답할 것이다. 3장에서는 저자의 경험을 바탕으로 진실된 의견을 제시했다.

보고서를 쓸 때는 모의해킹보다는 모의침투라는 단어를 많이 쓴다. 그렇지만 이 책에서는 모의해킹이라는 단어가 독자들에게 더 와 닿기 때문에 이 단어를 쓰기로 했다.

이 책의 특징

모의해킹과 관련된 웹 서비스 취약점 진단, 해킹대회 문제 풀이, 범용 애플리케이션 취약점 진단 등을 다루는 기술책은 많다. 그렇지만 국내 모의해킹 업무에 대해 입문자에게 속 시원하게 이야기한 책은 없다. 이 책은 한 분야의 기술을 다룬 것이 아니라 모의해킹 업무를 진로로 선택한 학생들과 이제 막 업무를 시작한 직원들이 앞으로 맞이할 업무에 관해 서로 고민할 수 있는 책이다. 자신이 선택한 분야에 관해 고민해보는 것은 중요하다. 이 책에서는 '모의해킹'이라는 주제에 관한 입문자들의 질문을 통해 고민한 내용을 실었다.

이 책의 대상 독자

이 책은 모의해킹에 입문하고 싶은 독자들이 모의해킹에 대해 한번쯤 고민할 수 있게 도움을 준다. 다음과 같은 독자에게 이 책을 추천한다.

- 모의해킹 컨설턴트/관리실무 업무를 이해하고 싶은 독자
- 모의해킹 컨설턴트/관리실무를 시작할 때 가이드가 필요한 독자
- 모의해킹을 직업으로 하면서 한번쯤 이 책에서 다룬 질문들을 고민하고 싶은 독자
- 보안 분야에 종사하면서 자신의 경험을 나누고 싶은 독자

02

공부할 때 궁금한 점 144

03

목 차

01
—
모의해킹
진단 업무에서
궁금한 점

1장은 모의해킹 업무에 관한 질문에 답변한 내용이다. 취업을 준비하는 과정에서, 혹은 담당자들이 모의해킹 업무를 이해하는 과정에서 궁금했던 사항에 관해 경험을 바탕으로 이야기했다. 간단한 모의해킹의 절차부터 업계에서는 어떤 업무를 주로 하고 있는지 파악할 수 있다. 여기서 다룬 내용은 모의해킹 분야로 진로를 선택한 사람들에게 크게 도움될 것이다.

01 / 모의해킹 절차는 어떻게 진행되나요?

Q&A

어떤 업무를 하더라도 일정한 업무 프로세스가 있다. 프로세스가 제대로 확립돼 있지 않다면 수행하는 진단원 입장에서든 관리하는 입장에서든 나중에 결과 협의를 할 때 어려움을 겪는다.

모의해킹 진단(웹 서비스 해킹, 시스템 해킹, 네트워크 해킹 등을 포함하는)에 관해 설명한 책은 대부분 번역서인데, 이러한 책에서는 항상 그림 1-1과 같은 절차를 설명하고 있다. 실무에서도 표현을 달리할 뿐이지, 단계는 크게 다르지 않다. 국내서로는 내가 집필한 『백트랙을 활용한 모의해킹』에서 충분히 절차에 대해 설명했다. 아래의 참고 동영상에서는 모의해킹 절차와 보고서의 목차를 비교 분석했다. 보고서에서도 정보수집(Information Gathering)부터 보고서 작성(Reporting)까지 각 단계별로 어떤 업무를 수행할지에 대해 언급해야 한다.

모의해킹 정의와 절차를 다룬 동영상 강의

내가 집필한 책을 구입해 본다면 더욱 영광이겠지만 기술적인 부분은 모두 제외하고 이 책의 내용만으로도 충분하다고 생각한다면 아래 동영상만은 꼭 보길 바란다.

『백트랙을 활용한 모의해킹』(에이콘출판사)을 기반으로 온라인 강의를 했으며, 이 강의만 봐도 컨설팅 관점의 모의해킹 업무에 대해 이해할 수 있다. 동영상에서 설명한 내용을 이 책에 싣지 않은 이유는 그러한 내용까지 이 책에 포함한다면 기존 책과 중복되는 부분이 많기 때문이며, 이 점에 대해 미리 양해를 구한다.

- 모의해킹의 정의: http://chogar.blog.me/80199259834
- 모의해킹 업무의 범위: http://chogar.blog.me/80199293213
- 모의해킹 진단의 이해: http://chogar.blog.me/80199335544

---

1   백트랙을 활용한 모의해킹: http://goo.gl/VulcLQ (예스24)

여기에 다시 몇 단계를 추가해서 상세화하면 그림 1-1과 같이 Pre-Engagement Interactions(사전 협의 단계) → Intelligence Gathering(정보 수집 단계) → Threat Modeling(위협 모델링 단계) → Vulnerability Analysis(취약점 분석 단계) → Exploitation(침투 단계) → Post Exploitation(내부 침투 단계) → Reporting(보고서 작성) 으로도 정의할 수 있다.

| Pre-Engagement Interactions 사전 협의 단계 | Intelligence Gathering 정보 수집 단계 | Threat Modeling 위협 모델링 단계 | Vulnerabiliry Analysis 취약점 분석 단계 | Exploitation 침투 단계 | Post Exploitation 내부 침투 단계 |

그림 1-1 모의해킹 업무의 절차

절차	설명
사전 협의 단계	담당자(관리실무자)와 프로젝트 진행 범위를 결정
정보 수집 단계	점검할 대상에 대해 어떤 서비스이고, 외부에 노출돼 있는 정보들이 어떤 것인지에 관한 모든 정보를 수집
위협 모델링 단계	수집된 정보를 서비스와 비교해 보안 관련 문제가 발생할 수 있는 부분을 분류
취약점 분석 단계	진단 항목에 맞게 어떤 취약점이 도출될 수 있는지 확인
침투 단계	시나리오를 기반으로 각 진단 항목을 서비스에 대입해 침투 진단
내부 침투 단계	1차 침투가 완료된 후에 2차, 3차로 내부 시스템 침투 진단
보고서 작성	도출된 취약점 위협 평가, 영향도를 반영해 결과보고서 작성

이해하기 쉽게 단계별로 상세히 설명하자면 **사전협의 단계**는 담당고객(관리실무자)과 프로젝트 진행을 어느 범위까지 할지 결정하는 단계다. 웹 서비스 진단이라면 대상 URL이 몇 개이고, 침투에 성공했을 때 연결돼 있는 시스템(내부 네트워크, 데이터베이스, 로그 시스템 등)까지 진단 시나리오에 포함시켜야 할지, 각 일정에 맞춰 투입되는 인력은 몇 명(Member/Month)으로 할지를 결정하는 단계다. 이때 담당고객과 확실한 기준을 정하지 못한다면 일정에 차질이 생길 수 있기 때문에 꼭 회의록를 만들고 문서화해서 최종적으로 확인된 내용을 보관해야 한다(전화로 결정하기보다는 메일로 주고받아서 이후 문제가 생겼을 때 이를 토대로 확인해야 한다).

정보수집 단계에서는 점검할 대상과 관련된 정보를 최대한 수집해야 한다. 이 회사가 어떤 서비스를 하고 있고, 구글에는 어떤 페이지가 노출되고 있으며, 상세 서비스의 내용을 보면서 어떤 기능들을 제공하고 있는지 등 모든 내용들을 수집한다. 물론 진단을 하다 보면 정보를 제대로 수집도 하지 않은 상태에서 입력폼에 공격 패턴을 입력해보고, 악성 스크립트를 업로드하는 행위를 하곤 한다. 그렇지만 절차라는 것은 최대한 따르라고 만들어지는 것이니 보고서에 작성된 절차들을 충분히 이행해야 한다. 정보 수집을 제대로 하는 습관을 들이면 미처 생각지 못한 곳에서 취약점이 발견되거나 진단 항목을 매칭했을 때 진단 항목을 빼먹지 않을 수 있다. 그리고 나중에 결과 보고를 할 때도 고객사에서 문의하는 답변에도 충분한 답을 제시할 수 있어야 한다. 동일한 모듈이 여러 기능에서 사용되고 있다면 수집된 정보를 이용해 다른 기능들과 비교해 취약점 여부를 목록화하는 것도 결과보고서에 들어가야 할 보충내용이다.

위협 모델링 단계는 포괄적인 의미로 이해할 수 있다. 이 책에서는 수집된 내용 중에서 보안상 문제가 될 수 있는 부분들을 분류하는 단계 정도로 이해하자. 그럼 이 서비스에 어떤 진단 항목들을 적용할지 도출할 수 있다. 이처럼 **취약점 분석** 단계로 넘어오면 서비스도 파악됐고, 이제 시나리오를 구성할 수 있다. 외부에서 침투한다고 하면 어떤 기능에서 어떤 취약점이 발생할지 하나하나 대입해본다. 웹 서비스라면 입력값에 대한 검증 미흡으로 XSS 취약점이 발생할 수 있으며, SQL Injection 취약점, 파일 다운로드 취약점 등이 나올 수 있다. 이렇게 취약점 여부까지 판단하는 것이 분석 단계다.

이 정도 단계까지 오면 시나리오를 구성하게 되는데, 모의해킹 진단에서 공격 시나리오는 매우 중요한 부분이다. 이때 시나리오를 제대로 세우지 않으면 서비스에서 발생할 수 있는 보안위협들을 놓칠 수 있다. 점검 항목(행안부 43개, OWASP TOP 10 등)만 보는 것이 아니라 어떤 서비스를 제공하고 있느냐에 따라 시나리오가 많이 달라진다. 서비스 안에서도 사용자들이 사용할 수 있는 기능으로 어떤 것이 있느냐에 따라 많이 달라지기도 한다. 이 시나리오의 목적은 침투하는 데 있지만 팀원들이 어떤 기능에서 어떤 진단을 빼먹지 않고 꼼꼼히 이행했는가를 나타내는 자료의 역할도 한다. 이런 자료는 나중에 결과가 모두 도출되고 난 뒤에도 고객의 궁금증을 해소하거나, "우리는 이런 것들을 모두 진단했습니다"라는 증거로 활용할 수 있기 때문에 꼭 이 단계를 밟아야 한다.

그리고 이제 **침투 단계**다. 침투 단계에서는 노출된 취약점을 이용해 어떻게 주요 정보를 획득할 수 있을지 파악한다. 게시판의 파일 첨부 기능에 파일 업로드 취약점이 있다는 것을 확인했다면 스크립트 파일을 이용해 시스템 명령어를 실행해 본다. 시스템 명령어가 실행된다면 시스템에 침투한 것이다.

나중에 설명할 내부 침투 단계로 넘어갈 때 한 가지 중요한 부분은 관리자 권한 상승(Privilege Escalation)이다. 서비스로 침투하든, 내부 사용자가 임의의 실행파일을 실행하게 해서 침투하든 시스템의 권한이 관리자 권한이 아니라면 내부 침투 단계를 수행할 때 제한이 있다. 그렇기 때문에 관리자 권한으로 상승하기 위한 노력이 필요한데, 이때 사용하는 것이 시스템에 적합한 공격 코드(Exploit)다. 악의적인 목적으로 접근한다면 공격 코드를 얼마든지 사용해 권한 상승을 시도할 것이다. 그렇지만 모의해킹 침투를 할 때는 공격 코드에 의해 시스템 장애가 발생할 수 있기 때문에(시스템에 크래시가 발생해 리부팅하는 현상이 일어날 수 있다) 신중하게 접근해야 한다.

내부 침투 단계에서는 웹 서버에 저장돼 있는 정보를 하나씩 확인해 2차적으로 공격할 수 있는 지점을 다시 찾는다. 연결돼 있는 네트워크망에 중요한 그룹웨어 시스템 및 메일 시스템이 있다면 임직원들의 행위를 파악할 수 있기 때문에 매우 좋은 환경이다. 이때 네트워크의 패킷 전달 방식을 임의로 조작해 공격자에게 오게 하는 스푸핑 공격을 진행할 수 있다. 그 결과 임직원들이 입력하는 계정 정보(아이디, 패스워드)를 획득할 수 있다. 그런 다음 내부 서비스에 접속해서 획득한 계정 정보로 접속한 뒤 내부 임직원처럼 행동하는 식으로 3차 공격을 진행할 수 있고 개인 PC까지 침투할 수 있는 경로를 확보한다. 이처럼 내부 침투 단계는 한 단계씩 계속 연결해서 공격할 수 있는지 테스트해보는 단계인데, 실제 모의해킹 진단을 하게 되면 외부망 모의해킹(대외 서비스 모의해킹)에서는 내부 침투단계를 생략하게 된다. 대신 내부망 모의해킹을 할 때는 기존의 시나리오를 전제로 점검하곤 한다. 물론 네트워크에 장애를 일으킬 수 있는 요소가 있다면 실무자의 요청과 함께 '가능성' 정도만 점검하고 넘어간다.

보고서 작성 단계에서는 앞에서 설명한 모든 절차대로 수행하면서 발생한 취약점과 서비스에 어떤 영향을 줄 수 있는지(영향도 평가)를 포함해 고객사에 대응 방안까지 제시한다. 보고서를 작성하는 방법은 프로젝트마다 다르지만 상세 내역은 실무자가 이해할 수 있는 수준으로 상세히 설명해야 한다. 실무자는 보고서를 받고 업무가 끝나는 것이 아니라 취약점 진단 내용을 토대로 팀의 담당자와 함께 패치 프로세스를 만들어야 하기 때문이다.

지금까지 절차에 대해 간단히 살펴봤다. 어려운 절차는 분명 아니다. 취약점을 진단하고자 할 때 자연스럽게 나오는 단계일뿐이다. 그런데 막상 진단을 하다 보면 무조건 취약점을 도출하기 위해 이런 절차는 생각도 하지 않고 무시해버린다. 내 경험상 이런 절차를 무시하면 나중에 프로젝트가 완료된 후에 꼭 한두 가지씩 문제가 발생한다.

솔직히 이 절차들을 전부 지키기란 쉬운 일이 아니다. 정보수집만 한다고 해서 팀원들이 모두 정보수집을 해서 원하는 정보를 전부 기록하는 것은 아니다. 하지만 이런 정보수집 기록과 절차에 따른 진단 항목이 모든 진단 대상으로 반영되지 않아 하나씩 누락되기 시작하면 고객들이 결과를 보며 추가적으로 알고 싶어 하는 정보, 혹은 진단 후에라도 침해사고가 발생해서 책임 소재를 묻는 상황이 생길 가능성을 고려하면 히스토리 정보는 매우 중요하다. 그러므로 프로젝트의 최고선임은 모든 절차에서 할 수 있는 부분들을 최대한 팀원과 함께 공유하면서 진행해야 한다.

분석 과정에서 기술적으로 어떤 도구를 사용해야 할지 판단이 안 된다면 나는 여러분들이 많이 들어봤을 법한 칼리리눅스(백트랙 후속 버전)를 확인해보길 권장한다. 학원에서 배우든 책을 통해 공부하든 모의해킹 도구의 쓰임새를 알면 반대로 모의해킹 절차에 대해 쉽게 알 수 있다. 칼리리눅스는 모의해킹 도구가 중심을 이루고, 그 외에 포렌식/악성코드 분석, 스트레스 테스트 분석에 관한 도구가 포함돼 있다. 모의해킹을 수행하는 데 이 도구들을 모두 사용하지는 않지만 각 도구가 왜 그렇게 배치돼 있는지 알 수 있다면 절차에 따라 도구 선택의 폭이 넓어진다.

모의해킹을 진행하는 과정에서 적당한 도구가 생각나지 않는 경우가 있고 기존에 사용했던 도구가 생각나지 않는 경우가 있다. 이때 칼리리눅스(백트랙)를 참고하면 많은 도움이 된다. 대표적인 도구는 웬만큼 각 모의해킹 절차에 따라 배치돼 있기 때문에 해당 도구를 그대로 사용하거나 수정해서 활용하면 된다.

---

2   칼리리눅스(Kali Linux): http://www.kali.org/

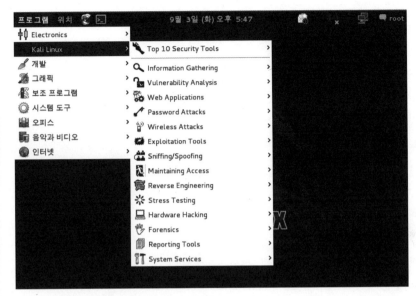

그림 1-2 모의해킹 절차와 칼리리눅스의 메뉴 비교

그림 1-2와 앞에서 설명한 절차를 한번 비교해 보기 바란다. 중간에 환경을 고려한 무선네트워크 침투(Wireless Attacks)가 포함돼 있다. 이는 무선 네트워크 침투를 통해 내부 시스템에 침투할 수 있는 시나리오이며, 바로 뒤에 심화 공격 도구(Exploitation Tools)가 위치해 있다. 나는 이 도구를 보면서 실무에서도 이를 순서대로 활용할 수 있다는 점을 깨달았고, 도구만 맹신해서는 안 되지만 그래도 이 도구를 개발한 사람들은 지금 나와 이 책을 읽는 여러분보다는 뛰어난 해커임은 틀림없을 것이다.

칼리리눅스(백트랙 후속판)란?

칼리리눅스는 컴퓨터에 설치하지 않고도 사용할 수 있는 라이브CD 형태의 데비안(리눅스) 환경으로서, 모의해킹에서 각 프로세스 업무별로 사용할 수 있는 300여 가지가 넘는 오픈소스 도구가 포함돼 있다. 이전 버전은 백트랙으로 많이 알려져 있으며, 백트랙에 관한 간단한 소개는 "QA 10. 모의해킹 업무에서 백트랙 및 메타스플로잇의 활용도는 어느 정도인가요?"를 참고한다.

칼리리눅스와 백트랙의 차이를 이해하고 싶다면 내 블로그에 정리된 내용을 확인하기 바란다. 1년에 2번 정도 메이저 버전까지 업데이트되어 배포된다.

http://chogar.blog.me/80199643586 (칼리리눅스 이해)

모의해킹 진단을 왜 하나요?

이 책에서는 앞으로 모의해킹에 대한 의문점을 서로 고민하게 될 것이다. 첫 번째 고민은 "우리는 왜 모의해킹을 하고 있을까?"다. 취업을 앞두고 있는 학생분들도 모의해킹 분야로 진로를 정하기로 마음먹었다면 이 질문에 대한 답을 한번 고민하기 바란다.

모의해킹(모의침투)은 "Penetration Test"를 그대로 직역한 말이다. 그래서 어떤 서비스를 대상으로 공격자 입장에서 침투가 가능한지 미리 확인하는 업무다. 그렇다면 모의해킹을 왜 할까? 고객이 심심하기 때문에 할까? 시스템이 침투당하는 것을 보고 싶어하기 때문일까? 그 이유에 대해 우선 몇 가지 경우를 두고 이야기해보자.

첫째는, 시스템이 망가지면 서비스가 안 되기 때문이다. 이것은 매출과 관련이 있다. 비즈니스 목적이 아닌 인터넷 서비스는 잠깐 시스템이 망가진다고 해서 크게 타격을 받지 않는다. "시스템 장애가 발생했습니다"라고 표시하고 몇 시간을 두더라도 전화상으로도 업무를 해결할 수 있으면 크게 문제가 없다. 그렇지만 금융권(증권사, 은행 등), 인터넷 쇼핑몰, 인터넷 포털 서비스 등은 몇 초라도 장애가 발생하는 순간 매출에 어마어마한 타격을 입게 된다. 그럴 바에는 모의해킹을 포함해서 기반시설을 보호하기 위해 수십 번이고 투자할 만한 가치가 있다.

둘째는, 기업의 이미지 훼손이다. DDoS 공격에 의한 서비스 장애, 해킹 사고에 의한 장애 발생 등이 지금도 이곳저곳에서 많이 발생하고 있다. 중소기업의 소규모 사이트에서 일어나는 사고는 언론에 나오지 않지만 대형 포털 사이트 및 다량의 개인정보 유출 사고 등은 바로 언론의 1면에 발표된다. 이러한 경우 수많은 사람들은 자신의 개인정보 및 2차적인 금전적 피해 발생의 위협을 느낀다. 한번에 많은 고객을 경쟁사에 빼앗기는 것은 비즈니스에 큰 손해를 입힌다.

셋째는, 법률 및 규정을 따라야 하기 때문이다. 만약 해킹사고가 발생했는데 그 회사에 어떤 책임을 물릴 수 있는 법률이 없었다면 회사에서 얼마나 보안에 투자할까? 이제까지 보고된 침해사고 없이 서비스가 잘 운영되고 있고, 개인정보가 유출됐음에도 잠깐 사과를 하고 다시 분위기가 좋아지면 기존과 같이 운영할 것이다. 법적으로 아무런 문제도 없기 때문이다. 하지만 이것은 옛날 이야기가 아니고 바로 몇 년 전 이야기다. 국내에서 굵직한 사고가 터지다 보니 법이 강화됐고, 이전에 허점이 보였던 '개인정보'와 관련된 법도 통과된 것이다. 회사 입장에서는 수많은 법들을 해석할 필요가 있기 때문에 머리가 아프긴 하지만 의무사항에 대해서는 모두 지켜야 하니 보안 적용을 추진할 수밖에 없다.

대표적으로 '정보통신망 이용촉진 및 정보보호 등에 관한 법률'을 보면 '해킹'이라는 단어를 직접 사용한 경우는 한두 번밖에 없고, 침해사고대응업무와 관련된 포괄적인 단어를 사용한다. '정보보호 취약점 분석/평가 및 개선', '침해사고의 예방 및 대응', '정보보호대책 마련'과 같은 문구에서 보안성을 진단해야 하는 이유를 찾을 수 있다. 아울러 이와 관련된 사항은 해설서/가이드에 상세하게 제시돼 있다.

정보통신망 이용촉진 및 정보보호 등에 관한 법률

http://www.law.go.kr/lsEfInfoP.do?lsiSeq=123210#0000

제2조(정의) ① 이 법에서 사용하는 용어의 뜻은 다음과 같다. 〈개정 2004.1.29, 2007.1.26, 2007.12.21, 2008.6.13, 2010.3.22〉

...(중략)...

7. "침해사고"란 해킹, 컴퓨터바이러스, 논리폭탄, 메일폭탄, 서비스 거부 또는 고출력 전자기파 등의 방법으로 정보통신망 또는 이와 관련된 정보시스템을 공격하는 행위를 하여 발생한 사태를 말한다.

...(중략)...

제45조의3(정보보호 최고책임자의 지정 등) ① 정보통신서비스 제공자는 정보통신시스템 등에 대한 보안 및 정보의 안전한 관리를 위하여 임원급의 정보보호 최고책임자를 지정할 수 있다.

② 정보보호 최고책임자는 다음 각 호의 업무를 총괄한다.

   1. 정보보호관리체계의 수립 및 관리 · 운영

   2. 정보보호 취약점 분석 · 평가 및 개선

   3. 침해사고의 예방 및 대응

   4. 사전 정보보호대책 마련 및 보안조치 설계 · 구현 등

   5. 정보보호 사전 보안성 검토

   6. 중요 정보의 암호화 및 보안서버 적합성 검토

   7. 그 밖에 이 법 또는 관계 법령에 따라 정보보호를 위하여 필요한 조치의 이행

제47조의4(이용자의 정보보호) ① 정부는 이용자의 정보보호에 필요한 기준을 정하여 이용자에게 권고하고, 침해사고의 예방 및 확산 방지를 위하여 취약점 점검, 기술 지원 등 필요한 조치를 할 수 있다.

② 주요정보통신서비스 제공자는 정보통신망에 중대한 침해사고가 발생하여 자신의 서비스를 이용하는 이용자의 정보시스템 또는 정보통신망 등에 심각한 장애가 발생할 가능성이 있으면 이용약관으로 정하는 바에 따라 그 이용자에게 보호조치를 취하도록 요청하고, 이를 이행하지 아니하는 경우에는 해당 정보통신망으로의 접속을 일시적으로 제한할 수 있다.

금융권에서는 '전자금융거래법'과 '전자금융감독규정'을 따르게 되는데, 여기에는 상세하게 명시돼 있는데, 바로 제15조(해킹 등 방지대책), 17조(홈페이지 등 공개용 웹서버 관리대책) 등에서 이를 확인할 수 있다. 그리고 이런 방지를 위해 예산을 투자해야 한다는 8조(인력, 조직 및 예산)에 정보보호컨설팅, 정보보호교육, 정보보호시스템 구입비 등이 명시돼 있다.

제15조(해킹 등 방지대책) ① 금융기관 또는 전자금융업자는 정보처리시스템 및 정보통신망을 해킹 등 전자적 침해행위로부터 방지하기 위하여 다음 각 호의 대책을 수립 · 운용하여야 한다.

1. 해킹 등 전자적 침해행위로 인한 사고를 방지하기 위한 정보보호시스템 설치 및 운영

2. 해킹 등 전자적 침해행위에 대비한 시스템프로그램 등의 긴급하고 중요한 보정(patch)사항에 대하여 즉시 보정작업 실시

3. 내부통신망과 연결된 단말기에서 제1호의 규정에 따른 정보보호시스템을 우회한 인터넷 등 외부통신망(무선통신망을 포함한다) 접속 금지

② 제1항제1호의 규정에 따른 정보보호시스템을 설치 · 운영하는 경우에는 다음 각 호의 사항을 준수하여야 한다.

1. 정보보호시스템에 사용하는 정보보호제품은 국가기관의 평가 · 인증을 받은 장비를 사용할 것

2. 최소한의 서비스번호(port)와 기능만을 적용하고 업무목적 이외의 기능 및 프로그램을 제거할 것

3. 보안정책의 승인 · 적용 및 보안정책의 등록, 변경 및 삭제에 대한 이력을 기록 · 보관할 것

4. 정보보호시스템의 원격관리를 금지하고 주기적으로 작동 상태를 점검할 것

5. 시스템 장애, 가동중지 등 긴급사태에 대비하여 백업 및 복구 절차 등을 수립 · 시행할 것

③ 제1항 각 호의 정보보호시스템에 대하여 책임자를 지정 · 운영하여야 하며, 운영결과는 1년 이상 보존하여야 한다.

④ 금융기관 또는 전자금융업자는 해킹 등 전자적 침해행위로 인한 피해 발생시 즉시 대처할 수 있도록 적절한 대책을 마련하여야 한다.

⑤ 금융기관 또는 전자금융업자는 해킹 등 전자적 침해행위로 인한 사고에 대비하여 정보처리시스템 및 정보통신망에 대해서 매년 취약점을 분석 · 평가하고 그 이행계획을 수립 · 시행하여야 한다.

⑥ 금융기관 또는 전자금융업자는 무선통신망을 설치 · 운용할 때에는 다음 각 호의 사항을 준수하여야 한다.

1. 무선통신망 이용 업무는 최소한으로 국한하고 법 제21조의2에 따른 정보보호최고책임자의 승인을 받아 사전에 지정할 것

2. 무선통신망을 통한 불법 접속을 방지하기 위한 사용자인증, 암호화 등 보안대책을 수립할 것

3. 지정된 업무 용도와 사용 지역(zone) 이외 무선통신망 접속을 차단하기 위한 차단시스템 구축 및 실시간 모니터링체계를 운영할 것

4. 비인가 무선접속장비(Access Point : AP) 설치 · 접속여부, 중요 정보 노출여부를 주기적으로 점검할 것

제17조(홈페이지 등 공개용 웹서버 관리대책) ① 금융기관 또는 전자금융업자는 공개용 웹서버의 안전한 관리를 위하여 다음 각 호를 포함한 적절한 대책을 수립 · 운용하여야 한다.

1. 공개용 웹서버를 내부통신망과 분리하여 내부통신망과 외부통신망사이의 독립된 통신망(이하 "DMZ구간"이라 한다)에 설치하고 네트워크 및 웹 접근제어 수단으로 보호할 것

2. 공개용 웹서버에 접근할 수 있는 사용자계정을 업무관련자만 접속할 수 있도록 제한하고 불필요한 계정 또는 서비스번호(port)는 삭제할 것(다만, 사용자계정은 아이디 및 비밀번호 이외에 제37조에 따른 공인인증서등을 추가 인증수단으로 반드시 적용하여야 한다)

3. 공개용 웹서버에서 제공하는 서비스를 제외한 다른 서비스 및 시험 · 개발 도구 등의 사용을 제한할 것

4. DMZ구간 내에 이용자 정보 등 주요 정보를 저장 및 관리하지 아니할 것(다만, 거래로그를 관리하기 위한 경우에는 예외로 하되 이 경우 반드시 암호화하여 저장 · 관리하여야 한다)

② 금융기관 또는 전자금융업자는 공개용 웹서버에 게재된 내용에 대하여 다음 각 호의 사항을 준수하여야 한다.

1. 게시자료에 대한 사전 내부통제 실시

2. 무기명 또는 가명에 의한 게시 금지

3. 홈페이지에 자료를 게시하는 담당자의 지정 · 운용

4. 개인정보의 유출 및 위 · 변조를 방지하기 위한 보안조치

③ 금융기관 또는 전자금융업자는 홈페이지 등 공개용 웹서버에 대해 6개월마다 취약점을 분석 · 평가하고 그 이행계획을 수립 · 시행하여야 한다.

④ 금융기관 또는 전자금융업자는 공개용 웹서버가 해킹공격에 노출되지 않도록 다음 각 호에 대하여 적절하게 대응 조치하여야 한다.

1. 악의적인 명령어 주입 공격(SQL injection)

2. 업로드 취약점

3. 취약한 세션 관리(cookie injection)

4. 악의적인 명령 실행(XSS)

5. 버퍼 오버플로우(buffer overflow)

6. 부적절한 파라미터(parameter)

7. 접근통제 취약점

8. 서버설정과 관련한 부적절한 환경설정 취약점

⑤ 금융기관 또는 전자금융업자는 단말기에서 음란, 도박 등 업무와 무관한 프로그램 또는 인터넷 사이트에 접근하는 것에 대한 통제대책을 마련하여야 한다.

앞으로 모의해킹 컨설팅을 하거나 관리실무를 할 때 이러한 법률 조항들을 자주 접하게 될 것이다.

02 / 모의해킹과 크래킹은 어떻게 구분되나요?

Q 모의해킹과 그냥 해킹(크래킹)의 정확한 구분은 뭘까요?

A 이 질문을 한 분은 "언론에서는 정기적으로 해킹사고 이슈를 보도하는데, 실제 모의해킹을 진행할 때도 이와 비슷한 공격이 이뤄지는가?"라는 의문을 가지고 있는 듯하다.

모의해커와 범죄자는 많은 차이가 나겠지만 나는 아래와 같이 4가지 항목을 기준으로 분류했다.

구분	모의해커	범죄자
합법적 여부	고객사와 계약(합의) 후 진행	합의 없이 진행
1차 공격 지점	웹 서비스, 모바일 서비스 – DMZ Zone	개인PC(Drive by Download) – 악성코드 감염을 통한
공격 항목	네트워크 장애를 유발하는 DDoS, BoF 공격 항목 제외	마음 내키는 대로
공격 시간	정해진 날짜와 시간	시간 제한 없음

표 1-1 모의해커와 범죄자의 차이

모의해킹과 범죄에 사용되는 해킹(크래킹)을 구분하는 차이는 해당 회사와 계약을 하고 허락하에 진행을 하느냐다. 즉, 불법으로 진행하느냐, 합법적으로 진행하느냐에 달렸다. 공격 기법에서 사용하는 기술과 접근법은 수행하는 사람들마다 다르지만 모든 공격 기법을 사용해서 진행한다는 점에서 동일하다. 그렇지만 합법적인 모의해킹을 할 때는 DDoS 공격, BOF(Buffer Overflow) 등 네트워크와 서비스 장애에 영향을 미치는 것은 항목에서 제외한다. DDoS 모의훈련을 하는 시기가 있지만 이때도 서비스보다는 장비에 초점이 맞춰진다.

고객사에서 진단을 요청하는 대상은 대부분 정기적으로 진단이 필요한 서비스다. 외부 모의해킹 대상인 '대외 서비스'나 내부 모의해킹 대상인 '내부 그룹웨어'가 여기에 포함된다. 그래서 1차적인 공격 지점은 대부분 웹 서비스나 모바일 서비스에 연결돼 있는 웹 서버가 되는 것이다. 이러한 서비스를 DMZ Zone[3]에 있는 서버라고 한다.

이 같은 서비스에서 도출된 취약점을 이용해 최종적으로 시스템 내부에 침투할 수 있는지 판단한다. 그런데 범죄자 입장에서 생각해보자. 대외 서비스를 통해 공격을 시도하는 사례 도 많지만 침해사고 모니터링에 의해 미리 탐지될 확률은 그만큼 높다. 임직원을 대상으로 악성코드를 뿌려서 한 명이라도 걸리면 바로 내부 시스템에 침투하는 것과 동일한 효과를 볼 수 있기 때문에 범죄자는 이 방법을 선택하게 된다. 근래에 APT 공격이라고 칭하는 사고 가 모두 이런 접근법에 해당한다. 그만큼 모의해커보다는 범죄자가 1차로 공격할 수 있는 지 점이 많다. 그래서 치명적인 피해를 주는 공격을 할 수 있는 확률이 높다.

외부/내부 모의해킹에 대한 간단 정의

모의해킹 진단을 할 때, 특히 웹 서비스를 1차 타겟으로 삼을 경우 크게 외부 모의해킹과 내부 모의해킹으 로 분류할 수 있다. 간단히 설명하면 DMZ를 보호하기 위한 방화벽 및 IDS/IPS 등의 앞단부터 모의해킹을 수행할지, 아니면 고객사나 VPN 등을 이용해 내부단에서 모의해킹을 수행하느냐에 따라 구분한다. 동일한 대상이라면 모의해킹을 수행하는 항목이나 진단 방법은 같은데, 결과는 완전히 다를 수 있다. 그 이유는 외 부에서는 방어하고 있는 서비스들이 내부단에서는 방어하는 범위 밖이라서 접근 가능한 경우가 있기 때문 이다. 불필요하게 개방돼 있는 서비스가 추가적으로 나온다면 그러한 서비스를 통해 침투할 수 있는 접근 경로가 많아지기 때문이다. 대부분의 경우에는 대상을 분류한다. 대외 서비스는 외부 모의해킹으로, 그룹웨 어 메일 서비스 등 임직원들이 사용하는 서비스를 대상으로는 내부 모의해킹을 하게 된다. 때때로 담당자들 이 외부로 접근하는 것과 동일한 조건인데 내부로 들어와서 모의해킹을 수행하라고 한다면 그것은 내부 모 의해킹이라기보다는 옆에 두고 신속하게 대응하기 위해서일 뿐이다.

마지막으로 공격 시간을 보자. 모의해커는 고객사와 합의된 시간 내에서 모의해킹을 수행한 다. 주간에 진행한다면 오전 9시부터 오후 6시까지 진행된다(취약점이 만족하게 도출되어 야근할 필요가 없는 경우). 그리고 한 서비스에 '1주일, 2주일'이 정해져 있다. 범죄자는 자신 이 노리고 있는 사이트를 시간에 구애받지 않고 공격이 성공할 때까지 진행한다. 사이트의 모든 정보를 수집하고 어떤 미세한 허점(Hole)이라도 있는지 연구하고 고민한다. 한두 번

---

3   DMZ Zone: 외부 서비스를 제공해야 할 때 내부 자원(서버, 네트워크 등)을 보호하기 위해 내부 네트워크와 분리된 영역이다. 외부 사용자는 오직 DMZ Zone 에 있는 호스트에만 접근할 수 있다. 물론 침투가 이뤄지면 해당 호스트들을 통해 내부 네트워크 대역에 접근할 수 있다.

실패한다고 해도 우회할 수 있는 방법을 찾아 계속 진행한다. 그것도 담당자가 알아채지 못하도록 말이다. 몇 달이 되든 몇 년이 되든 목표가 뚜렷하면 공격을 한다. 누가 결과가 더 좋을까?

모의해커 진단자에게 시간을 제한하지 않는다면 이제까지 몇 년 동안 발견되지 못했던 취약점들이 수도 없이 나올 것이라 확신한다. 고객들이 정해진 시간에 수많은 대상을 주면서 매번 새로운 취약점을 찾지 못하는 것을 탓한다면 별로 바람직한 모습은 아니다.

기술이 다를 것이라 생각하는가? 언론에서는 해킹사고가 발생한 뒤에 공격자에 의해 중요 정보가 노출될 시기쯤에 보도하는 경우가 많다. 이때 사용한 기술들이 이제까지는 나온 것과 차별화된 공격 기법처럼 설명하긴 하지만 거의 모든 기술은 모의해킹 업무에서도 동일하게 사용되고 있다. APT 공격, 메모리 해킹, 솔루션 우회 기법, 무선 네트워크 MITM 공격 등 진단 과정에서 너무나도 많이 경험한 공격 기법들이다.

단지 모의해킹 업무는 고객과의 계약에 의해 진행하는 것이기 때문에 진단 과정에서 도출된 내용은 공개되지 않을 뿐이다. 실제 진단 과정에서는 수많은 중요 정보가 노출되기도 한다. 이런 위협들을 미리 파악하는 것이 모의해킹의 목적이기 때문에 진단 과정에서 많이 찾아내서 재빨리 대응하는 것이 중요하다.

모의해킹 업무를 하려면 공격 기법을 이해하는 것도 중요하지만 더 중요한 것은 **도출된 취약점에 대해 서비스에 맞게 방안을 제시하는 것**이다. 모의해킹 컨설턴트 입장에서는 결과와 통일된 가이드를 제시하는 경우가 많지만, 관리자 입장에서 되돌아보면 관련 부서와 연계해서 어떤 대응 방안이 가장 적합한지 고민해보는 것도 좋다.

한 가지 덧붙이자면 모의해킹을 업으로 삼은 후임들을 보면 많은 솔루션에서 다양한 제로데이 공격(Zero-day)을 찾아내곤 했다. 그렇지만 이는 수행과정에서 나온 것이기 때문에 대외적으로 발표하기는 힘들다. 이러한 취약점이 몇 년 뒤에 새로운 취약점과 새로운 공격 기법인 것처럼 발표되면 이미 예전에 해당 취약점을 발견했던 동료가 떠오른다. 아마 그 동료도 많이 아쉬울 것이다. 이것도 자신을 어필할 수 있는 하나의 수단인데, 그럴 기회가 없기 때문이다.

---

4 제로데이 공격(또는 제로데이 위협, Zero-Day Attack)은 컴퓨터 소프트웨어의 취약점을 공격하는 기술적 위협으로, 해당 취약점에 대한 패치가 나오지 않은 시점에서 이뤄지는 공격을 말한다. 이러한 시점에서 만들어진 취약점 공격(익스플로잇)을 제로 데이 취약점 공격이라고도 한다. 출처: 위키백과

자신이 찾은 신기술이 외부에서는 대단히 중요시되고 있는데, 이것이 회사의 자산으로 편입되면서 계속 공개되지 않고, 후에 다른 사람들에 의해 공개되는 것이다. 나중에 공식적으로 발표했던 사람이 더욱 조명을 받는 모습을 보게 되면 팀원들은 업무에 회의감을 느끼기도 한다. 그렇기 때문에 조직적으로는 멤버들이 대외적인 활동을 통해 공개할 수 있는 부분을 포괄적으로 수용해주는 방법도 좋다. 아니 꼭 그렇게 해줘야 한다. 이 분야는 인력이 곧 자산이기 때문이다. 이러한 자산에 관심을 두고 계속해서 가치를 높여줘야 한다.

또한 이전에는 개인적으로 찾은 취약점을 발표하면 관련된 회사와 개발 업체에서 심하게 항의했다. 취약점이 모두 패치된 후에 발표하는 것이 옳으나 말을 해줘도 수정하지 않으면 공개적으로 발표하게 된다. 그런 과정에서 회사 이미지에 심각한 타격을 줄 수 있기 때문이다.

그렇다고 모든 서비스에 대해 불법적으로 해킹을 시도하는 행위는 위험하다. 특히 입력값 검증(SQL Injection, 파일 업로드 취약점 등)은 시스템 네트워크에 직접적인 영향을 줄 수 있기 때문에 주요 통신망 서비스에 장애가 발생할 경우 불이익을 얻을 수 있다. 그뿐만 아니라 포상제는 각 회사가 결정하고 진행돼야 하는데, 아직 국내에서는 포상제에 관대하지 않은 입장을 보이는 경우가 많다. (포상 신고제에 관한 공지 내용을 봐도 "홈페이지 취약점 등 현재 운영 중인 서비스나 시스템에 대한 취약점은 평가 및 포상 대상에서 제외"라고 명시돼 있다.)

한국 인터넷 진흥원 포상 신고제

한국인터넷진흥원-인터넷침해대응센터에서는 'S/W 신규 보안 취약점 신고 포상제'를 서비스하고 있다. 이 제도는 일반인들이 바로 기업에 신고했을 때 오히려 피해가 발생하는 상황이 발생하지 않도록 중재자 역할을 해주고, 각 업체에서 도출된 취약점을 빨리 패치해서 위험을 줄이기 위해 만들어졌다.

아래의 공지사항을 보면 "홈페이지 취약점"에 대한 취약점은 평가에서 제외함에도 많은 학생들이 이를 중심으로 찾아내고 있다는 점에 의문이 들긴 한다. 혹시 홈페이지에 장애가 발생한다면 누가 책임을 져야 할지에 대해 잘 생각해봤으면 좋겠다.

S/W 신규 보안 취약점 신고 포상제

2012년 10월 부터 소프트웨어 신규 보안 취약점 신고 포상제를 실시합니다.

포상금 지급을 위한 평가는 분기별로 실시하며, 분기별 우수 취약점을 선정하여 평가 결과에 따라 최고 500만원의 포상금이 지급됩니다. 신고 포상을 원하는 경우 아래의 신고 양식을 다운로드 받아 작성하여, 관련파일에 첨부하여 주시기 바랍니다.

- 참가대상: 국내 · 외 거주하는 한국인
- 신고대상 취약점: '소프트웨어'에 대한 보안 취약점으로 최신버전의 소프트웨어 영향을 줄 수 있는 신규 보안취약점(제로데이 취약점)

  ※ 홈페이지 취약점 등 현재 운영 중인 서비스나 시스템에 대한 취약점은 평가 및 포상 대상에서 제외

- 평가 및 포상 일정: 분기별 평가를 실시하여 포상금을 지급(3, 6, 9, 12월에 평가 및 포상 실시)

포상 선정 방식

취약점 파급도(55점): 취약점 발생 대상의 시장 점유율 및 위험도 등

취약점 기술 난이도(30점): 취약점 동작 원리 및 구성의 난이도와 참신성

신고 내용의 완성도(15점): 취약점 재연 방법의 정확성 및 취약점 테스트 환경 등에 대한 구체적인 기술 등

국내와 달리 미국은 각 서비스 업체에 포상 제도가 잘 마련돼 있는 편이다. 포상제는 각 업체에서 마련해야 한다고 생각한다. 국내에도 빨리 이런 인식이 제대로 정착되길 기대한다.

페이스북 취약점 포상제(https://www.facebook.com/whitehat/)

마이크로소프트, 오라클 등도 오래전부터 심각한 취약점에 대해서는 매우 높은 포상금을 지급하고 있다. 이 가운데 소셜네트워크 서비스로 많이 사용 중인 페이스북 서비스가 접근(?)하기도 편하고, 신고 절차도 간편한 편이다.

페이스북에서 취약점이라 판단하면 최소 500달러를 지급하고 최고의 포상금을 정해놓지 않았다. 다른 사용자의 정보를 변경/삭제하는 취약점에 12,500달러라는 거액을 지급한 사례(http://goo.gl/4QwcmM)도 있다. 계속 찾아내기는 힘들겠지만 외국에서는 페이스북에서 200개 이상의 취약점을 찾아내서 진정한 버그 헌터의 삶을 살고 있는 사례도 있다.

그림 1-3 페이스북 광고 설정 부분에 존재하는 XSS 취약점 예제
출처: http://slid.es/mecasharjaved/cross-site-scripting-my-love#/

2013년 8월을 기준으로 발표한 취약점 포상제에 대한 결과를 보면 329개에 대해 포상을 해줬으며, 포상 받은 사람 중 제일 나이가 어린 사람은 13세였다. 개인이 제일 많이 받은 금액은 20,000달러였고, 조직으로 받은 금액 중에서는 100,000달러가 넘는 경우도 있었다고 발표했다.

아래는 구글 웹로그 분석(Google Analytics) 서비스의 메일 보내기 기능에서 다른 사용자에게 스크립트를 삽입한 내용을 보내고 그것이 앱에서 실행된 예다. 이 취약점에 대한 포상 금액으로 5,000달러를 받았다.

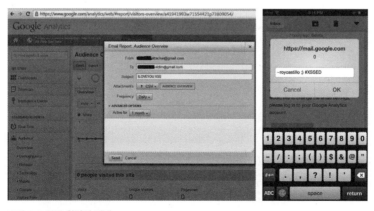

그림 1-4 구글 취약점 예제

---

5 페이스북 취약점 포상제 보고서: https://www.facebook.com/notes/facebook-security/an-update-on-our-bug-bounty-program/10151508163265766

아래와 같이 URL 강제 이동에 관한 취약점도 1,500달러를 받을 정도이니 여러분도 기회를 잡을 수 있다.

> https://www.facebook.com/dialog/optin?app_id==&next=http://google.com
>
> https://www.facebook.com/dialog/oauth?app_id==&next=http://yahoo.com

구글 취약점 포상제(http://www.google.com/about/appsecurity/reward-program/)

구글에서도 포상 프로그램을 운영하고 있으며, *.google.com, *.youtube.com, *.blogger.com, *.orkut.com 를 대상으로 하고 있다. 자격을 주지 않는 취약점들도 있기 때문에 조건을 잘 보고 분석하길 바란다.

그 밖에 마이크로소프트, 오라클, 어도비에서 프로그램을 진행하고 있으니, 범용 애플리케이션의 취약점 버그헌터를 목표로 하는 분들에게는 좋은 프로그램임에 틀림없다.

아래는 수많은 버그 포상제과 관련된 정보 링크다. 관심 있는 분은 참고하기 바란다.

http://outofcontrol.co.kr/?p=339

버그헌팅만 잘하면 돈 많이 벌 수 있겠다?

포브스(Forbes)에서 조사한 주요 범용애플리케이션의 포상 금액 범위를 보면 정말 군침이 도는 금액이다. 1 년에 한 개라도 발견할 경우 웬만한 연봉액은 훌쩍 넘기 때문이다. 그래서 우리는 버그헌터를 최종 목표로 삼고 도전해야 할까? 물론 국내에서도 버그헌팅을 주 업무로 삼는 사람들도 있다. 혹은 회사 업무를 하면서 개인시간을 이용해 버그헌팅에 많은 시간을 투자하는 사람들도 많다. 이야기를 들어보면 꾸준히 금액을 받는 사람들도 있지만 대부분 지속적으로 받기에는 많은 어려움이 있다고 한다. 그만큼 꾸준한 기술연구가 필요하며, 버그를 찾아내는 데 그치지 않고 실제 공격 코드까지 보여줘야 제대로 된 금액을 받기 때문이다.

ADOBE READER	$5,000-$30,000
MAC OSX	$20,000-$50,000
ANDROID	$30,000-$60,000
FLASH OR JAVA BROWSER PLUG-INS	$40,000-$100,000
MICROSOFT WORD	$50,000-$100,000
WINDOWS	$60,000-$120,000
FIREFOX OR SAFARI	$60,000-$150,000
CHROME OR INTERNET EXPLORER	$80,000-$200,000
IOS	$100,000-$250,000

그림 1-5 범용 애플리케이션의 포상 금액

국내에서도 제로데이 취약점을 토대로 비즈니스를 꾸려가려고 하는 스타트업도 생기는 분위기다. 이전에 일부 컨설팅 업체에서도 이런 비즈니스를 시도하려고 했으나 기술인력 관리 및 포상제에 대한 정보 부족으로 성공한 사례는 거의 없다. 하지만 이제는 환경이 달라진 듯하다. 학원 교육과정을 봐도 버그헌팅에 대한 과목이 생기고 있다. 단기간 배운다고 해서 바로 버그헌팅으로 직업을 택할 수는 없지만 분명히 교육 과정으로까지 공개할 수 있다는 것은 이제 많은 사람들에게 시장이 알려지고 관련 인력이 많이 늘어나고 있다는 증거다. 앞으로 몇 년 사이에는 관련 비즈니스가 활성화될 것이라 믿어보자.

[참고자료]

한국인터넷 진흥원 연구보고서 '소프트웨어 보안 취약점 평가 체계 연구'

http://roy-castillo.blogspot.kr/2013/10/google-mail-hacking-stored-xss-in-gmail_11.html (단축 URL: http://goo.gl/AhviFz)

http://www.forbes.com/sites/andygreenberg/2012/03/23/shopping-for-zero-days-an-pricelist-for-hackers-secret-software-exploits/ (단축 URL: http://goo.gl/SPrbs4)

면접관으로서의 에피소드 - 다른 사이트 해킹 사례를 이력서로?

컨설팅 회사에 다녔을 때 면접관으로 참여해서 앞으로 함께 일할 동료를 평가한 적이 있다. 신입사원을 지원하는 사람들은 대부분 자신이 진행한 프로젝트(포트폴리오)를 가져오고, 자신 있는 분야를 기술적으로 정리해오곤 한다. 나도 학생일 때는 학원교육을 받았고, 많은 테스트 환경을 접해왔다. 그렇기 때문에 학원생의 프로젝트 문서를 보면 어떤 환경과 학원에서 교육받은지 알 수 있다.

그런데 어느날 어떤 지원자가 들고 온 것을 봤는데 전혀 경험하지 않았던 사이트들이 눈에 띄었다. 관리자 페이지를 침투한 흔적과 각종 스크립트를 삽입해서 시나리오로 잘 꾸몄다. 처음에는 테스트 환경을 스스로 구축한 줄 알고 칭찬해주려고 했는데, 지원자는 자신과 관계가 전혀 없는 사이트라고 설명했고 발견된 취약점도 어떻게 처리할지 몰라서 담당자에게 전달해주지 않았다고 했다. 그 말을 들은 면접관 3명은 동시에 이력서를 내려놓았고, 모의해킹 컨설턴트로 지원한 사람이 '불법적인 행위'의 윤리적인 부분을 계속 언급했다. 물론 이 지원자는 바로 탈락됐고, 그순간 바로 탈락했다는 사실을 느꼈던 것 같다. 하지만 며칠 후에 전화를 해서 프로젝트를 진행할 때 테스트 환경을 어떻게 구성하고 앞으로 회사에 입사하기 위해 준비해야 할 사항에 대해 문의했다.

나는 이 친구(나중에 후배가 됐다)가 기술과 관련된 감각이 있다고 판단했고, 내가 다니던 학원에서 동기들과 좋은 프로젝트를 진행해보라고 권했다. 정말로 이 친구는 몇 달 동안 학원 수업을 잘 마쳤고, 좋은 프로젝트를 진행했다. 그 결과, 당시 국내 최고의 게임회사의 보안팀에 지원해서 합격했다.

이 에피소드를 지금에서야 꺼낸 이유는 요즘 몇몇 후배들의 이력서가 다른 사이트의 취약점 보고서로 도배되지 않을까 우려하는 마음에서다. 지원한 회사에서 이 부분을 모두 이해해줄 것이라 접근해서는 안 되기 때문이다. 아직은 국내에 각 회사마다 취약점 신고 포상제가 운영되는 곳이 거의 없어서 서비스 담당자는 서비스의 장애부터 생각할 수밖에 없다는 점을 잘 알고 접근하자.

책 앞부분부터 포상제와 면접관의 경험을 이야기한 것은 "윤리"에 관한 생각을 한번 이해하기 쉽게 설명하기 위한 목적도 있다. 이 책을 읽는 사람들은 대부분 모의해킹 컨설턴트를 진로로 삼았을 것이다. 모의해킹을 하다 보면 취약점들이 더욱더 보이게 마련이고 경계선을 확실히 긋지 않으면 회사 내에서도 이런 시도를 많이 하게 된다. 학생일 때는 자신만 책임지면 되겠지만 회사는 조직 전체가 위험해질 수 있기 때문에 더욱더 조심해야 한다. 직원을 고용하는 입장에 있는 사람들도 이 부분을 염두에 두고 있다. 합법적인 접근으로 자신만의 멋진 프로젝트를 만들어가자.

그럼 범죄자(크래커)는 어떻게 내부 시스템까지 침투할까?

내부 시스템을 보호하기 위해 많은 솔루션이 도입되고 있지만 악의적인 코드가 자신의 의지와 상관없이 설치되는 'Drive by Download' 공격이 1차적으로 많이 발생한다. 보안에 신경 쓰는 사람들도 평소에 방문하던 사이트에서 악성코드가 배포되고 있는 상황인데, 수백 수천 명의 임직원들이라고 해서 이 악성코드를 피해다닐 수 있는 건 아니다. 이런 배포 사이트는 다양한 환경을 고려해 많은 제로데이 공격 코드를 이용하기 때문에 감염되는 즉시 컴퓨터의 제어권을 공격자에게 넘기게 된다.

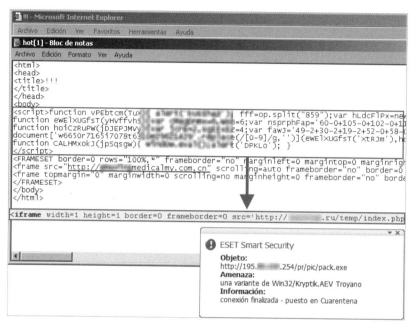

그림 1-6 Drive By Download 예제

출처: http://blogs.eset-la.com/laboratorio/2009/12/14/spam-drive-by-download-combinacion-perfecta/

내부 임직원들이 불필요한 사이트에 접근하는 것을 차단하기 위한 유해사이트 차단 솔루션
이나 소프트웨어를 설치하지 못하게 하기 위한 PC보안 솔루션, 유해사이트 차단, 접근제
어 솔루션 등 많은 솔루션을 도입하고 있다. 하지만 임직원이 불편하다는 이유로 보안 솔
루션을 우회하려는 행동들을 전부 모니터링하기란 어렵기 때문에 언제나 이 부분에서 허점
(Hole)이 생긴다.

임직원PC를 대상으로 하는 공격의 경우 공격자가 누구를 대상으로 삼을지는 임직원에 관한
사전정보를 얼마나 가지고 있느냐에 따라 달라진다. 웹사이트에 있는 이메일 주소를 검색
서비스를 통해 획득할 수 있는 자동 도구(예: theHarvester)가 많으며, 좀더 검색해 보면 해
당 이메일 주소가 시스템에 접근 권한을 많이 가지고 있는 관리자의 정보인지 판단할 수 있
다. 이런 노력과 시간이 바로 맘먹고 덤비는 공격자들의 특징이다.

앞에서 언급한 내용을 다시 강조하자면 모의해킹 진단은 개인PC를 대상으로 진행되는 것
이 아니라 웹 서비스 및 모바일 서비스 등 외부에 노출돼 있는 서비스를 대상으로 진행되기

때문에 그 공격범위는 실제 범죄자보다 좁을 뿐이다. 컨설턴트들이 어떠한 공격 범위에서도 진행할 수 있게 제한을 풀어준다면 담당자들은 지금 알고 있는 취약점보다 몇 배에 달하는 취약점이 나올 수 있다는 사실을 알게 될 것이다. 그렇지만 현실은 네트워크 및 서비스의 장애 요소와 팀 간의 협의 문제로 인해 이렇게 하기란 불가능에 가깝다.

차선책으로 감염에 의해 공격이 이뤄지는 것에 대응하기 위해 내부적으로 '임직원 보안의식 진단' 훈련을 실시하고, 유해사이트 차단 훈련, APT 공격 대응 훈련 등을 실시한다.

보안 의식 진단을 할 때는 단순하게 하자

전 임직원을 대상으로 보안 의식 진단을 할 때 많이 사용하는 방법은 메일에 파일을 첨부해서 임직원들이 파일을 열어 실행하는지 여부를 판단하는 것이다. 이 방법은 너무나 오랫동안 해와서 심지어 통계 서비스와 결합해서 솔루션을 판매하는 업체도 있다.

고객사에서 모의해킹 컨설턴트에게 보안 의식 진단을 요청할 경우 제일 어려운 점은 너무나 힘든 프로세스 안에서 이를 실시하려고 한다는 점이다. APT 공격 훈련 계획을 세워 실제 애플리케이션을 모두 업데이트한 뒤에 제로데이 공격 코드가 포함된 파일을 요청하는 경우가 대반사다. 그리고 실제 감염되어 동작까지 하는 임직원들의 비율이 많지 않으면 또 그 잘못을 컨설턴트에게 묻는다. 나 또한 이런 상황을 너무나 많이 경험했고, 실무자 입장에서 생각하면 그분들은 어려운 계획까지 세워서 보안 의식 진단을 했건만 들인 노력에 비해 합당한 인정이나 보상을 받았을지는 의문이다.

메일을 보내는 대상은 적어도 500명 이상이고 많은 곳은 1500명 이상인 경우도 있다. 공격 코드를 오랫동안 테스트했다고 하더라도 고객사에 설치돼 있는 솔루션 및 직원PC에 설치돼 있는 애플리케이션과의 충돌 변수는 충분히 고려하지 못하기 때문에 공격 코드가 정확히 어떻게 동작할지는 알 수 없다. 심할 경우에는 잘 동작하고 있던 PC가 먹통이 될 수도 있다.

이러한 경우 그에 대한 문의는 모두 담당자들에게 오고 그 안에서 발생하는 책임 소재도 나중에 판가름된다. 너무 복잡한 일이 발생하는 것이다.

우리는 보안 의식 진단을 하는 것이지, 회사의 시스템 대상으로 공격 코드의 동작을 판단하는 것은 아니기 때문에 프로세스를 매우 단순하게 해도 충분히 판단할 수 있다.

직원PC에는 대부분 윈도우가 설치돼 있기 때문에 간단한 배치파일(BAT)을 활용할 수 있다. 마이크로소프트 제품이 많이 설치돼 있기 때문에 **엑셀 매크로**로 할 수도 있다. 혹은 피싱 사이트를 만들어 사내 중요 서비스의 계정 입력 여부도 판단할 수 있다. 많은 기술이 포함된 것도 아니다. 매우 단순하게 할 수 있다.

내가 들어본 APT 공격의 실제 사례 중 하나는 아무리 잘 계획된 악의적인 파일이라도 안티바이러스(백신)에서 탐지될 가능성이 있기 때문에 질의 응답 형식으로 회사의 정보를 탈취하는 경우도 있다고 한다. 이런 실제 공격 사례에서도 단순함을 강조하고 확률을 높이는 것을 볼 수 있다.

관리실무 입장에서는 대외적인 서비스를 통한 공격 모니터링을 24시간/365일 하고 있지만, 임직원의 PC에 악성코드가 감염되거나 이메일 서비스를 통해 악성코드가 포함된 스팸성 이메일이 왔는지도 신경 써야 한다. 임직원의 PC에 악성코드가 감염된 경우에는 해당 PC에 대해서만 대응해야 하는 것이 아니고 다른 PC에도 감염됐는지 확인하고, 후속조치를 어떻게 해서 방지할지에 대해 많이 고민해야 한다.

03 / 모의해킹 관점에서 보안 사고의 근본 원인은?

Q 최근 보안 이슈가 발생하는 근본적인 이유는 무엇이라고 생각하시나요?

A 보안사고는 모든 영역에서 발생할 가능성이 있다. 어떤 경로가 1차적인 원인이 될지 판단하기 힘들다. 웹 서비스를 통한 침투, 개인PC 감염을 통한 침투, 외장 메모리 감염을 통한 침투, 무선 네트워크를 통한 침투, 버려진 쓰레기를 뒤져서 획득한 개인정보, 물리적인 접근 통제를 우회한 침투 등 매우 다양하다.

2013년에 보안 분야에서 화두가 된 것은 사이버테러다. 2013년에 3월과 6월에 발생한 공격을 모두 보면 근본 원인들을 파악할 수 있다. DDoS 공격만 부각하고 있지만 그전에 공격자들이 서버 및 개인PC를 좀비로 만드는 과정이 더 중요하다.

이 책에서는 기술적인 부분에 한해 중요한 몇 가지에 대해서만 살펴보겠다.

첫째, 웹 서비스의 소스코드 차원의 보안 문제다.

인터넷이 성장하면서 우리는 10년 넘게 웹 서비스 보안 진단을 하고 있다. OWASP[6]에서 배포되는 가이드, 행안부-한국인터넷진흥원에서 배포되는 가이드를 보면 항목이 추가/수정됐을 뿐 원인과 대응은 동일하다. 그만큼 계속 가이드를 제공함에도 웹 서비스 침투를 통해 공격이 이뤄지는 원인은 뭘까?

많은 서비스를 하고 있는 업체에 가서 보안 관리를 하면 이 원인을 바로 알 수 있다. 개발 단계에서부터 보안 검토가 이뤄져야 하는데, 이 프로세스가 정립된 곳이 많지 않다. 개발이 진행되기 전에 개발자 및 시스템 운영자, 프로젝트 담당자를 대상으로 보안 교육이 이뤄지고,

---

6 OWASP(https://www.owasp.org): The Open Web Application Security Project의 약자로 보안 영역에서 다양한 프로젝트를 진행하고 있다. 웹 애플리케이션, 보안 프레임워크, 모바일 보안, 시큐어 코딩 등 학습할 때 꼭 참고해야 하는 사이트다. 한국에서도 챕터가 있으며 현재 활발히 활동 중이다. (https://www.facebook.com/groups/owaspk/)

요구사항 분석, 설계, 개발, 배포까지 모든 단계에서 보안을 고려해야 나중에 서비스를 오픈했을 때 위협을 최소화할 수 있다. 그렇지만 서비스를 빨리 오픈해서 사업을 해야 하기 때문에 프로세스가 있더라도 제대로 따르지 않는 경우가 많다.

그 많은 서비스는 제각각 플랫폼도 다르고 사용되는 프로그래밍 언어도 다르다. 구축되는 서버의 환경설정도 모두 다르다. 이에 대한 가이드가 계속 업데이트되고 오픈하기 전까지 보안 검토가 모두 이뤄져야 한다. 컨설팅 업무를 할 때도 제일 어려운 부분이 환경에 맞는 가이드를 수립하고 교육하는 것이다. 웹 프레임워크 버전이 조금만 달라져도 가이드는 완전히 달라지고 그에 맞는 소스코드도 달라진다.

이런 프로세스를 완벽하게 구축해서 화이트박스 방식의 소스코드 차원의 진단까지 완벽하게 하려면 보안관리자 한두 명으로는 부족하다. 그렇기 때문에 소스코드 차원에서 보안을 강조하고 있지만, 현실적으로 어려움이 있는 것이고 이 안에서 조금이나마 허점이 발생할 경우 1차적인 공격 대상이 된다.

이 같은 상황에 대응하려면 적어도 아래와 같은 절차가 필요하다.

- 서비스와 관련된 보안 공통 모듈을 중앙에서 관리
- 개발자가 인수인계를 할 때 각 페이지에 보안 모듈 반영 여부에 대한 이력을 관리
- 각 단계별 보안성 검토(개발 전 교육, 개발 과정의 잠재적 취약성 분석, 소스코드 취약점 진단, 모의해킹 진단, 이행 점검 등)

둘째, 오픈된 서비스 관리다.

나는 군대와 비교해서 포털 서비스는 최전방이라고 부르고, 게임 서비스는 고지전이라고 부른다. 그만큼 두 서비스는 수많은 경로를 통해 공격받을 가능성이 많아서 공격에 대응하기가 어려운 서비스다. 반면 공격자 입장에서는 매우 흥미로운 곳이고 얻을 게 많은 곳이라서 매일 새로운 이벤트가 발생한다.

이런 곳은 보안관리자가 봐야 할 대응 지점이 많다. 서버 대수만 보면 몇 천 대가 되고 IP 대역으로 보면 몇 만 개의 IP 대역을 관리해야 할 가능성이 높다. 그토록 많은 곳에서 어떤 경로를 통해 공격이 침투할지 판단하기란 쉽지 않은 일이다. 관제 모니터링 업무를 하더라도 이벤트가 발생하거나, 침투가 발생한 뒤에 문제를 파악하는 경우가 대부분이다.

침해사고가 발생한 뒤에 해당 서비스를 파악하면 "이 서비스가 우리가 관리하는 게 맞아?", "이 서비스 담당자가 누구야?"라는 문의가 많다. 서버접근통제 솔루션과 각 부서에서 서비스되는 운영 서버, 개발 서버를 관리하고 있다고 하더라도 모든 개발자가 하는 행동을 완벽하게 파악하기란 힘들다. 침투된 서버를 보면 대외 서비스가 아니라, 어떤 기능도 하지 않는 단순 서버거나 백업 서버인 경우가 많다. 이는 개발 테스트를 하거나 백업 용도로 마련해둔 서버는 물론이고, 그것을 관리하는 인원조차도 제대로 신경 쓰지 않기 때문이다. 방화벽에서는 대부분 80/TCP, 443/TCP 등 웹서버와 관련된 것은 열려 있는 경우가 많기 때문에 공격자는 이런 허점을 많이 이용한다.

방치된 웹서버는 많은 공격에 노출된다. 최신 취약점을 패치하지 않아 생기는 공격의 경우 단숨에 시스템까지 침투할 수 있는 공격 기법들이 공개돼 있기 때문에 이 서버가 1차적으로 침투당하면 데이터베이스 및 개인PC 및 근접 네트워크 대역에 모두 침투할 수 있다. 이런 공격 하나에 모든 서비스가 다 중지되는 경우도 있다. 공격하는 데는 1분도 안 걸린다. 관제업무도 주요 서비스의 이벤트에 초점을 두고 있기 때문에 수많은 이벤트에서 특정 공격이 연속적으로 발생하지 않는다면 이런 공격을 찾기란 쉽지 않다.

따라서 정기적으로 자사가 관리하는 IP 대역을 모두 스캔해서 불필요하게 열려 있는 서비스 및 포트에 대응해야 한다.

참고로 내가 일하는 금융권의 경우 '전자금융감독규정'을 예로 살펴보면 아래와 같은 조항에 불필요한 서비스/개발 서버 외부 접근 제한에 대해 언급돼 있다.

> **제17조(홈페이지 등 공개용 웹서버 관리대책)** ① 금융기관 또는 전자금융업자는 공개용 웹서버의 안전한 관리를 위하여 다음 각 호를 포함한 적절한 대책을 수립·운용하여야 한다.
>
> 1. 공개용 웹서버를 내부통신망과 분리하여 내부통신망과 외부통신망사이의 독립된 통신망(이하 "DMZ 구간"이라 한다)에 설치하고 네트워크 및 웹 접근제어 수단으로 보호할 것
>
> 2. 공개용 웹서버에 접근할 수 있는 사용자계정을 업무관련자만 접속할 수 있도록 제한하고 **불필요한 계정 또는 서비스번호(port)는 삭제할 것**(다만, 사용자계정은 아이디 및 비밀번호 이외에 제37조에 따른 공인인증서등을 추가 인증수단으로 반드시 적용하여야 한다)
>
> 3. 공개용 웹서버에서 제공하는 서비스를 제외한 **다른 서비스 및 시험·개발 도구 등의 사용을 제한할 것**

열려 있는 서비스의 포트를 진단하기 위해 오픈소스 도구인 Nmap이나 Superscan 등의 도구를 사용한다. 또한 유료 포트 진단 도구를 활용할 수도 있다. 열린 포트를 확인하는 데는 어려움이 없다. 그렇지만 포트가 열려 있다는 결과가 나왔을 때 해당 포트가 어떤 서비스를 운영하고 있는지, 실제 취약한 서버가 맞는지 하나하나 확인해야 한다. 수천 대의 서비스가 운영되고 있는 경우에는 이 많은 IP와 포트를 확인하는 데도 많은 시간이 소요된다.

이런 점을 고민하다가 NSE(Nmap Scripting Engine)을 업무에 활용하는 방안을 생각해냈다. NSE는 Nmap의 기능과 취약점 자동화 진단을 조합해서 사용할 수 있는 스크립트이며, 그림 1-7에 나온 예제는 wkhtmlimage[7] 바이너리를 활용해 열려 있는 서비스의 화면을 자동으로 저장해서 결과를 출력한다.

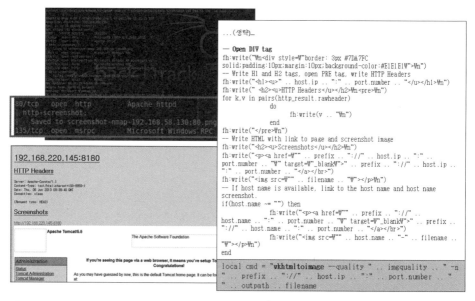

그림 1-7 Nmap NSE를 활용해 열려 있는 서비스의 진단을 자동화

열려 있는 포트를 점검할 때 자주 나오는 취약점들이 꼭 있다. 솔루션이 설치되면 관리자 페이지는 대부분 웹서비스로 구성돼 있다. 이 경우 특정 포트를 사용하며, 이 포트는 관심을 두지 않으면 금방 신경도 안 쓰게 된다. 위에서 소개한 톰캣 관리자 페이지도 이 중 하나

---

7 wkhtmlimage 다운로드: http://code.google.com/p/wkhtmltopdf/

다(물론 버전 6부터는 기본적인 관리자 페이지 및 계정을 사용하지 못하게 설정돼 있다. 하지만 항상 최신 버전을 유지한다는 생각은 버리자). 내부 시스템에서 사용하고 있을지라도 8080, 8888 같은 포트를 사용해 다른 시스템 영역과 동일한 방화벽 정책이 적용되면 외부에도 공유될 수 있다. 솔루션이라는 범위는 매우 넓다. 소스코드를 관리하는 서비스라고 한다면 내부 자산이 심각하게 노출될 수 있다. 인증서 승인이나 문서 승인 시스템이라고 한다면 개인정보나 내부 기밀정보가 노출될 수 있다.

건물에 설치돼 있는 무선 네트워크를 진단할 때 가끔씩 비밀번호가 설정돼 있지 않은 무선 AP가 연결되곤 한다. 연결된 AP를 중심으로 IP 대역을 모두 스캔해 보면 이 대역에 연결된 수많은 CCTV 관리자 페이지가 보이기도 한다. CCTV는 주차장을 포함해 각 층의 로비에 설치된 것이었으며 중앙에서 통제하는 시스템이었다. 이런 정보는 공격자에게 매우 좋은 먹잇감이다. 외부인뿐만 아니라 건물 내부에서 상주해서 일하는 업체 직원들도 이런 스캔 공격 기법을 조금만 알면 손쉽게 정보를 획득할 수 있다. 이런 정보를 가져가거나 이슈를 발생시킬 수 있는 경로는 아주 많다.

셋째, 개인PC 보안 관리다.

아무리 강조해도 지나치지 않는 것은 바로 개인 사용자의 보안 의식이다. 어떤 기술적인 부분을 강화하더라도 임직원들이 보안에 관심이 없다면 무용지물이 될 수 있다. 개인PC에서 감시/통제해야 할 부분은 너무 많다.

개인PC 보안을 위해 '저장매체 접근 통제', '안티 바이러스', '유해 사이트 차단' 등 악성코드와 관련된 솔루션을 많이 설치하고 있다. 그렇지만 보안을 강화할수록 임직원들의 불만은 커지는 편이며, 각 팀에서는 업무상의 이유로 보안 솔루션 통제에서 일부 기능을 제외하고 있다. 뜨거운 감자인 '망분리' 이슈도 개인PC를 통한 사고가 많이 발생했기 때문이라고 할 수 있다.

그림 1-8 감시/통제할 범위가 너무 넓음

유해 사이트를 차단하더라도 평소에 방문하던 사이트가 감염되면 사용자들은 자신도 모르게 악성코드가 설치되는 공격(Drive by Download)에 노출되고, 알려지지 않은 취약점(제로데이)에 의해 컴퓨터가 장악된다.

웹 서비스를 통해 침투하는 경우보다 개인PC를 경유지로 내부 시스템을 침투하는 편이 훨씬 수월하기 때문에 공격자는 어떻게든 개인PC를 장악하기 위한 방법을 생각한다.

언젠가는 원천적인 대응 방안이 나올 것이라 믿으면서(진짜 나올지는 의문이다) 그때까지는 임직원이 어떻게 하면 보안 인식을 강화할 수 있는지 장기적인 교육과 프로그램을 도입해야 한다.

여기서는 모의해킹 및 악성코드 감염 관점에서 세 가지 대표적인 예를 들었지만 이 밖에도 보안을 적용해야 할 영역은 많다. 매년 각 영역에서 강화해야 할 부분에 대한 계획을 수립하고 이를 추진해야 한다.

개발 단계에서의 보안성 검토의 중요성

행정안전부에서 행정, 공공기관의 정보화 사업 중 신규 개발되는 모든 소프트웨어에 "소프트웨어 개발 단계부터 '시큐어코딩'을 의무화"했다. 2012년 12월 40억원 이상 → 2014년 1월부터 20억원 이상 규모 → 2015년 1월부터 감리 대상이 되는 모든 정보화 산업으로 순차적으로 적용할 예정이다. 이런 프로세스가 보안에 효과적이라 판단된다면 내 생각에는 민간사업에도 모두 적용되지 않을까 싶다.

이를 의무화한다는 것은 기획 단계/개발 단계/개발 완료까지 모든 단계에서의 보안성 검토가 중요하다는 것을 의미한다. 그리고 해마다 분명히 문제가 많이 발생하기 때문에 이를 도입한 것으로 추정된다.

http://news.inews24.com/php/news_view.php?g_serial=658243&g_menu=020100&rrf=nv(단축 URL: http://goo.gl/0m6n1v)

Training	Requirements	Design	Implementation	Verification	Release	Response
	2. Establish Security Requirements	5. Establish Design Requirements	8. Use Approved Tools	11. Perform Dynamic Analysis	14. Create an Incident Response Plan	
1. Core Security Training	3. Create Quality Gates/Bugs Bars	6. Perform Attack Surface Analysis/ Reduction	9. Deprecate Unsafe Functions	12. Perform Fuzz Testing	15. Conduct Final Security Review	Execute Incident Response Plan
	4. Perform Security and Privacy Risk Assessments	7. Use Threat Modelling	10. Perform Static Analysis	13. Conduct Attack Surface Review	16. Certify Release and Archieve	

그림 1-9 개발단계 프로세스

출처: http://www.microsoft.com/security/sdl/adopt/tools.aspx

그림 1-9는 마이크로소프트에서 공개한 SSDC(Secure Software Development LifeCycle)의 프로세스를 설명하고 있다. 각 단계마다 보안과 관련된 내용이 포함돼 있다. 그림 1-9의 항목을 정리하면 표 1-2와 같다.

구분	항목
교육(훈련) 단계	핵심 보안 교육
요구사항 분석 단계	보안 요구사항 설정
요구사항 분석 단계	품질 제도 버그 기준들 수립
	보안 및 개인정보 위험 평가 수행

구분	항목
설계 단계	설계 요구사항 수립
	공격 표면 분석 수행 및 감소
	위협 모델링 사용
구현 단계	승인된 도구 사용
	안전하지 않은 함수 확인/제외
	정적 분석 수행
검증 단계	동적 분석 수행
	퍼징 테스트 수행
	공격 표면 검토 실시
배포 단계	사고 대응 계획 작성
	최종 보안 검토 실시
	배포(릴리즈) 교부 및 보관
사후조치 단계	사고 대응 계획 실행

표 1-2 SDLC 단계별 프로세스 요약

프로젝트 시작 단계에서는 해당 업무를 맡을 담당자 및 개발자에게 보안 교육이 진행(교육-훈련단계)된다. 이때 교육은 아직 프로젝트가 개발되지 않은 시점이기 때문에 일반적인 환경을 토대로 가이드를 제시한다. 만약 환경이 Java/JSP 환경이라면 행안부에서 제시한 기준과 OWASP에서 제시한 기준과 대응 예제를 가지고 교육하는 것이다. 그렇지만 이 교육 및 가이드는 계속 업데이트되며, 개발이 완료된 시점에는 실제 개발 환경에 맞게 예제가 변경되어 제시된다. 이 교육 및 가이드 자료는 이후에도 동일한 환경에서는 활용할 수 있고, 이로써 교육이 더욱더 효율적으로 진행된다.

요구사항 분석/설계 단계에서는 개발이 진행될 서비스에서 어떤 취약점이 잠재적으로 발생할 수 있는지 측정돼야 하고 위협 모델링이 이뤄져야 한다. 그림 1-11은 설계 과정에서 보안성 검토를 진행하는 예제인데, 흔히 볼 수 있는 파일 첨부 가능한 게시판이다. 각 번호로 명시한 것은 아래 번호와 매칭해서 어떤 취약점이 발생할 수 있는가다. 설계 단계이므로 직접 입력하지는 못하지만 보안성을 진단한 경험을 토대로 각 입력 부분에 어떤 취약점이 발생할 수 있고, 모의해킹 진단을 할 때 어떤 부분을 검토하게 되는지 알 수 있다. 이 예제 프로세스는 각 회사마다 다르기 때문에 환경에 맞게 맞추가면 된다. 중요한 것은 개발 단계에서 개발자들이 보안을 의식하고 최대한 적용할 수 있게 만들어주는 것이다.

번호	날짜	제목	공개여부	첨부파일	글쓴이
5	2013.11.09	보안프로젝트 진행 상황 공유	공지		관리자
4	2013.11.09	내일 MT건에 대한 의견	공개		조정원
3	2013.11.08	(프로젝트 진행) 멤버 조정 요청	비공개		보안프로젝트
2	2013.11.07	정말 기쁜 일이 있습니다!	공개		박병욱
1	2013.11.04	포렌식 관련 좋은 자료!~~(멤버들만 보세요)	비공개		이준형

번호	취약점 항목	설명	개발자 검토	진단자 검토
1	SQL Injection 취약점	모든 입력 값 (파라미터 값) 대상으로 데이터베이스 정보 노출 여부 확인	처리	양호
1	XSS 취약점	모든 입력 값 (파라미터 값) 대상으로 악성 스크립트 발생 여부 확인	진행중	-
2	SQL Injection 취약점	모든 입력 값 (파라미터 값) 대상으로 데이터베이스 정보 노출 여부 확인	처리	부분 취약
2	XSS 취약점	모든 입력 값 (파라미터 값) 대상으로 악성 스크립트 발생 여부 확인	처리	양호
2	인증처리미흡	정보를 확인하는 과정에서 전달 값 조작으로 비공개글 열람 여부 확인	처리	양호
3	SQL Injection 취약점	모든 입력 값 (파라미터 값) 대상으로 데이터베이스 정보 노출 여부 확인	처리	양호
3	XSS 취약점	모든 입력 값 (파라미터 값) 대상으로 악성 스크립트 발생 여부 확인	처리	양호
3	파일 다운로드 취약점	상위 디렉터리의 시스템 파일, 소스코드 파일 열람 여부 확인	진행중	-

그림 1-10 설계 과정의 보안성 검토 예제

개발이 시작되는 시점부터 정적/동적 분석을 통해 소스코드 안에 존재하는 취약점을 하나씩 제거할 수 있게 프로세스를 구축해야 한다. 시큐어코딩에서도 정적분석과 동적분석을 구분해서 사용하곤 한다. 정적분석은 소스코드 진단 도구를 활용하는 것이고, 동적분석은 서비스 취약점 진단 도구를 활용하는 것으로 볼 수 있다.

가령 웹 애플리케이션을 진단한다고 해보자. 정적분석은 소스코드의 라인을 따라가며 점검한다. 즉, 위에서 선언한 변수가 보안상 잘못 선언돼 있어서 사용자에게 보여지는 화면에서 악의적인 행위가 나타날 가능성이 있는지 본다. 즉, 다른 파일에서 참조하는 함수를 추적하는 식으로 점검하고 공격자 입장에서 인증하고 난 뒤에 페이지에 접근하거나 파일을 직접 다운로드/업로드하는 행위(파일 업로드 취약점, 파일 다운로드 취약점 등)는 하지 않는다. 그래서 동적으로 움직이며 점검하는 것이 아니라 소스코드 안에서 정적으로 앞뒤를 본다는 의미로 이해하면 된다.

이와 달리 웹 서비스 취약점 진단 도구는 모든 행위를 점검할 수는 없지만 간단하게 스크립트를 삽입한 결과를 비롯해 로그인 페이지에서 인증한 뒤에 세션을 가지고 뒤에 따라오는 페이지를 연결해서 점검하는 형태나 백그라운드(서버단)에서 처리한 뒤에 보여주는 사용자 페이지에서의 취약점 여부 등을 확인할 수 있다. 즉, 진단자가 수동으로 모든 페이지를 하나하나 체크하지 못하는 부분을 동적으로 페이지를 움직이며 진단하는 효과를 볼 수 있다.

물론 소스코드 진단에서 나온 취약점과 웹 서비스에서 나온 취약점을 비교하면서 진단자가 수동으로 다시 확인해야 하는 부분을 재검토해야 한다. 그리고 서비스에 어떤 영향까지 줄 수 있을지도 평가돼야 한다.

그리고 **마지막으로 릴리즈가 되는 시점**에도 소스코드 진단/모의해킹 진단이 이뤄지고 도출된 취약점이 패치됐을 때 오픈되게 한다.

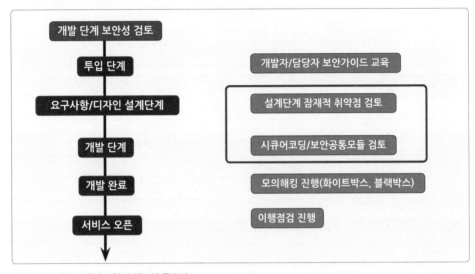

그림 1-11 개발 단계의 보안성 검토의 중요성

컨설팅 업체에 의뢰해서 모의해킹을 수행한다고 하면 보편적으로 마지막 부분에 위치한 **배포(릴리즈) 단계에서부터 진행**되는 경우가 많다. 설계 단계부터 검토를 진행할 경우 인력과 비용이 많이 투입된다는 이유로 이런 과정을 생략하곤 한다. 그런데 정말로 설계 단계부터 검토하는 방법에 더 많은 비용이 들게 될까?

보안뉴스에서 제공했던 글 중에서 'SDLC 단계별 보안성 테스팅의 중요성'에 포함된 표 1-3를 보자. 이 표를 보면 설계 단계에서 고려하지 않았을 경우에는 배포된 후에 인력 투입 비용과 유지보수 비용 등을 포함해 30배 이상의 비용이 추가적으로 든다. 그만큼 설계 단계부터 보안성 검토가 중요하다.

구분	설계단계 발견	코딩단계 발견	통합단계 발견	베타단계 발견	GA단계 발견
설계과정 에러	1x	5x	10x	15x	30x
코딩과정 에러		1x	10x	20x	30x
통합과정 에러			1x	10x	20x

표 1-3 SDLC 단계별 에러 생성과 발견 간의 시간 경과에 따른 비용
http://www.boannews.com/know_how/view.asp?page=18&gpage=11&idx=2300&numm=1941&search=title&find=&kind=03&order=ref (SDLC 내 보안 테스팅의 중요성과 방법(2) 표 발췌)

모든 개발 프로세스에 보안을 적용해야 위협을 최소화할 수 있고, 이후에 개발 단계에서 발생할 경우에 생기는 프로젝트 시간 지연을 최소화할 수 있다. 물론 개발 및 설계 단계부터 프로젝트에 맞지도 않는 보안을 끼워넣는다면 시작도 하기 전에 프로젝트 지연이 발생할 수 있다. 그렇기 때문에 보안을 적용했을 때 프로젝트 일정이 제일 고민거리가 된다.

이를 해소하려면 관련 프로젝트 팀과 담당/개발자와의 사전협의가 필요하다. '어떤 항목이 이 프로젝트에 해당되지 않을지', '어떤 항목이 위험을 감수하고 진행해도 되는 항목인지', '소스코드 진단을 할 때 필수적으로 포함해야 할 항목이 무엇인지' 등을 결정해야 한다.

그 뒤에 보안담당자는 협의에 맞게 가이드를 수정해나가고 교육을 실시해야 한다. 앞에서 언급한 공공기관에서의 시큐어코딩 항목은 정확하게 정해져 있다. 이 항목을 그대로 프로젝트에 반영했을 때 문제가 발생하는지 여부는 조금 더 두고봐야 할 것 같고, 많은 시행착오가 발생할 것이라 생각한다.

하지만 공공기관이 아닌 서비스에 반영할 경우에는 각 법규나 상급기관에서 제시한 필수 항목을 고려하고, 프로젝트별로 변동사항이 발생하는 항목에 대해 적절히 고려해야 한다.

시큐어코딩 진단 업무의 이해

개발단계의 진단 과정에 포함되는 '시큐어코딩' 진단은 소스코드만을 보고 잠재적인 취약점을 도출하는 '화이트박스(White Box)' 방식을 기준으로 한다. 예를 들어, 진단할 파일이 1000개(JSP, Java 파일 등)라면 그 소스코드 안에 입력값 검증, 민감한 정보 저장 등을 스캐닝하고 링크돼 있는 코드를 추적해서 판단하게 된다.

예를 들어, 아래와 같은 경우는 요청을 받아오는 v_num 값에 입력값 검증이 제대로 이뤄지지 않고 사용된 것으로 판단할 수 있다. 그래서 XSS 취약점 및 SQL Injection 등의 공격이 발생할 수 있다.

```
v_num = Request("v_num")
IF v_num <> "" Then
SQL_Read = "Update Board Set readcount = readcount + 1 Where num="&v_num&" "
...(생략)...
```

패턴을 찾아내는 프로그램을 제작해 비슷한 패턴을 사용하는 소스코드를 찾아내면 더욱 좋겠지만 공개 도구인 AstroGrep®을 활용하면 이를 빠르게 확인할 수 있다. AstroGrep®은 메모리에 저장해서 찾아내는 방식을 사용하기 때문에 소스코드 파일이 많아도 검색되는 속도가 아주 만족스럽다. 또한 오픈소스이기 때문에 어떤 형태로든 아이디어와 함께 특정 기능을 추가해서 업무에 활용할 수 있다. 저자도 이 도구를 조금 활

8 AstroGrep: http://astrogrep.sourceforge.net/

용해 수많은 패턴 리스트 검색 도구 및 악성코드 패턴 검색 도구를 제작해서 업무에 활용하고 있다. 특히 침해사고에 대응할 때 수십 기가바이트에 달하는 로그에서 특정 문자열을 검색할 때도 유용하다.

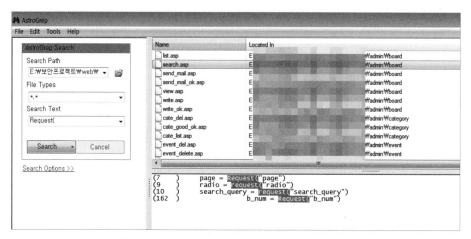

그림 1-12 AstroGrep을 활용해 다른 소스코드를 검색

그렇지만 인증 처리 미흡 및 파일 업로드 취약점 등의 일부 취약점은 수동적인 진단이 필요한 부분이 있다. **수동적인 진단이라고 한다면 블랙박스(Black Box) 형태의 모의해킹 점검 방식을 활용해야 한다.** 외부자 입장에서 모의해킹으로 직접 검토해 서비스의 영향 정도를 판단하고, 해당 소스코드에 적용된 패턴이 다른 소스코드에도 동일하게 적용되는지 판단해야 한다. 이처럼 **몇 가지 점검 방식을 함께 활용해야 최대한 잠재적인 취약점을 찾을 수 있지, 한 가지 점검 방식만 이용해 판단하면 많은 취약점을 놓칠 수 있다.**

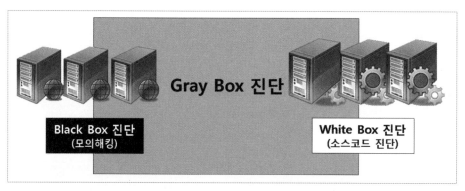

그림 1-13 모든 영역을 고려할 수 있는 방법

실무에서 많이 사용하는 소스코드 진단 도구(유료 솔루션)는 프로젝트 개발의 형상관리까지 지원하기 때문에 개발자가 프로젝트 일정에 따라 소스코드를 수정하는 내역이 기록되고, 이런 소스코드에서 취약하게 코

딩된 부분을 바로 확인하고 수정할 수 있다. 그렇지만 취약성 여부를 확실하게 판단하려면 앞에서 언급한 블랙박스 방식의 모의해킹 점검 방식이 함께 이뤄져야 한다.

그렇다면 시큐어코딩으로 나온 취약점 처리는?

시큐어코딩을 통해 결과를 도출해내는 것은 어려운 일은 아니다. 자동 소스 점검 도구에서 항목을 추가/수정함으로써 환경에 맞게 실행하면 되기 때문이다. 그렇지만 가장 큰 문제는 분석 단계부터다. 유료 솔루션 같은 경우에는 100개의 항목은 기본이고, 300개가 넘는 경우도 있다. CVE, CWE, OWASP, 행안부, 국정원 등에서 요구하는 항목들이 모두 다르게 분류할 필요가 있기 때문에 최대한 중복되지 않는 선에서 항목을 업데이트한다.

그렇지만 이처럼 수많은 항목에서 취약점이 도출됐을 때 이것이 실제 자사 서비스에서 발생해서 심각한 영향을 줄 수 있는지(High Level), 혹은 잠재적으로 발생할 수 있는 취약점(Low Level)인지 분류해야 한다. 이러한 분류 작업을 완료하고 나면 이후의 중요한 관문은 관련 팀과 모여서 패치 여부를 결정해야 한다.

어떤 상황에서든 도출된 취약점을 오픈하기 전에 모두 다 패치해야 한다고만 주장할 수 없다. **외부 사용자가 해킹을 통해 확연하게 드러난 취약점인 경우에는 100% 패치가 완료돼야 한다. 패치가 완료되지 않는다면 오픈 일정을 조금 늦추는 한이 있더라도 패치를 완료해야 한다.** 그렇지만 당장은 위험이 발생하지 않고 서비스 보안상 수정해야 하는 수준은 오픈하고 난 뒤에 충분한 계획을 세워 수정해 나가야 한다. 잠재적인 취약점으로는 입력값 검증(XSS 취약점, SQL Injection 등), 에러 처리와 관련된 Exception 처리가 여기에 해당한다.

한두 단계의 입력값 처리는 바로 확인되어 외부에서 발생할지 여부를 판단할 수 있지만 소스코드 간의 상호의존성이 높은 경우에는 보안 패치를 적용했을 때 어떤 장애가 발생할지 바로 판단하기가 불가능한 경우도 있다. 그렇기 때문에 즉시(Hot Fix), 단기, 중기, 장기로 구분해서 협업을 통해 패치 계획을 세워야 한다.

책이나 참고할 만한 사이트는?

시큐어코딩이라는 주제를 다룬 참고할 만한 책도 있지만 우선 공공기관 플랫폼에 맞는 가이드를 참고한다(아래 링크를 통해 행안부에서 제공하는 가이드를 내려받을 수 있다). C, 자바, 안드로이드 모바일 환경의 시큐어코딩 가이드가 있으며, 앞에서 언급한 소프트웨어 개발 보안 진단원도 이 내용을 토대로 교육받고 있으며, 시큐어코딩 예제가 자세히 설명돼 있기 때문에 참고하기에 제일 적합하다.

http://www.mopas.go.kr/gpms/ns/mogaha/user/userlayout/bulletin/userBtView.action?userBtBean.ctxCd=1002&userBtBean.ctxType=21010006&userBtBean.bbsSeq=1012662 (단축 URL: http://goo.gl/omcHmm)

(공고문) 소프트웨어 개발보안(시큐어 코딩) 관련 가이드

행정기관등이 안전한 소프트웨어를 개발하여 각종 사이버위협으로부터 예방 · 대응코자 함 SW 개발단계부터 보안약점을 제거하는 'SW 개발보안' 의무제가 2012년 12월부터 시행되며 이에 따른 관련 가이드를 보급하오니 적극 활용하시기 바랍니다.

• 가이드 내역(2종)
 – (개발시 참고) 소프트웨어 개발보안 가이드
 (언어별 시큐어코딩 가이드) JAVA, C, Android–JAVA

 – (점검시 참고) 소프트웨어 보안약점 진단가이드

 ※ SW 개발보안 반영한 "정보시스템 구축 · 운영 지침(행안부 고시)" 개정(6월)

• 활용: (개발보안) 행정 · 공공기관 정보시스템 개발자 및 유지보수자, 담당공무원,
 (진단) 진단원 및 감리원, 사업자 자체 SW보안약점 잔존여부 진단 등

• 첨부파일:
 붙임 1. 소프트웨어 개발보안 가이드(3판)
 붙임 2. 소프트웨어 보안약점 진단가이드(1판)
 붙임 3. JAVA 시큐어 코딩 가이드(3판)
 붙임 4. C 시큐어 코딩 가이드(3판)
 붙임 5. Android–JAVA 시큐어 코딩가이드(2판)

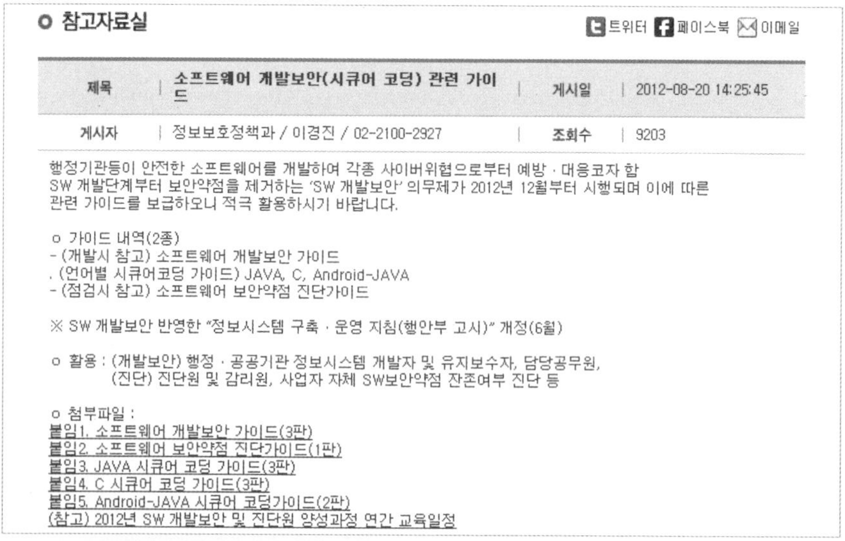

○ **참고자료실**   트위터 페이스북 이메일

제목	소프트웨어 개발보안(시큐어 코딩) 관련 가이드	게시일	2012-08-20 14:25:45
게시자	정보보호정책과 / 이경진 / 02-2100-2927	조회수	9203

행정기관등이 안전한 소프트웨어를 개발하여 각종 사이버위협으로부터 예방 · 대응코자 함 SW 개발단계부터 보안약점을 제거하는 'SW 개발보안' 의무제가 2012년 12월부터 시행되며 이에 따른 관련 가이드를 보급하오니 적극 활용하시기 바랍니다.

ㅇ 가이드 내역(2종)
- (개발시 참고) 소프트웨어 개발보안 가이드
. (언어별 시큐어코딩 가이드) JAVA, C, Android-JAVA
- (점검시 참고) 소프트웨어 보안약점 진단가이드

※ SW 개발보안 반영한 "정보시스템 구축 · 운영 지침(행안부 고시)" 개정(6월)

ㅇ 활용: (개발보안) 행정 · 공공기관 정보시스템 개발자 및 유지보수자, 담당공무원,
    (진단) 진단원 및 감리원, 사업자 자체 SW보안약점 잔존여부 진단 등

ㅇ 첨부파일 :
붙임1. 소프트웨어 개발보안 가이드(3판)
붙임2. 소프트웨어 보안약점 진단가이드(1판)
붙임3. JAVA 시큐어 코딩 가이드(3판)
붙임4. C 시큐어 코딩 가이드(3판)
붙임5. Android-JAVA 시큐어 코딩가이드(2판)
(참고) 2012년 SW 개발보안 및 진단원 양성과정 연간 교육일정

그림 1–14 소프트웨어 개발보안(시큐어코딩)관련 가이드 화면

다음으로 한국인터넷 진흥원에서 제공하는 보안 가이드 안내서/해설서가 있다. 한국인터넷 진흥원 홈페이지(www.kisa.or.kr) → 자료실 → 관련법령 → 안내서 • 해설서 메뉴에서 내려받을 수 있다. 모든 자료가 다소중하지만 시큐어코딩 업무에는 그림 1–15에서 표시한 가이드를 꼭 참고하기 바란다.

정보 보호 시스템 관리	홈페이지 SW(웹) 개발보안 가이드	평가검증팀	정보시스템 개발, 운영자	중급
	침해사고 분석절차 안내서	해킹대응팀	IT시스템관리자	고급
	무선랜 보안 안내서	해킹대응팀	일반	중급
	웹서버구축 보안점검 안내서	웹보안지원팀	IT시스템관리자	고급
	웹어플리케이션 보안 안내서			
	홈페이지 개발보안 안내서			
	침해사고대응팀 (CERT) 구축/운영 안내서	침해예방기획팀	업무관계자	중급
	WebKnight를 활용한 IIS 웹서버 보안 강화 안내서	웹보안지원팀	IT시스템관리자	중급
	WebKnight 로그 분석 안내서			
	ModSecurity를 활용한 아파치 웹서버 보안 강화 안내서			
	보안서버구축 안내서	주민번호전환지원팀	IT시스템관리자	중급

그림 1–15 한국인터넷 진흥원 안내서/해설서 참조

끝으로 국내에 출간된 시큐어코딩 관련 번역서가 있다. 시큐어코딩 업무를 하면서 제일 많이 보게 되는 것은 The CERT Oracle Secure Coding Standard for Java[9], CERT C Secure Coding Standard[10]이며, 이 책에서 다룬 내용은 홈페이지에서도 제공하고 있지만 책으로 출간됐다. 그림 1–16에 나온 4권의 책을 추천하며, 맨 밑에 있는 책은 번역서로 나오지 않았지만 유료 도구인 포티파이에 관한 설명이 잘 돼 있고, 도구에 언급된 가이드와 매칭되기 때문에 해당 솔루션을 도입한 업체라면 참고해도 좋다.

---

9   The CERT Oracle Secure Coding Standard for Java: https://www.securecoding.cert.org/confluence/display/java/The+CERT+Oracle+Secure+Coding+Standard+for+Java (단축 URL: http://goo.gl/VSES8)
10 CERT C Secure Coding Standard: https://www.securecoding.cert.org/confluence/display/seccode/CERT+C+Coding+Standard (단축 URL: http://goo.gl/0gwk3b)

CERT C 프로그래밍
작가 로버트 C. 시코드
출판 에이콘출판
발매 2010.02.16
리뷰보기

버그 없는 안전한 소프트웨어를 위한 CERT 자바 프로그래밍
작가 프레드 롱, 드루브 모힌드라|데이비드 수오...
출판 한빛미디어
발매 2012.08.06
리뷰보기

WRITING SECURE CODE 2 안전한 코드 작성 기술
작가 마이클 하워드
출판 정보문화사
발매 2003.09.09
리뷰보기

Secure Programming with Static Analysis : with CD-ROM (Paperback)
작가 Chess
출판 Addison-Wesley
리뷰보기

그림 1-16 시큐어코딩 관련 도서

유료 소스코드 진단 도구는 학생 입장에서 접할 기회가 많지 않다. 현업에서도 무시 못하는 라이선스 비용 탓에 도입하기가 힘든 도구 중 하나다. 그렇지만 방법이 아예 없는 것은 아니다. 무료로 진단할 수 있는 도구는 분명히 있다. 진단 항목들도 나름대로 쓸만하기 때문에 잘 사용한다면 업무에 충분히 활용할 수 있다. 물론 GUI 환경을 통한 관리자 페이지가 없다 보니 도출된 결과에서 취약점 여부를 판단할 때 어려움이 있다.

유료 도구를 활용할 경우의 장점 세 가지를 뽑는다면 업데이트되는 룰셋, 형상관리, 추적성(연결성)이다.

유료 도구와 무료 도구의 가장 큰 차이는 정기적으로 룰셋이 업데이트되느냐 여부다. 신규 취약점이 도출됐을 때, 정탐을 높이고 오탐을 줄일 때, 룰셋은 업데이트된다. 솔루션에서는 이런 데이터베이스가 뇌의 역할(판단력)을 하기 때문에 제일 중요하다. 룰셋은 그룹별로 분류돼 있으며, 서비스 취약성 평가에 바탕이 되는 CVE, CWE, OWASP TOP 10, SANS TOP 25, PCI DSS, **행안부 항목, 국정원 항목** 등으로 구분한 후에 결과를 정리하는 데 매우 유용하다.

무료 도구인 경우에는 유료화되지 않거나 인기가 없다면 업데이트가 멈추기 때문에 오래가지 않는 경우가 많다.

둘째, 형상관리다. 개발 프로세스에서 형상관리란 소스코드에 의해 발생하는 요소 및 기능을 문서화하고, 변경 과정을 기록/보고해서 정해진 프로세스를 충족하는지 검증하는 과정이다. 시큐어코딩은 별도의 프로젝트라고 생각할 수 있지만 서비스 개발 프로젝트의 한 영역이라고 설명한 바 있다. 개발을 시작하는 시점부터 보안을 검토하고 개발자가 교체되더라도 형상관리 시스템 내에서 작업하게 한다면 잠재적인 취약점을 제거해나갈 수 있다. 유료 도구는 개발자들이 공동으로 접근해서 관리할 수 있게 해주며, 널리 사용되는 개발 도구(Eclipse, Visual Studio 등)와 연동해서 개발자들이 보안 공통모듈을 즉시 적용/확인할 수 있게 지원한다.

셋째, 추적성(연결성)이다. 소스코드를 진단한 결과를 가지고 취약점 여부를 판단할 때 증거를 확인하기 위해 추적성이 필요하다. source01.jsp가 있다고 했을 때 이 소스 안에서 모든 것이 처리된다면 함수를 선언하는 부분과 사용자에 보여주는 부분 두 곳만 보면 취약성 여부를 바로 확인할 수 있다. 그렇지만 source00.jsp에서 사용자 입력을 받고 source01.java에서 처리하고 다시 source01.java에서 source01.jsp로 처리되는 방식이라면 몇 단계 후에 사용자에게 최종 결과를 보여주는지 판단해야 한다. 처음 입력값을 받는 부분까지 역으로 증거를 찾아가는 과정을 추적성(연결성)이라고 한다. 유료 도구에서는 이러한 추적성을 매우 중요시하고 있으며, 개발자/관리자도 이 기능을 통해 수많은 진단 결과에서 대상 서비스에 발생할 영향을 판단할 수 있다.

```
Analysis Evidence

↔() ParameterParser.java:576 - getParameterNames(return)
↵  ParameterParser.java:576 - Return
↔() SummaryReportCardScreen.java:80 - getParameterNames(return)
:= SummaryReportCardScreen.java:80 - Assignment to e
↯() SummaryReportCardScreen.java:84 - nextElement(this : return)
:= SummaryReportCardScreen.java:84 - Assignment to key
↯() SummaryReportCardScreen.java:87 - substring(this : return)
:= SummaryReportCardScreen.java:87 - Assignment to selectedUser
↔() SummaryReportCardScreen.java:89 - makeReportCard(1)
↔() ReportCardScreen.java:230 - makeUser(1)
↯() ReportCardScreen.java:295 - StringElement(0 : this)
↔() ReportCardScreen.java:295 - addElement(0)
```

그림 1-17 유료 도구의 추적성 예제(포티파이)

유료 도구를 무조건 구입해서 관리해야 하는 것은 아니다. 솔루션을 도입할 때는 업무를 하는 데 투입되는 리소스(인력, 시간) 및 보안 위협과 투자할 비용을 비교해 어떤 것이 합리적인지 가늠해 봐야 하기 때문이다. 서비스가 1년에 한 번 정도 신규로 만들고, 소스코드 분량도 매우 적은 편이라면 유료 도구를 구입하기보다는 직접 수동 진단을 진행하는 편이 더 합리적이다.

04 / 침해사고가 발생했을 때
모의해킹 인력은 어떤 업무를 하나요?

Q&A

Q 평상시 업무가 아닌 3.20 전산대란과 같은 사태 때 포렌식팀이나 리버싱팀의 역할은 어느 정도 예상이 가능한데, 모의해킹팀도 이런 사건이 발생했을 때 맡는 역할이 있나요?

A 질문에서 이미 팀을 분류했기 때문에 모의해킹팀도 분리돼 있다고 가정하고 설명하겠다. 아울러 컨설턴트로서의 모의해커와 관리실무자로서의 모의해커를 분리해서 생각해야 할 것 같다.

우선 관리실무 측면에서는 모의해커 인력이 많이 부족하다. 그리고 모의해킹만을 전문으로 하는 곳은 많지 않다. 직책을 나눌 정도로 인력이 많다면 기술 부문과 관리 부문으로 크게 나뉠 것이다. 기술 부문에서는 모의해킹 진단/시스템 진단/네트워크 장비 진단 등을 주업무로 하면서 침해사고 대응업무에 협력한다. 보안장비 운영까지 맡는 경우도 있지만 보안인력들이 나눠서 맡거나 인력이 부족하면 운영보다는 정책 쪽을 담당한다. 외부 관제업체에서 항상 모니터링을 통해 침해사고에 대응하곤 있다고 하지만 실제 침해사고가 발생했을 때는 기술 부문에서 침해사고 대응에 협력한다. 그렇기 때문에 관리실무에서 침해사고가 발생했을 때는 큰 역할을 해야 한다.

모의해킹 컨설턴트는 업무 영역이 다르다. 업무 범위는 말 그대로 서비스 취약점 진단에 한정되기 때문에 침해사고 대응 업무와는 관련이 없다. 침해사고가 발생했을 때 어찌 보면 제일 신경을 안 써도 되는 업종이다(물론 모의해커 인력으로 신규 공격 동향 분석(Offensive Research)까지 하고 있다면 악성코드 샘플 분석 보고서를 작성하느라 며칠 밤을 샐 수 있다.) 그렇지만 몇 가지 협조해야 하는 경우가 있다. 서비스를 1년 단위로 계약하는 온고잉(On-Going) 형태의 계약기간 중에는 침해사고가 발생했을 때 협조 정도는 할 수 있다. 침해사고 원인을 파악할 때는 전문인력이 필요하기 때문에 모의해킹 인력 가운데 악성코드 분석이나 포렌식 분석 능력이 있는 인원이 투입되는 경우가 바로 여기에 해당한다. 관제업무

서비스를 받는 곳에는 침해사고 대응팀 내에 분석 인원이 별도로 구성돼 있기 때문에 이 인원들이 진행한다. 침해사고 대응 매뉴얼을 보면 업체들과 협력하는 부분이 명시돼 있다.

컨설팅 업체의 모의해킹 인력은 포렌식이나 악성코드 분석이 실제 업무와 관련이 많지 않다. 이런 영역들을 업무로서 접할 기회가 많지 않다. 이런 분야들이 좋아서 계속 연구하는 것은 추천하는데, 관심 있는 기술 분야를 지속적으로 연구하는 것이 해커의 본능이니까 말이다.

헷갈리는 진단 업무 용어

인력을 구하는 사이트를 방문하거나 고객의 요구사항을 들어보면 업무와 관련된 용어가 헷갈리는 경우가 있다. 모의해킹, 서비스 취약성 평가, 소스코드 진단, 취약점 진단, On-going 진단 등 비슷한 업무인 것 같은데, 모두 다른 업무로 진행될 수 있다. 이러한 각 용어의 차이점은 뭘까? 솔직히 각 회사에서 정의하는 명칭이 다르기 때문에 딱히 정해진 것은 없다. 용어가 헷갈리면 고객사에 물어봐서 어떤 것을 원하는지 재확인할 수밖에 없다. 그렇지만 내가 경험해본 진단 유형들을 살펴보면 용어를 이해하는 데 도움될 것이다.

서비스 취약성 평가

시나리오를 기반으로 하는 모의해킹(모의침투)과는 다른 접근방식이다. 모의해킹이라면 XSS 취약점이 발생했을 때 이를 이용해 악성스크립트를 삽입하고 관리자의 계정 정보를 획득한 뒤에 권한까지 획득하거나 시스템에 침투했는지 여부 등을 하나의 이야기로 풀어나가는데, 서비스 취약점 평가 업무는 취약점 항목만 체크한다는 차이가 있다.

"A라는 서비스는 전체 항목 30개 중에서 15개가 존재한다. B라는 서비스는 전체 항목 중 16개가 존재한다" 라고 체크한다. 그래서 취약점이 발생하면 '발생 여부'만 체크하고, 다시 새로운 항목을 찾는 업무다.

이는 시나리오를 통해 긴 시간 동안 '시스템 침투'나 '권한 획득'이 가능한지 보고 싶은 것이 아니라 **자사의 서비스에 얼마나 다양한 취약점이 발생할 수 있는지 체크하는 데** 목적을 둔다. 이를 모의해킹 업무와 비교했을 때 빠른 시간 안에 많은 취약점을 찾아낼 수 있고, 발견한 항목에 의해 외부로부터 충분히 위협이 발생할 가능성이 있음을 확인할 수 있다는 장점이 있다. 아울러 무조건 시나리오 기반으로 고집할 이유는 없는데, 자칫 짧은 시간 동안에 진단하지 못한 항목으로 인해 위험성이 더 커질 수 있기 때문이다.

비정기적인 컨설팅 진단 이외에 상시적으로 진단할 때는 '웹 서비스 상용 자동화 도구'를 활용하곤 한다. 이 도구는 외부 비인가자 입장에서(혹은 로그인 정보를 삽입해 회원 사용자 입장에서) 진행하며, 다양한 패턴을 적용해 파라미터 값을 검증하거나 인증 처리 부분, 최신 취약점 패치 여부 등을 세밀하게 점검한다. 담당자 입장에서는 패턴이 업데이트될 때마다 상시적으로 진단 도구의 도움을 받아 진단하기 때문에 객관적인 지표가 될 수 있다.

소스코드(시큐어코딩) 진단을 할 때는 웹 서비스 진단도구와 함께 참고해서 검토하는 것이 좋다. 화이트박스[11] 방식에서는 취약점 여부를 바로 확인할 수 없는 반면 웹 서비스 진단 도구에서는 블랙박스[12]방식으로 페이지 리뷰가 가능하며, 특정 패턴 대입을 통한 확인이 가능하기 때문이다.

물론 도구를 활용할 때는 도구의 장단점이나 삽입되는 값에 유의해서 장애가 발생하지 않게끔 진행해야 한다.

모의해킹(모의침투) 업무

대외적인 서비스를 비인가자 입장에서 실제 공격자처럼 진행하는 업무다. 일반인들이 말하는 '크래커', '블랙해커' 등 악의적인 목적으로 허가를 받지 않은 시스템에 침투하고, 이를 통해 서비스를 방해하는 행위, 이 사람들이 **사용하는 공격 기법을 동일하게 서비스에 반영해 미리 취약점을 찾는 행위**를 모두 '모의 침투'라고 한다. 물론 서비스마다 혹은 기능마다 동일한 취약점인데도 불구하고 접근하는 공격 기법들은 다르기 때문에 정해진 것은 없다.

공격에는 최신 공격 기법만 포함되지는 않는다. 1990년에 발표된 공격이든, 2000년에 발표된 공격이든, 환경마다 어떤 공격이 이뤄질지 모르기 때문에 상황에 맞춰 달리 적용하는 것이지, 예전에 발표된 공격 기법이라고 해서 점검 목록에서 제외되는 것은 아니다. 꼭 최신 것만 반영한다고 좋은 것만은 아니다.

대상은 웹 서비스, 모바일 서비스, 클라우드 서비스 등 고객이 미리 제시한 서비스는 모두 포함된다. 외부 서비스뿐만 아니라 내부 서비스까지 제시한 인원과 기간에 따라 범위가 달라진다.

다른 사람들은 경험하지 못할 법한 서비스 모의 침투를 하고 싶다면 국내에서는 한국 인터넷 진흥원(KISA)이나 대기업에서 신규로 개발되고 있는 프로젝트에 투입될 기회를 많이 확보하면 된다. 그러면 다른 사람들보다 2년에서 3년까지도 빠르게 접할 수 있기 때문에 최신 기술과 지식을 익힐 수 있다.

취약성 평가와 모의해킹 업무의 차이를 예제와 함께 살펴보면...

한국인터넷진흥원(KISA)에서 배포하는 '홈페이지 SW(웹) 개발보안 가이드'[13]를 기준으로 점검한다고 할 경

---

11 화이트박스 점검 방식: 소스코드를 보고 잠재적인 취약점을 도출해내는 접근 방식. 웹에서 발생 여부를 판단하려면 웹브라우저에서 직접 패턴을 적용해봐야 한다.
12 블랙박스 점검 방식: 외부자 입장에서 서비스에 접근하는 시나리오에 기반을 둔 모의침투 접근 방식. 취약점 여부는 바로 확인할 수 있으나 잠재적인 취약점 도출까지는 화이트박스 방식으로 접근해야 한다.
13 홈페이지 웹(SW) 개발보안 가이드: http://www.kisa.or.kr/jsp/common/down.jsp?folder=uploadfile&filename=%ED%99%88%ED%8E%98%EC%9D%B4%EC%A7%80_SW%28%EC%9B%B9%29_%EA%B0%9C%EB%B0%9C%EB%B3%B4%EC%95%88_%EA%B0%80%EC%9D%B4%EB%93%9C.pdf

우 표 1-4와 같이 작성한다. 이는 각 항목에 따라 어떤 메뉴에서 취약점이 발생하는지 여부를 판단하는 접
근법이다. 어떤 컨설턴트는 이를 모의해킹 업무라고도 하는데, 내가 생각하기에는 시나리오 기반으로 하는
모의해킹 업무와는 분명 차이가 있다.

항목	설명	취약 여부	메뉴
SQL 인젝션	입력 폼 및 URL 입력란에 SQL 문을 삽입해 데이터베이스로부터 정보를 열람하거나 조작하는 취약점	O	게시판 검색 우편번호 검색
운영체제 명령 실행	적절한 검증 절차를 거치지 않은 사용자 입력값이 운영체제 명령어의 일부 또는 전부로 구성되어 실행되는 경우, 의도하지 않은 시스템 명령어가 실행되는 취약점	X	
XQuery 인젝션	XML 데이터에 대한 동적 쿼리문(XQuery)을 생성할 때 외부 입력값을 적절히 검증하는 절차가 존재하지 않으면 공격자가 쿼리문의 구조를 임의로 변경 가능하게 하는 취약점	해당 없음	
XPath 인젝션	외부 입력값에 대한 적절한 검사 없이 XPath 쿼리문을 전달할 수 있으면 공격자가 쿼리문의 구조를 임의로 변경 가능하게 하는 취약점	해당 없음	
크로스 사이트 스크립트	외부 입력이 동적 웹페이지 생성에 사용될 경우, 전송된 동적 웹페이지를 열람하는 접속자의 권한으로 부적절한 스크립트가 수행되는 취약점	O	이력서 작성 폼
...이후 항목 생략...			

표 1-4 **취약성 평가 작성 예**

그러면 모의해킹 업무도 동일한 조건에서 진행해보자. 항목에 대한 설명은 생략하고 작성해보겠다. 시나리
오에는 1차적으로 발생한 항목을 기준으로 이후에 접근할 수 있는 공격 시나리오를 모두 기재한다. 그리고
웹 서버뿐만 아니라 내부 시스템(데이터베이스 서버, 이미지 서버 등)에 침투가 가능한지 진단한다. 이렇게
시나리오 형식으로 풀어서 진단하는 방식이 모의해킹 방식의 접근이다. 이 정도면 충분히 차이를 판단할 수
있으리라 생각한다. 아울러 취약성 평가 및 모의해킹 진단이 가능하다는 장점이 있기 때문에 투입되는 시간
과 인력에 따라 달리 적용하기를 권고한다.

항목	시나리오	메뉴	위협 영향
SQL 인젝션	1. 게시판 검색에서 데이터베이스의 정보를 획득 2. 획득한 정보를 이용해 관리자 권한의 아이디/패스워드 정보를 획득 3. 아래에서 발생한 XSS 취약점을 이용해 관리자의 리퍼러(Referrer) 정보에서 관리자 페이지 정보를 확인 가능 4. 관리자 페이지를 통해 로그인 및 사용자의 개인 정보를 획득 5. 관리자 페이지에서 파일 업로드 취약점 가능(이후 파일 업로드 취약점 시나리오 기재)	게시판 검색 우편번호 검색	VH
운영체제 명령 실행			해당 없음
XQuery 인젝션			해당 없음
XPath 인젝션			해당 없음
크로스 사이트 스크립트	1. 이력서의 작성 입력 부분(자기 소개서, 경력 기술서 등 동일 모듈)에서 악의적인 스크립트 삽입 가능 2. 관리자가 확인할 때 관리자의 세션 정보와 리퍼러 정보가 악성 서버에 수집됨 3. 획득한 정보를 이용해 관리자 권한 획득 가능, 사용자 개인정보 획득 가능	이력서 작성 폼	VH
...이후 항목 생략...			

표 1-5 **취약성 평가 작성 예**

소프트웨어(SW) 취약점 진단

서비스를 운영하기 위해 개발한 별도의 솔루션이나 도입한 솔루션을 진단하는 업무다. 게임 클라이언트의 메모리 조작을 방어하기 위해 메모리 보안 솔루션을 도입하고, 악성코드에 의해 계정 정보의 입력값이 노출되지 않기 위해 키로그 보안 솔루션을 도입한다. 실제 서비스와 동일하게 클라이언트가 실행되는 동안 이런 보안 솔루션을 우회해서 게임 내에서 이뤄지는 가상환경을 마음대로 수정할 수 있는지 진단해야 한다. 내부 시스템에서 임직원들만 접속할 수 있게 화면보호 솔루션, 네트워크 통제보안 솔루션, 외부에 문서가 유출되지 않도록 적용하는 문서암호화 솔루션 등이 모두 포함된다.

점검 방식은 솔루션을 도입할 때 업체별로 평가가 이뤄지는 개념 검증(PoC: Proof of Concept), 성능시험(BMT: Benchmark Test)의 진단 목록에서 기술 항목 부문과 비슷한다. 표 1-6은 문서보안 솔루션에서 기술적 진단을 할 수 있는 항목의 예다. 참고로 이 책에서 모든 항목을 공개할 수 없다는 점은 이해하기 바란다.

항목	설명
프로세스 강제로 죽이기	소프트웨어가 실행되는 동안 부모 프로세스(메인 프로세스)와 관련된 자식 프로세스를 강제로 죽이거나(Kill), 중단(Suspend)해서 소프트웨어 통제 우회가 가능한지 확인
임시파일을 통해 원본 파일 생성 가능	임시파일(tmp)이나 백업파일(bak)을 생성한 후에 원본 파일로 저장이 가능한지 확인
가상머신 실행 탐지 여부	가상머신 안에 보호된 문서를 저장해 외부로 유출이 가능한지 확인
소프트웨어 삭제 가능 여부	설치된 소프트웨어를 사용자들이 삭제한 후 문서를 수정/저장해서 유출이 가능한지 확인
네트워크 공유 가능 여부	네트워크 공유 기능을 활용해 문서 보호가 되지 않은 파일을 소프트웨어가 설치되지 않은 컴퓨터로 이동이 가능한지 확인
소프트웨어 관리자 페이지 진단	클라이언트 에이전트를 관리하는 페이지를 대상으로 웹 서비스 및 서버를 진단

표 1-6 **소프트웨어 취약점 진단 항목의 예**

그런데 갑자기 의문이 든다. 왜 이러한 솔루션을 도입한 회사에서 보안 점검을 진행하는가? 보안 솔루션 업체에서는 자신들이 만든 제품은 보안상 안전하다고 강조한다. 보안제품이 공격 행위에 취약함을 보여주는 것은 당연히 이상하지 않은가? 그렇지만 담당자들은 이 솔루션을 도입하고 난 뒤에 실제 자산들이 올바르게 보호받고 있는지, 생각지도 못한 공격에 의해 손쉽게 솔루션이 우회될 수 있는지 확인받고 싶어한다. 그러다 보니 정기적으로 보안 솔루션도 함께 진단 항목에 들어가게 되고 발견된 취약점은 해당 제작사에 보고해서 보안 패치가 이뤄지게 한다.

최근 보안 솔루션의 '자기 방어'라는 이슈가 주목받고 있다. 앞에서 언급한 체크항목은 보안 실무자들이 수정할 수 없는 부분이고 솔루션 업체에서 기술적으로 방어해야 하는 부분인데, 해마다 해킹사고가 발생하면 꼭 솔루션에 대한 문제가 한두 번씩 언급되다 보니 체크항목들도 그만큼 늘어나게 된다. 솔루션은 클라이언트 프로그램을 보호하는데, 보호막을 치고 있는 프로그램뿐만 아니라 자신이 먼저 보호받아야 한다는 의미다. 그러다 보니 공격자가 보안 솔루션의 특정 파일을 조작하는 것에 대한 무결성을 검증하는지, 공격자가 디버깅 도구를 이용해 분석을 불가능하게 만드는 안티디버깅이 적용되고 있는지 등을 의무사항으로 반영하도록 압박받고 있다. 특히 게임 서비스나 금융 서비스에는 기본으로 설치돼 있는 솔루션이 많기 때문에 관련 업체가 힘들어 하는 경우를 자주 보곤 한다.

솔루션 진단을 할 때는 많은 도구를 사용하리라 예상하겠지만 생각 외로 적은 도구로 앞에서 언급한 사항들을 진단할 수 있다. 이때 자주 활용되는 도구가 바로 마이크로소프트에서 제공하는 sysinernals 통합 도구다. 악성코드 분석, 포렌식 분석 등에서도 많이 활용되는 이 통합도구는 솔루션 서비스 및 스레드의 정보, 커널단에 전달되는 디버깅 정보, 시작 프로그램 설정 여부 등을 제한할 수 있게 제공되고 있다. 도구의 쓰임을 아는 만큼 업무에 활용할 수 있기 때문에 각 도구에 많이 익숙해지는 것이 좋다. 마이크로소프트에서는 아래 링크를 통해 입문자들을 위해 시연 동영상을 제공하고 있다.

http://technet.microsoft.com/en-us/sysinternals/bb469930.aspx

솔루션 진단을 할 때 제일 많이 하는 작업은 디버깅이다. 프로그램이 솔루션을 통해 보호돼 있더라도 이를 무력화시켜 중요한 정보를 획득할 수 있을지 검증하는 시나리오는 항상 포함돼 있다. 이 경우 코드 리버싱을 통해 어떤 시점에 우회할 수 있을지 단계적으로 분석해야 한다. 프로그램에서 사용하는 모듈과 함수를 분석하는 것은 매우 긴 시간이 소요되고 힘든 작업이다. 이때 사용되는 도구는 ollydbg와 IDA Pro 등이다. 그 밖에도 프로그램의 헥스 값을 조작하기 위한 HexEditor, 네트워크 패킷 정보를 확인하는 와이어샤크(WireShark)나 윈도우 네트워크 모니터(Windows Network Monitor) 등이 있다.

온고잉(On-Going) 진단

온고잉은 사전적인 의미 그대로 '계속'이라는 의미를 내포한다. 기술적 취약점 진단 업무는 단기간에 수행하는 경우가 많다. 그러한 기간 동안에 모든 서비스를 진단하기란 쉽지 않으며, 중간에 신규 서비스가 개발되거나 수정될 경우 그때마다 업체의 전문 진단 인력을 통해 진단하기도 힘들다. 따라서 1년 정도를 기준으로 계약하고 달마다 혹은 2주마다 계획해서 진행하는 방식이다.

회사의 전체 서비스를 진단(전수 진단)할 때 진단/패치 기간이 길어지면 당장 인력 투입이 불필요한 경우가 있다. 이때는 패치 기간을 충분히 고려한 후 패치가 완료되는 시점에 다시 투입을 요청하는 식으로 진행한다. 또한 비정기적인 보안 이슈가 발생했을 때 자사 서비스에 어떤 공격 위협이 발생할 수 있는지 판단하기 위해 비정기적인 진단 목적으로 이용된다.

진단 업체 입장에서도 장기 계약을 통해 매출에 기여할 수 있기 때문에 좋은 기회로 볼 수 있다. 이후에 설명할 상주 서비스와 같은 형태로 봐도 된다.

장기간 계약을 통한 상주 업무

고객사에 상주하면서 계약직과 동일한 환경에서 진단 업무를 하는 형태를 말한다. 기술적 진단 업무 가운데 테크닉이 많이 필요한 모의해킹 업무를 중점으로 협업하는 형태라고 생각하면 된다. 서비스뿐만 아니라 서버/네트워크 진단 등 필요로 하는 부문에 투입되어 그때그때 상황에 맞게 업무가 할당된다. 고객사에서 담당자들과 함께 생활하기 때문에 불편한 부분도 없지 않지만, 실무 프로세스를 이해할 수 있기 때문에 커리어를 쌓는 데 좋은 경험이 될 수 있다. 오히려 단기간으로 프로젝트에 계속 투입되는 것보다 장기간 지속적인 업무를 할 수 있기 때문에 특정 서비스를 깊이 있게 연구해서 스페셜리스트가 되는 경우도 자주 보인다.

연구과제 중심의 업무

보안 분야에서는 한국인터넷진흥원(KISA)–행안부에서 기술연구 프로젝트를 많이 진행하고 있다. 연구조직이 많다 보니 매주 신규 기술연구 과제에 대한 입찰공지가 나올 정도로 활발하게 진행되고 있다. 신규 컨설팅 업체에서는 레퍼런스를 쌓을 목적도 있고, 연구과제를 통해 팀원들의 실력과 경험을 쌓기 위한 목적으로 많이 도전한다. 모의해킹(기술적 위협 연구)과 관련된 과제도 많이 있는데, 파급력이 크기 때문에 이후에 공개되지 않는 것이 많다.

번호	제목	게시일	조회	첨부
5189	[사전규격공개] 제2회 개인정보보호 모의재판 경연대회	2017-06-28	461	💾
5188	(재공고) 개인정보보호 기술지원센터 활성화 방안 연구	2017-06-28	429	💾
5187	(긴급) 서울청사 웜상복구 공사	2017-06-28	479	💾
5186	(재공고) 정보보호 융합·집적 프로그램 운영 지원	2017-06-28	1116	💾
5185	융합산업 신규 취약점 및 침해 사고사례 심층 분석	2017-06-22	1229	💾
5184	KT 신규서비스 확대구축에 따른 정보보호 사전점검 수행	2017-06-21	1276	💾
5183	(재공고) 2017년 스팸대응시스템 보안성 강화	2017-06-20	1052	💾
5182	웹셸 탐지 도구 및 관리 시스템 개발	2017-06-20	1082	💾
5181	(재공고) 민간분야 주요정보통신기반시설 지정범위 표준안 마련	2017-06-20	1025	💾
5180	2017 인터넷 내정보 지킴이 캠페인 및 공모전 홍보 콘텐츠 제작 및 운영	2017-06-20	1025	💾

그림 1-18 한국인터넷진흥원의 연구과제 입찰공고

또한 대기업에서는 새로 개발된 플랫폼이나 제품에 대해 위협을 미리 판단하기 위해 장기계약으로 진단연구원들을 모집하는 경우가 많다. 소프트웨어 보안개발이나 진단 프로세스 개발/가이드 제작 등의 프로젝트가 많기 때문에 IT 이슈를 쫓아가면서 이를 미리 준비해두면 다른 사람들보다 빠른 진단 경험을 얻을 수 있다는 이점이 있다.

다시 말하지만 용어는 업체마다 달리 사용될 수 있다. 진행하는 업무를 이해하는 것이 더욱 중요하며, 앞으로 프로젝트에 투입될 때 알고 가면 일하는 데 참고할 수 있다.

05 / 관리실무의 이해
기술적 진단은 무엇을 의미하나요?

Q&A

Q 관리실무의 기술적 진단 업무에는 어떤 것들이 있을까요?

A 관리실무자들도 모의해킹 컨설팅 분야의 경력자를 많이 뽑는 추세다. 기존에 법규/인증 체계에 따른 정책과 전반적인 보안관리의 체계를 만들어줄 인원을 고용했다면 이제 기술적 진단/침해사고 대응이 가능한 인원을 고용하고 있다. 그렇다면 관리실무자가 모의해킹 관점/기술적 진단으로 해야 할 주요 업무로는 무엇이 있는지 살펴보자.

자사 서비스의 기술적 진단을 하는 이유는 딱 한 가지다. 바로 '서비스를 통한 침해사고에 대한 대응'이다. 이를 위한 많은 활동들이 침해사고 대응/기술적 진단 업무에 해당한다. 이 일을 하려면 취약점 진단 업무를 할 줄 알면 좋고 침해사고 업무, 관제 모니터링 업무, 개인PC 보안위협 대응 업무가 종합적으로 이뤄져야 한다. 이 많은 일들을 한두 명의 팀원들이 하느냐, 많은 팀원들이 하느냐에 따라 프로세스 구축의 체계화 수준이 달라진다.

관리실무의 기술적 진단 업무를 아래 표 1-7과 같이 간단하게 정리했다. 이 표는 침해사고 대응 업무를 장비/운영체제에 맞춰 정리한 것이다. 여기에 언급된 업무 말고도 서비스에 따라 보안 업무가 추가되거나 제외된다. 이것은 모든 서비스가 침해사고에 동일하게 대응하는 것은 아니기 때문이다. 다양한 서비스를 하는 곳에서는 침해사고 대응을 위해 솔루션을 30개 이상 보유하는 경우도 있다. 그만큼 하나의 솔루션으로 해결할 수가 없기 때문에 많은 솔루션에서 도출된 로그 정보를 통합관리해 빅데이터 정보를 통해 대응하는 추세다.

업무 항목		설명
침해사고 대응 업무	보안 장비 운영/기획	대외 서비스 침해사고 대응을 위한 IDS/IPS/WAF 등 모니터링 및 장비 운영/기획
	침해사고 대응	침해사고가 발생할 경우 서버 및 관련 서비스/개인PC를 대상으로 침해사고의 원인 분석/대응

업무 항목		설명
서버/네트워크 /데이터베이스 진단		대외적인 서비스를 제외한 장비/서버의 보안 체크리스트 기반 진단
오픈 전 자체 보안성 검토	기존 서비스 취약점 진단	웹 서비스, 모바일 서비스, 클라이언트 보안 서비스의 정기적인 취약점 진단
	신규 서비스 취약점 진단	신규 페이지/수정된 페이지가 오픈되기 전 보안성 검토
	소스코드 진단	화이트박스(Whitebox) 방식으로 소스코드 차원의 잠재적 취약점 위협
솔루션에 대한 기술적 검토		솔루션을 도입할 경우의 기술적 위협 분석 및 BMT 수행
개인PC 악성코드 대응	안티 바이러스 운영	PC에 설치돼 있는 안티 바이러스 제품 운영 및 악성코드 대응
	개인PC 통제	네트워크 접속 통제, 외장 저장장치 통제, 불필요한 애플리케이션 설치 및 실행 통제 등
교육/가이드 제시		개발자, 운영자, 담당자, 임직원을 대상으로 보안 가이드 및 교육 진행
모바일 보안, 무선 네트워크 보안, 클라이언트 보안, 제로데이 취약점 분석, 서버 접근 제어 시스템, 로그 통합관리 시스템, 유해 사이트, 웹셸 감염 모니터, DRM, DLP 등의 솔루션 등의 검토 및 정기적인 대응 업무		

표 1-7 기술적 진단 업무의 범위

이를 세분화한다면 더 많은 보안장비를 운영하거나 서비스를 진단하게 되지만 내가 생각하는 것은 이 정도다. 이러한 업무를 모두 직접 하는 경우는 많지 않으며, 외부 진단업체나 보안장비를 운영하는 팀들, 보안기획 부서와 협업하게 된다. 그럼 이번에는 중요 업무 가운데 모의해킹과 관련된 몇 가지 업무를 정리하겠다.

침해 사고 대응 업무

서비스의 보안은 첫째는 외부로부터, 혹은 알지 못했던 방법으로 침투한 공격 코드에 의해 내부에서 발생할 수 있는 침해사고를 최대한 미리 판단해서 방어하는 것이 목적이다. 침해 사고가 발생할 수 있는 지점은 미리 방어를 해놓고, 추가적인 공격으로 인해 침해가 발생하는지 모니터링해야 한다. 그래서 관제 모니터링 업무를 24시간 x 365일 동안 진행한다. 이때 방어에 중요한 장비로는 방화벽(FireWall), 침입탐지시스템(IDS), 침입차단시스템(IPS),

위협관리시스템(TMS), 웹방화벽(WAF) 등이 있다. 이 로그를 매일 모니터링하는 인원과 장비를 운영하는 내부인력이 동일한 경우도 있지만 누구나 공개되는 지점의 서비스 최전방이기 때문에 전문인력을 보유한 관제서비스 업체를 통해 이뤄지는 경우가 많다.

로그가 자주 발생하는 공격 유형과 실제 심각한 위협이 발생할 수 있는 부분은 실시간으로 보고받고, 차단 여부를 결정하거나, 앞으로 어떤 룰 정책을 세워야 할지, 어떤 프로세스를 토대로 방어할지 생각해야 한다. 웹 서비스의 취약점을 이용한 공격이라면 관련 부서에 빠른 대응 방안을 제시해 패치하게 해야 하며, 웹셸이 침투되어 시스템에 영향을 미치고 있다면 다른 서버/네트워크 대역에 추가적인 공격이 이뤄지지 않았는지 신속한 분석을 통해 보고해야 한다. 그리고 앞으로 지속적인 공격이 이뤄지고, 단기적으로 방어할 수 없는 형태라면 솔루션 검토까지도 해야 한다. 실무에서는 이런 침해사고 대응이 제일 중요한 업무다.

관리실무에서는 관리해야 할 솔루션이 정말 많다. 특히 금융권, 게임 서비스, 포털 서비스는 전쟁터라고 할 정도로 이벤트도 많이 발생하고 관리 포인트가 엄청나기 때문에 모니터링이 항상 필요하다. 모의해킹 컨설턴트 업무를 하면 장비를 직접 만져보는 일은 없다. 물론 기술적 진단에서 장비의 설정파일이나 서버의 보안설정을 진단해야 할 때는 가끔 만지지만 접근제한 룰을 설정하거나 패턴을 업데이트하는 업무는 경험할 기회가 없다.

그렇게 지내다가 관리실무로 이직하게 되면 앞에서 언급한 것처럼 장비 운영/정책/도입에 대한 업무를 맡게 되는데 시스템 운영 부서로 간다면 관제 모니터링 및 장비 운영을 도맡게 되는 경우가 있지만 대부분 기획 부서에서 모의해킹 인력을 필요로 한다. 그래서 운영을 직접 하기보다는 공격 이벤트가 발생했을 때 오탐 여부가 확실치 않을 때 장비 로그, 서버 로그, 개인PC로그 등을 통합해서 분석하는 업무, 악성코드가 발생했을 때 코드 분석 및 C&C 서버 주소의 제공/반영 업무, 신규 공격에 대한 패턴 업데이트 업무를 주로 맡게 된다.

물론 중소기업에서 실무를 맡게 되면 설정부터 시작해 침해가 발생했을 때 로그 분석 업무까지 도맡아 하지만 그만큼 어느 한곳에 집중할 수 없고 신속하게 대응할 수 없는 경우도 있다. 아니면 능력에 따라 자동화 프로세스를 구축해서 대응할 수밖에 없다. 결론적으로 경력 입사에 장비 운영에 대한 사항이 포함됐다면 자신과 무관한 일이라고 생각하지 말고 업무에 대해 상세히 문의하고 지원하기 바란다.

시스템/네트워크 인프라 진단

대외적인 서비스가 되려면 그만한 시스템과 네트워크 환경 등 인프라가 구축돼야 한다. 방화벽에서는 기본적으로 필요한 포트만 허용하고 나머지는 모두 차단하는 방식이기 때문에 직접적인 공격이 발생하는 경우는 많지 않다. 그렇지만 장비에 올라와 있는 플랫폼 및 커널단에서 발생하는 취약점은 한번 노출되면 연결된 모든 서비스에 영향을 미칠 정도로 파급효과가 크기 때문에 정기적인 보안 진단이 필요하다. 서버, 서버에 설치돼 있는 운영체제, 서비스를 포함해서 네트워크 장비, 보안장비(방화벽, IPS, IDS 등) 버전별로 보안 스크립트를 보유하고 있어야 한다. 컨설팅을 통해 진단받게 된다면 이런 버전별 체크와 보안가이드를 요구해야 하며, 내부적으로 검색된 이슈를 지속적으로 관련 부서와 공유해서 보안 설정이 이뤄지게 해야 한다.

그림 1-19과 같이 컨설팅 업체에서도 스크립트의 변화가 있다. 이런 변화는 최근에 일어난 것이 아니고 벌써 10년 전부터 반영된 사항이다. 사람들의 생각은 동일하다. 반복적인 무의미한 작업을 값비싼 인력이 수행하지 않고 컴퓨터에게 시킬 수 있는 것은 컴퓨터에게 넘기는 것이 좋다. 아마도 진단자들도 귀차니즘을 자동화로 표현한 것이 아닐까? 그렇지만 아직도 몇 업체에서는 모든 것을 수동으로 진행하려는 경우가 있다. 실무자 입장에서 수동으로 진행할 수 없을 정도로 서버/장비가 많을 경우 이를 중앙에서 항목을 업데이트/배포하고 결과물을 통계낼 수 있는 시스템을 구축하거나 솔루션을 도입하는 사례도 많다.

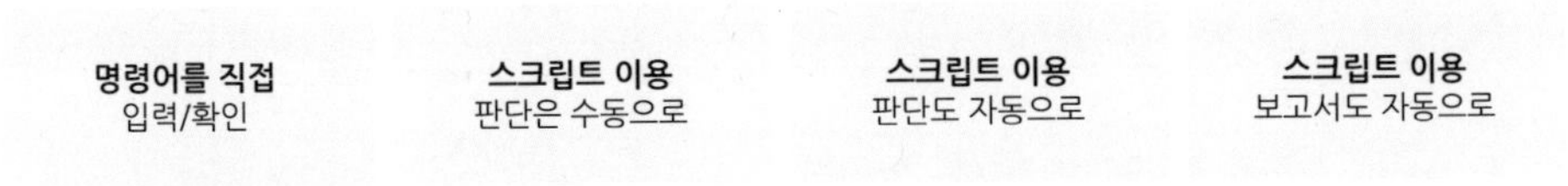

명령어를 직접 입력/확인	**스크립트 이용** 판단은 수동으로	**스크립트 이용** 판단도 자동으로	**스크립트 이용** 보고서도 자동으로

그림 1-19 시스템/네트워크 진단 스크립트 변화

기술적 진단을 하는 컨설턴트들은 이런 반복적인 작업이 자동화됨에 따라 남은 시간을 어디에 써야 할지 고민해봐야 한다. 스크립트의 내용을 그대로 모든 환경에 적용할 수는 없기 때문에 고객사에 적합한 체크리스트를 어떻게 구성할지, 보고서의 품질을 더 향상시킬 수 있는 방법은 무엇일지에 대해 고민해 보는 것이 좋지 않을까? 보고서에 끝내주는 디자인을 입히는 것도 품질 향상에 중요한 부분이다.

학생들이 시스템 보안 공부를 할 때

보안을 처음 접할 때 운영체제를 먼저 공부하게 된다. 학생 입장에서 접할 수 있는 운영체제는 윈도우, 유닉스, 리눅스 정도이고 AIX, HP-UX 등 보안실무자도 쉽게 접하기 힘든 운영체제가 있다. 설치부터 시작해 운영체제에서 제공하는 굵직한 서비스, 접근 제한, 정책 설정 등 많은 부분을 배워야 하고, 보안과 관련해서 봐야 할 부분도 많다. 그런데 운영체제만 공부할 수는 없는 노릇이다(물론 시스템 보안 운영으로 진로를 선택했다면 이야기는 달라진다). 그러면 모의해킹을 포함해서 컨설턴트를 목표로 공부한다면 어떻게 접근하는 것이 좋을까?

나는 실무에서 실제 진행하고 있는 스크립트를 기반으로 하나씩 정리하라고 조언하고 싶다. 계정 관리, 서비스 관리, 권한 관리 등 인증체계에서 요구하는 항목들을 우선적으로 공부해서 실무에서는 보안상 어떤 부분을 중요시하는지 이해했으면 한다. 이것만 확실히 익혀도 시스템 보안을 이야기하는 데는 큰 어려움이 없다. 그만큼 기관에서 제공하는 가이드들도 서버 버전에 따라 달라진 기능을 충분히 고려하기 때문이다. 만약 업데이트된 정보를 얻고 싶다면 주위에 컨설턴트로 활동하고 있는 선배에서 정보를 얻어도 되고, 미래창조과학부에서 2013년 8월에 고시한 "주요 정보통신 기반시설 취약점 분석 평가 기준"을 참고해도 된다.

□ 기술적 분야

가. 유닉스

분류	번호	취약점 점검 항목	등급
계정 관리	U-1	root 계정 원격 접속 제한	상
	U-2	패스워드 복잡성 설정	상
	U-3	계정 잠금 임계값 설정	상
	U-4	패스워드 파일 보호	상
파일 및 디렉토리 관리	U-5	root 홈, 패스 디렉터리 권한 및 패스 설정	상
	U-6	파일 및 디렉터리 소유자 설정	상
	U-7	/etc/passwd 파일 소유자 및 권한 설정	상
	U-8	/etc/shadow 파일 소유자 및 권한 설정	상
	U-9	/etc/hosts 파일 소유자 및 권한 설정	상
	U-10	/etc/(x)inetd.conf 파일 소유자 및 권한 설정	상
	U-11	/etc/syslog.conf 파일 소유자 및 권한 설정	상
	U-12	/etc/services 파일 소유자 및 권한 설정	상
	U-13	SUID, SGID, Sticky bit 설정 파일 점검	상

그림 1-20 기반시설 취약점 분석 평가 기준

인터넷에서 검색해보면 이전에 만들어진 상세 가이드[14]도 찾을 수 있지만 항목에 맞는 보안가이드를 직접 만들어보기 바란다. 또한 이 보안 설정을 수많은 서버에 어떻게 적용하는 것이 효율적이고, 자동화할 수는 없을지 고민하는 것이 학습의 결과물, 즉 프로젝트가 된다.

서비스 오픈 전 보안성 검토

외부로 서비스하는 모든 대상을 오픈하기 전에 자체 보안 진단을 받게 하는 방안이다. 새로 오픈하는 서비스가 있을 것이고, 일부 기능만 개선하는 서비스가 있다. 진단에 포함해야 할 범위 및 항목은 어떤 서비스가 주 사업으로 하고 있느냐에 따라 다르다. 이때는 개발을 기획한 시점부터 개발이 완료되어 오픈되는 시점까지 보안성을 검토해야 한다. '개발 단계 보안성 검토'도 이 프로세스에 추가해서 강화하면 된다. 참고로 '개발 단계 보안성 검토'에 대한 이야기는 앞에서 설명했기 때문에 생략한다.

웹 서비스와 모바일 서비스가 있다면 각각 진단 범위가 정해질 것이고 각 진단 항목은 다르다. 웹 서비스의 진단 항목은 컨설팅 업체, 한국인터넷진흥원 등에서 많이 배포하고 있지만, 일반적인 환경을 토대로 가이드해주는 경우가 많기 때문에 자사에서 사용하는 다양한 플랫폼 체크리스트 및 항목에 대한 가이드는 자체적으로 정립하고 지속적으로 업데이트해야 한다.

---

14 기반 시설의 취약점 분석 평가 기준(상세 가이드 포함): http://securitya.kr/eduwiz/bb/bbs/board.php?bo_table=c402&wr_id=19 (단축URL http://goo.gl/djeH7h)

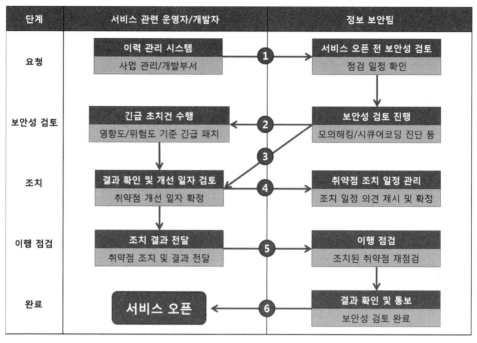

그림 1-21 오픈 전 보안성 검토 프로세스

오픈 전 보안성 검토를 하고 난 뒤에 진단자는 도출된 취약점 대한 영향도, 이에 따른 위협 분석을 통해 각 담당부서에서도 이해할 수 있게 결과를 공유해야 한다. 이전에도 컨설턴트 입장에서 설명했듯이 진단자만이 동의하는 서비스 위협 평가는 이후 개발자 및 운영자에게 혼란을 줄 수 있다. 여기서 바로 관리실무자와 컨설턴트의 업무상의 차이가 생긴다. 이해하지 못하는 부서 담당자들이 이 취약점을 제거할 수 있게 실시간으로 대응해줘야 한다. 이때 가이드만 던져주면 모두 해결될 것이라고 생각하지만 실제 어떤 변수가 발생할지 모르기 때문에 생각보다 많은 시간이 걸리기도 하고 담당부서의 큰 이슈로 부각될 수도 있다.

이 가운데 가장 많은 시간이 걸리는 업무는 미처 파악하지 못했던 플랫폼에 대한 보안가이드를 제시하는 것이다. 버전별로 적용되는 것이 다를 수도 있는데, 특히 메이저 업데이트 (v1.0 -> v.2.0) 같은 경우에는 관련된 모든 것들이 바뀌는 현상이 발생해서 기존에 사용했던 보안 가이드가 전혀 적용되지 않는 경우도 있다. 이런 경우에는 체크 항목별로 비교해가며 보안 가이드를 다시 작성해야 한다. 이런 작업들이 1주일이 멀다 하고 발생한다면 연구는 많이 되겠지만, 스트레스는 그만큼 받을 것이다.

"서비스 오픈 전 보안성 검토" 프로세스 내에서는 많은 것을 적용할 수 있다. 서버/개인PC 및 요즘 이슈화되고 있는 시큐어코딩도 이 프로세스를 통해 적용 가능하다.

솔루션 기술적 검토

모의해킹 컨설턴트 입장에서는 솔루션에 대한 우회 진단 업무를 한다. 이는 "1.4 침해사고가 발생했을 때 모의해킹 인력은 어떤 업무를 하나요?"에서 자세히 언급한 바 있다.

관리실무 입장에서는 솔루션을 검토할 때 보안적인 측면만 보는 것은 아니다. 이보다 중요한 것은 솔루션이 임직원PC에 설치됐을 경우 충돌로 인해 업무에 방해가 되지 않아야 한다는 점이다. 클라이언트에 설치되는 솔루션들은 악의적인 행위, 의도적인 비정상적인 행위를 모니터링하기 위해 후킹 기법을 많이 사용한다. PC에 한 개의 솔루션만 설치되는 것이 아니기 때문에 서로 프로세스를 먼저 선점하기 위한 작업을 하는 과정에서 충돌(일명 '쫑')이 난다. 심한 경우에는 부팅도 되기 전에 컴퓨터가 먹통되는 경우가 다반사다.

또한 임직원들의 계정/개인정보를 기존에 있던 이력 데이터베이스에서 가져와야 하는데, 프로그램의 오류로 인해 데이터베이스가 초기화되는 심각한 장애가 발생하기도 한다. 이전에는 같은 회사에서 출시된 프로그램들이 각각 하나의 프로세스로 실행되어 PC의 성능에 지대한 영향을 끼치는 경우가 있었다. 개인PC에 설치된 솔루션이 3개만 돼도 다른 작업이 불가능할 정도라고 불만을 토로하는 사례도 있었다. 그래서 요즘은 통합해서 한 프로그램에서 처리될 수 있다는 것을 강조한다. 이런 검토는 보안적인 것이 아니라 품질/장애 이슈라고 생각하지만 보안실무자가 꼭 확인해야 할 부분이다. 이런 이슈가 나중에 심각한 보안 장애가 될 수 있기 때문이다.

개인PC의 악성코드 대응

관리실무에서는 외부에서 공격이 진행되는 것보다 더 관심을 둬야 할 포인트가 개인PC의 악성코드 감염 여부를 모니터링하는 것이다. 대외적인 서비스는 많은 보안 장비와 정기적인 보안 진단을 통해 침해 위협에 비교적 잘 대응하고 있다. 하지만 개인PC의 경우에는 노력은 하고 있지만 사람들의 업무 환경을 전부 통일할 수 없다는 문제가 있어서 어떤 경로를 통해 악성코드가 침투할지 판단하기 힘들 때가 있다.

표 1-7의 하단에 언급한 "모바일 보안, 무선 네트워크 보안, 클라이언트 보안, 제로데이 취약점 분석, 서버접근통제 시스템, 로그 통합관리 시스템, 유해 사이트, 웹셸 감염 모니터링, DRM, DLP 등의 솔루션 등의 검토 및 정기적인 대응 업무"에서 반절 이상이 개인PC의 위협을 감시하기 위한 목적으로 사용된다. 그만큼 개인PC에서 봐야 할 포인트가 많다는 것이고, 하나둘씩 차단하다 보니 외부와 완전히 차단하는 현상이 발생하기도 한다.

평소에 자주 가던 사이트가 감염돼서 자신도 모르게 악성코드에 감염되어 파밍 공격, 피싱 공격 등에 노출되는 경우가 많다. 그러한 공격 코드에는 백도어 기능이 함께 들어 있는지 판단하기도 힘들다. 개인PC를 대상으로 하는 공격 코드는 바로 내부 시스템에 큰 위협이 되어 고객정보 및 사내 중요 정보 유출로 이어지기도 한다. 이런 행위를 사전에 차단하기 위해 유해 사이트 차단 솔루션, 안티바이러스 솔루션, 제로데이트 탐지 솔루션 등을 도입하게 된다.

이메일 서비스를 통해 악성코드에 대응하기 위해 스팸성 메일과 외부 웹메일을 차단하고 있지만 사용자들은 프록시 서버를 통해 이를 우회하기도 한다. 외부 USB를 통제하는 경우에도 해당 솔루션의 프로세스를 강제로 동작하지 않게 하거나 모바일 디바이스를 이용해 통제 솔루션의 약점을 이용하기도 한다. 어떻게 보면 임직원들이 보안인력보다 우회 기법을 더 많이 공유할 정도로 연구하고 있다.

이런 환경에서 모든 임직원PC를 모니터링하고 이상 징후가 발생하는 시점부터 빠르게 대응하는 프로세스가 중요하다. 즉, 악성코드가 발생한 원인을 알아야 해당 악성코드가 다른 곳으로 확산됐거나 이러한 악성코드가 어떤 행위를 2차적으로 일으키는지 판단할 수 있기 때문이다. 만약 악성코드와 연결돼 있는 C&C 서버(Command & Control, 좀비PC에게 명령을 내리고 제어하기 위한 서버)의 IP 주소를 발견했다면 다른 사용자들은 감염이 되더라도 연결을 제한할 수 있게 장비에서 차단해야 한다.

악성코드가 변종을 발생시켜 이름을 무작위로 만들거나 특정 행위만 바뀌게 된다면 이와 유사한 파일들이 다른 PC에는 설치돼 있지 않았는지도 확인해야 한다.

백신에 탐지되고 있지 않다면 백신업체에 통보해서 관련 대응 시그니처를 빨리 업데이트할 수 있게 하거나, 시그니처를 파악할 수 있다면 더욱더 신속하게 조치를 취할 수 있을 것이다. 그리고 확산의 위험성이 노출되고 있다면 임직원을 대상으로 공지해서 더는 사용자 행위에 의해 위험이 발생하지 않게 해야 한다.

이런 기술적인 분석 및 관리적인 절차 프로세스 매뉴얼을 만들어가는 것은 매우 중요한 보안 업무다.

보안교육 기획/진행

교육은 기술적 진단은 아니지만 보안팀원들이 함께 해야 하는 업무다. 보안에서 제일 중요한 것은 '사람'이다. 국내에서 크나큰 보안사고가 발생한 사례를 보면 1차적인 원인은 대부분 내부에 있는 '사람'의 행동에 의해 발생했다. 이메일로 첨부된 악성코드를 클릭하는 행위, 악성코드가 심어져 있는 사이트에 의심없이 접근하는 행위, 악성코드가 포함된 USB를 내부 PC에 연결하는 행위 등 사람들은 자신도 모르게 많은 악성코드에 노출되고 있다. 이런 행위를 사전에 차단하기 위해 많은 솔루션을 도입하고 있지만 완벽하게 차단하거나 감염되고 난 후에 확산되지 않게 방지하는 활동들이 쉽지 않다. 회사의 자산을 보호하려면 정보보호를 담당하는 실무자/책임자뿐만 아니라 회사의 모든 임직원의 협업이 필요하다.

이런 이유로 각자 담당하고 있는 업무에 맞게 정기적인 교육이 필요하다. 개발자에게는 대외적인 서비스를 개발하고 유지보수하는 단계에서의 개발보안 교육이 이뤄져야 하며, 시스템 운영자는 각 서버/네트워크의 보안 설정/유지를 할 수 있게 해야 한다.

IT 이외의 부문을 맡고 있는 임직원들에게는 생활속에서 지켜야 할 보안 활동들을 알기 쉽게 교육할 수 있어야 한다. 임직원 보안의식을 강화하기 위해 많은 생각을 해야 한다. 단지 임직원들에게 개인 PC보안 가이드를 배포하고 패치하라고 한다고 그 말을 듣고 반영하는 직원은 많지 않다. 그러한 항목들을 설정하는 이유를 모르는데, 어렵게 느껴지는 보안을 할까? 임직원들과 IT담당자들은 추가로 보안교육을 받도록 규정하고 있다. 이를 위해 강사를 초빙하거나 외부에서 진행하는 강의(오프라인 강의, 인터넷 강의)를 추진하게 되는데, 이에 흥미를 가지고 적극적으로 듣는 임직원들이 얼마나 있을까?

그래서 보안의식을 자연스럽게 강화하기 위해 많은 노력을 기울이고 해마다 새로운 아이디어를 제시하길 바란다. PC보안화면을 만들 때도 독특한 아이디어를 접목시켜 기억에 남게 할 수 있다. 하루에 최소한 한 번은 꼭 방문하는 화장실의 배경음악으로 지켜야 할 보안문구 방송을 할 수 있다. 출근 시간에 포스트를 배포해서 알릴 수 있다. 혹은 개그맨을 동원해서 방송 촬영을 함으로써 흥미를 증대시킬 수 있다. 이런 보안지킴 이벤트 활동 기획을 통해 보안이라는 분야가 무조건 억압하는 것이 아니라 꼭 지켜야 하는 행위임을 알게 하는 것이 교육의 목적이다.

아니면 보안규정을 상습적으로 지키지 않는 임직원들(악성코드가 담긴 메일을 실행하거나, PC 보호 화면을 잠그지 않고 외출, 또는 퇴근할 때 PC를 끄지 않는 등)에게 추가적인 보안교육을 시키거나, 페널티를 주는 방법(3진 아웃제 등)도 있다.

보안 활동을 추진하기 위해서는 최신 보안 이슈를 수집하고, 재미있게 다가갈 수 있는 미디어 자료를 수집하며, 각 직책과 IT 수준에 맞는 차별화된 교육자료를 제작하는 것이 중요하다. 이런 활동들은 매년 이뤄지기 때문에 생각날 때마다 습관적으로 만들어가야 한다.

이런 업무는 회사뿐만 아니라 기관에서도 만들어 배포되고 있다. 보안은 기술을 이용해 통제하지만 임직원들을 이해시키지 않은 상태에서 적용하려고 하면 불만만 높아져 나중에 더 중요한 업무에 지장을 줄 수 있다는 점도 주의해야 한다.

신규 취약점 대응 프로세스를 생각해보자.

담당자는 정기적으로 이슈가 되는 최신 취약점을 방어하는 데 고민해야 한다. 이번에 나온 취약점이 다음에 진단할 때는 도출되지 않게 하는 프로세스가 필요하다.

컨설팅과 동일하게 모의해킹 인력을 모집해서 수시로 취약점을 진단하는 방법이 있다. 인력이 모자라면 투입된 시간 이상의 시간에 대비해 효율적인 자동화 도구를 구입해서 빠르고 주기를 짧게 진행할 수 있다.

하지만 이 글에서 말하고 싶은 것은 사람들이 할 수 있는 자동 프로세스를 만드는 것이다. 프로그램을 개발하는 것이 아니라 각 부서마다 이해할 수 있는 절차에 따라 보안을 검토할 수 있는 방안을 제시하는 것이다. 이런 고민이 바로 보안 관리자들이 해야 하는 것이다. 저자의 경험을 바탕으로 몇 가지 프로세스를 정리하려고 한다.

업무 중에서 제일 신경 썼던 것은 프로세스 개선이다. 관리하고 있는 모든 서버/서비스/플랫폼/개인PC의 신규 취약점의 업데이트 패치를 실행하고 패치 여부를 확인하는 것이다.

플랫폼의 패치가 필요한 상황일 때 해당 플랫폼을 사용하는 서버가 수백 대일 때 혹은 수천 대일 때 버전은 모두 다르다. 개발자들은 자신의 서비스에 맞게 관리하고 있기 때문이다. 각 서비스의 버전 현황이 관리되고 이슈가 발생할 때마다 모든 대상에 패치를 적용하는 것은 보안상 안전하지만 이런 프로세스를 갖추기란 쉽지 않다. 하지만 장기적으로 봤을 때는 이런 시스템을 구축한다면 모든 지원부서의 업무 효율은 높아질 것이다.

물론 이런 기능들은 PMS(Patch Management System)를 도입한다면 대부분 해결될 수도 있다. 하지만 이 솔루션도 모든 플랫폼 관리가 되는 것은 아니다. 또한 관리를 해야 하는 인프라가 너무 많아버리면 도입할 비용이 기하급수적으로 증가할 수 있다.

솔루션에 의지하기보다는 각 부서별로 보안에 관심을 두고 협업해서 관리자들이 직접 실시간 업데이트를 관리할 수 있다면? 그런 부서들이 많아진다면 모든 업무 협업도 문제가 없을 것이라 생각한다. 이런 고민을 하는 곳이 실무 기획 조직이다.

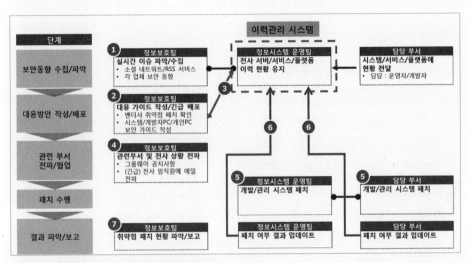

그림 1-22 패치 보안 프로세스(부서별 수행 자동화)

신규 취약점이 발생했을 때 대응해야 하는 큰 포인트는 서버/네트워크/서비스의 인프라, 그리고 개인PC다.

인프라에 대한 '현황 유지'가 잘 되고 있다면 이런 프로세스를 진행하는 데 큰 문제는 없다. 중요한 것은 지금 각 부서에서 사용 중인 서버/서비스/플랫폼에 대한 이력관리다. 이것이 진행되지 않으면 어떤 취약점에 대응해야 할지, 적용해야 하는 대상을 어디에 둬야 할지 모르기 때문이다.

우선 정보보안팀의 입무는 보안이슈가 발생하고 있는지 모니터링하는 것이다. 이 경우 소셜 네트워크 서비스/RSS 서비스의 정보를 수집하고, 보안 관제 모니터링 업체에서 제시하는 보안패치 권고를 조합해야 한다. 취약점을 수집하고 이 많은 데이터에서 자사의 서비스와 관련이 있는 데이터를 수집하는 것이 중요하다. 그러기 위해서는 각 플랫폼에서 수집된 패치 정보와 관리 중인 시스템들의 패치정보를 매칭해보는 기능도 추가해야 한다.

자사 전체 시스템을 패치할 필요성이 있다면 모든 부서 및 인프라팀에 통보해야 한다. 이력관리 시스템이 있다고 가정하면 관련 부서에도 메일이나 문자메시지(SMS)를 통해 자동으로 통보하는 기능이 있어야 한다. 여기서 한 가지 고려할 것이 있다. 각 담당부서에서 각각 관리하고 있는 서버를 잘 알아서 패치가 이뤄진다면 순조롭게 진행되겠지만 IT를 전혀 모르는 담당자들도 있다. 담당 개발자들은 또 어디로 갔는지 모를 것이고, 그럴 경우에는 정보운영팀에서 이를 지원해야 한다.

마지막으로, 주체인 정보보안팀은 패치가 이뤄지면 이력관리에 등록된 현황을 파악하고 전체 시스템 대비 몇 퍼센트 정도 패치가 완료됐는지 통계를 내야 하고, 패치가 되지 않을 경우에는 왜 패치가 되지 않았는지 각 담당자에게 확인해야 한다. 이때 이력관리의 비고란에 적게 만드는 것도 좋다. 여기서 계속 강조하는 것은 이력관리 시스템에 의해 형성되는 각 부서의 자동화 프로세스다.

솔루션을 꼭 도입해야 하나?

위의 이야기를 들어 보면 솔루션이 없어도 이런 프로세스를 다 반영하면 팀의 협력으로 다 할 것처럼 보인다. 솔루션을 도입할 때는 많은 상황과 고민들이 항상 생긴다. 솔루션을 도입할 때 다음과 같은 이야기를 들을 때가 많다.

- 이 솔루션은 인증을 받기 위해 꼭 필요한가?
- 이 솔루션을 도입하지 않으면 법적인 문제가 되는가?
- 도입하지 않고 회사에서 해결할 수 있는 방법은 없나?
- 솔루션을 도입하는 것과 내부적으로 구현할 때 비용적인 측면에서 어떤 방법이 효율적인가?
- 이번 연도에 도입하지 않을 경우 회사에 생길 불이익은 무엇인가?

한 예로 컨설팅을 받는 것도 하나의 솔루션과 같다. ISMS 인증을 필수적으로 받아야 하는 상황에서 보안 컨설팅 업체의 도움을 받아야 하는 것은 의무가 아니다. 내부 인력들이 충분히 절차를 알고 관련 항목을 잘 이해해서 인증을 준비할 수 있다면 내부적으로 계획을 세워 준비해도 된다. 임직원들에게 외부 전문가에 의해 진행된다는 심리를 보여주고, 임원분들의 힘을 실어주기 위해 컨설팅 업체의 힘도 필요하다. 그리고 내부적으로 준비했을 때 한 번에 인증되지 않을 경우에는 또 많은 시간을 소요해야 하기 때문에 이런 경우를 두고 비교를 해야 한다.

솔루션 장비(소프트웨어)를 도입할 때도 팀과의 협업이 잘 된다면 오픈소스를 이용해 상용 솔루션보다 더 멋진 기능을 만들어 낼 수도 있다. 그렇지만 무조건 해당 인원들이 투입됐을 경우에 다른 기회비용을 잡지 못하는 상황이 있을 때는 솔루션을 도입하는 편이 훨씬 효과적이다.

컨설팅을 받고 난 뒤에 마스터플랜[15]을 보면 수많은 솔루션으로 도배될 때가 있다. 또한 법적인 이슈가 나오면 항상 솔루션 업체에서 많은 홍보와 세미나를 한다. 이때 보안관리를 맡고 있는 실무자라면 법적인 문제, 비용적인 문제, 내부적으로 해결할 수 있는 문제 등 많은 부분을 고려해 도입 문제를 고민해야 한다.

솔루션에 대한 정보를 얻고 싶다면?

보안 솔루션의 도입은 선택이 아니고 필수라고 할 수 있다. 의무적으로 이행해야 하는 인증도 많이 생겨나고 있고, 보안과 관련된 신규 법안들이 계속 증가하면서 이 법규들을 모두 만족하려면 보안 솔루션이 필요할 수밖에 없다. 그리고 수많은 자산을 실시간으로 보호하고 빠른 대응을 위해 인력으로 해결할 수 없는 부분은 솔루션으로 충분히 위협을 감소해야 하기 때문이다. 그렇지만 모든 영역에 솔루션을 도입할 수는 없다. 앞에서 언급한 '솔루션을 꼭 도입해야 하나?"에 대한 의문을 가지고 접근해야 한다.

그렇다면 이런 의문의 답을 구하려면 솔루션 정보를 수집하고 나름 기준을 정해서 정리해야 한다. 그럼 어떤 경로를 통해 정보를 획득할 수 있을까?

첫째, 관리실무자라면, 특히 규모가 나름 커서 인증이나 법적인 이슈가 많이 발생할 수 있는 곳이라면 정보를 쉽게 얻을 수 있다. **필요한 솔루션을 판매하고 있는 업체에 전화를 해서 자료를 요청하면 된다.** 솔루션 검토를 위해 자료가 필요한 것이고, 궁금한 내용이 있다면 바로바로 업체에 문의해서 정보를 획득할 수 있다. 다른 업체와 경쟁하는 데 영향을 줄 수 있는 영업/기술 비밀만 아니라면 언제든지 업체에서는 실무자들과의 만남을 환영한다. 도입 계획을 밝힌다면 제품 설명과 간단한 시연도 요청할 수 있다. 자료만 봐서는 이해가 안 되지만 직접 기술자들과의 이야기를 통해 적합성을 미리 알아보는 것도 도움이 된다.

둘째, 세미나 참석을 통해 정보를 획득할 수 있다. 보안 콘퍼런스에 가면 솔루션 업체나 보안 분야 종사자들이 나와서 최신 공격 기법과 이에 대한 대응 방안, 즉 솔루션을 제시한다. 발표장 밖에는 많은 업체들이 자사의 솔루션을 소개한다. 사은품에만 관심을 두고 있는 담당자들도 많겠지만, 이 솔루션 안에는 수많은 지식과 기술들이 포함돼 있다. 아는 만큼, 그리고 알고 싶어하는 만큼 솔루션의 원리가 보인다. 나도 한참 악성코드 자동화 분석에 대해 고민하고 연구하고 있는 동안에 관련 솔루션을 구경한 적이 있다. 해당 솔루션에서 사용 중인 오픈소스 플랫폼과 해외 웹 사이트에서 제공하는 API를 조합해서 만든 것을 보고, 엔지니어와 긴 시간 동안 이야기를 나눴다. 거기서 연구하는 데 많은 힌트를 얻었고, 그 엔지니어도 미처 생각하지 못한 기능에 대한 아이디어를 얻게 됐다. 평소에 편안하게 관리할 수 있는 기능들만 보고 있었다면 이런 토론도 이뤄지지 않았을 것이다.

---

15 마스터플랜: 경영에 있어서 계획의 개념. 일반적으로 말하는 계획이 목표나 방침을 구체적인 활동에 연결시키기 위한 구체적 계획인 데 반하여 마스터 플랜은 경영의 이상을 추구하는 것이며, 현 상태에서 바로 활동으로 옮길 수 있는 것이 아니고 몇 개의 장애를 극복하고 장래의 이상이나 목표를 추구하기 위한 기본적 계획
출처: 네이버 지식백과

IT 세미나 정보는 GuruCho님의 블로그(http://sendmade.blog.me/)에 매달 업데이트된 정보가 올라온다. 이를 참고해서 관심 있는 세미나에 참가해보기 바란다.

셋째, 제품을 소개하고 있는 잡지와 책을 참고한다. 솔루션 제품은 보안의 모든 영역에 존재한다. 유무선 네트워크 보안, 애플리케이션 보안, 데이터베이스 보안, 사용자 접근 제어, 사용자(엔드포인트) 보안, 콘텐츠 보안, 빅데이터 보안, 클라우드 보안 등 자신이 관리하고 있는 서비스 영역뿐만 아니라 관련이 없을 것 같은 영역까지 모두 존재한다. 이런 영역의 세미나에 모두 참석할 수는 없다. 그리고 학생 입장에서도 세미나에서 획득하는 정보는 한계가 있기 때문에 솔루션 제품 책자를 참고해 학습하는 데 참고하길 권한다.

내가 참고했던 책 중 하나는 "기업 정보보안 가이드 2013 v.8 (화산미디어 출판)"다. 앞에서 언급한 보안 영역에 맞춰 각 솔루션의 특징이 상세히 포함돼 있다. 해마다 정보가 업데이트되기 때문에 학생들뿐만 아니라 실무자들도 매년 계획을 세울 때 참고하면 좋다.

오픈소스는 어디서 얻을 수 있을까?

애플리케이션 버전관리를 목적으로 만들어진 git[16]를 이용한 프로젝트 공유 서비스인 GitHub[17]에는 930만 개의 저장소(Repository)가 만들어져 있다. 이는 공개(Public) 프로젝트와 비공개(Private) 프로젝트를 모두 합친 수치지만 공개돼 있는 것만 하더라도 다양한 언어에서 활용할 수 있는 오픈소스 도구는 상당히 많다. 프로젝트의 규모와 상관없이 업무에 활용할 수 있다면 모두 좋은 오픈소스 도구다.

그림 1-23 GitHub에서 pentest로 검색한 결과

---

16 git은 리눅스 토발즈가 직접 만들었으며, 파일이 아닌 해시값 단위로 저장/관리하는 버전 관리 도구다. 애플리케이션 버전 관리의 목적으로 이용되며, 빠른 속도를 자랑하며, 대형 프로젝트에 사용하기에 적합하다

17 GitHub사이트: https://github.com

소스코드를 내려받고 싶다면 해당 저장소를 선택한 뒤에 화면 오른쪽에 있는 Clone URL(HTTPS를 통해 복제), Clone in Desktop(데스크톱 애플리케이션으로 복제), Download ZIP(압축파일 다운로드)을 선택할 수 있다. URL을 통해 복제할 경우 하단의 URL을 복사한 후 git clone 명령 다음에 붙여넣은 다음 실행한다 (git 명령어를 이용하려면 미리 git을 설치해야 한다).

그림 1-24 다양한 방법으로 소스코드 다운로드 및 동기화 가능

국내에도 GitLabHQ 소스를 이용해 GitHub와 비슷한 서비스를 운영하는 곳이 있다. 국내 보안 커뮤니티로 유명한 코드엔진에서는 공개/비공개 저장소를 무료로 사용할 수 있기 때문에 학생들이 부담없이 사용하기 에 좋다.

코드엔진 GitLab: http://codeengn.com/gitlab

[참고자료]

http://www.slideshare.net/andabi/git-16126636

https://github.com/features

06 / 매년 진단을 받는데 취약점은 모두 제거되나요?

1.3절 '보안 사고의 근본 원인'과 1.5절 '관리실무의 이해'에서 설명했듯이 외부에서 침입하는 많은 위협을 제거하기 위해 많은 활동을 한다. 이 정도 활동을 하면 모든 취약점이 제거될 것이라는 생각도 든다. 그리고 컨설턴트는 정기적으로 진단을 받은 고객 서비스를 진단하게 되면 취약점이 도출되지 않아 결과가 좋지 않을까봐 걱정하게 된다. 하지만 결론부터 말하면 취약점은 완벽하게 제거되지 않는다. 물론 도출된 취약점에 빠르게 대응해 최대한 수정하기 위한 프로세스를 갖춘 곳은 많다. 그렇지만 보안보다는 서비스의 운영을 먼저 생각하는 경우가 많아서 당장 고치지 못하거나 해당 서비스에 적용하지 못하는 경우가 많다.

컨설턴트 입장에서는 발견된 취약점을 모두 수정하도록 권고하지만 그 결과를 받은 보안 담당자와 관련이 있는 팀에서는 고려할 사항이 많아진다. 협업팀들이 문의하는 경우는 아래와 같다.

- 이것만 수정하면 모두 보안이 되는 것인가?
- 취약점을 당장 고쳐야 할 이유가 있을까?
- 취약점을 수정하는 리소스보다 위협을 안고 가는 것이 더 낫지 않을까?
- 취약점을 수정했을 때 서비스에 확실히 어떤 영향을 줄 수 있을까?
- 다른 업체에서도 우리와 동일하게 대응하고 있는데, 이 부분을 적용할 필요가 있나요?

이런 고민은 실무자와 현업들이 해야 할 업무인 것은 맞다. 그렇지만 이 문제에 대한 해결책이 나와야 하는데 불필요하고 지속적인 충돌로 인해 취약점을 제거하지 않고 있어 오랜 시간이 흘러도 패치가 이뤄지지 않는 경우가 있다.

개발단계 프로세스를 구축했다고 하더라도 모든 팀들이 100% 말을 듣고 따른다는 보장이 없다. 사업팀들은 서비스를 예정대로 오픈해서 서비스를 통해 이득(수입)이 생겨야 하기 때문에 보안 진단 프로세스를 무시하고 진행하는 경우가 있다. 이때는 보안팀의 최고 책임자가 힘이 센지, 사업팀 책임자가 힘이 센지에 따라 대부분 정해진다.

다음으로 개발 단계부터 보안 검토가 이뤄지는 곳은 많지 않다는 것이다. 그나마 소스코드 진단이라도 진행되면 다행이다. 개발이 완료되고 난 뒤에 검토가 진행되는데, 이때 취약점이 도출됐을 때 진단자 입장에서는 사용자 페이지에서 보이는 부분만 언급하고 그외의 동일한 모듈은 간단하게 언급하기 마련이다. 즉, 아래와 같이 특정 매개변수 값에 SQL Injection[18] 취약점이 발견됐다고 해보자.

www.test.co.kr/boanrd/list_01.php?id=3&page=3&num=110

여기서 3개의 변수값(id, page, num)에서 모두 취약점이 발견됐다고 하자. 그렇다면 list_02.php, list_03.php 등 동일한 기능을 제공하는 게시판이 있다고 하더라도 보고서에 모두 기재되지 않는 경우가 있다. 진단자는 대부분 소스코드를 보는 것이 아니라 사이트에서 사람들에게 보여주는 URL 주소 및 페이지를 보기 때문이다.

이 결과값을 그대로 전달받고 개발자 입장에서는 list_01.php에서 사용하는 변수 쪽에만 입력값 검증을 반영하고 모두 수정됐다고 보고한다. 설마 이런 일이 일어날까? 하지만 내 경험상으로는 대부분 이렇게 적용한다. 그래서 그만큼 개발 단계의 모든 부분에 보안성 검토 (기획 단계, 설계 단계, 개발 단계, 최종 테스트 단계)가 중요하고, 외부 개발자/내부 개발자를 대상으로 지속적인 교육, 공통 보안 모듈을 반영한 개발 프로세스가 수립돼야 한다.

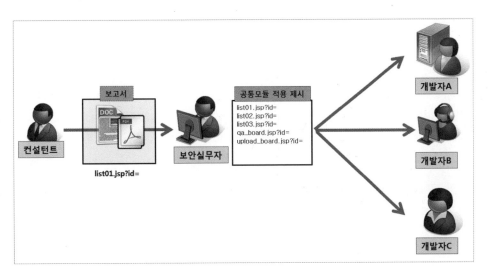

그림 1-25 **취약점에 대한 공통 모듈 제시**

---

18 웹 서비스 변수 입력값의 특정 문자를 검증하지 않아 데이터베이스의 정보 노출, 인증 우회, 시스템 명령어 실행 등 시스템에 심각한 보안 위협을 주는 취약점

07 / 모의해킹 컨설턴트 vs. 모의해킹 실무 관리자

보안 컨설턴트라면 말 그대로 "상담자"라는 의미를 내포하고 있다. 우리가 보험계약이나 증권거래, 혹은 어떤 분야의 서비스를 받을 때 항상 상담을 받게 된다. 그분들을 가리켜 우리는 설계사 혹은 컨설턴트라고 한다. 이처럼 보안 컨설턴트도 고객님께 궁금한 기술적/관리적/물리적인 보안 업무에서 자산의 보안 위협 수준뿐만 아니라 이러한 보안 위협에 어떻게 대처해야 할지 궁금할 때 항상 조언하고 방안을 제시해야 한다.

이런 구조이다 보니 다양한 업종의 담당자를 만나게 된다. 이것은 "보안"을 이해하는 데 매우 중요한 경험을 준다. 내가 한 분야만 판다면 다른 분야를 겪을 시간이나 기회를 갖지 못한다. 혹시 관심이 있어서 해당 분야에 종사하는 사람들을 한 명씩 만나서 문의하는 것도 쉬운 일이 아니다. 그런데 컨설팅을 하려면 해당 분야의 업무 프로세를 모두 이해해야 더욱더 좋은 서비스를 제공할 수 있다. 겉으로 드러나는 것뿐만 아니라 서비스 안에서 어떤 프로세스를 통해 업무가 이뤄지고 있는가를 파악할 필요가 있다. 그러다 보니 자연스럽게 해당 분야를 이해하게 되고, 그 안에서 많은 에피소드를 겪게 된다.

다음으로 PM(Project Manager)을 빠른 시간 안에 경험할 수 있다. 프로젝트 매니저는 프로젝트를 시작할 때부터 끝날 때까지 책임지고 이끄는 역할이다. 대개 "책임 컨설턴트"라는 직책을 맡는데, 이 말은 고객과 프로젝트를 성공적으로 마무리하기 위해 기획, 영업 등까지 도맡아 해야 한다는 것을 의미한다. 이 과정에서 경험한 바는 나중에 관리자로 일하게 될 때 도움이 된다. 프로젝트 매니저를 경험해본 적이 있다면 관리실무 업무를 할 때 진단업체와 업무를 조율할 때도 더 수월하고, 프로젝트 품질을 향상시키는 데 큰 영향을 미친다. 모의해킹 프로젝트에 참여한 프로젝트 매니저는 짧게는 2주, 길게는 2달~3달 동안 일하고, 투입되는 인원도 많지 않아서 금세 적응하며 경험을 쌓을 수 있다는 이점이 있다. 빠르면 대리 3년차인 선임 컨설턴트도 프로젝트 규모가 작은 경우 프로젝트 매니저 역할을 할 수 있다.

프로젝트를 책임진다는 것은 매우 중요한 경험이다. 프로젝트를 진행하면서 고객들과의 접촉을 통해 프로젝트를 자신이 계획한 대로 잘 컨설팅하느냐, 아니면 저쪽 "산"으로 가느냐가 판가름된다. 대기업에서는 2배 이상의 경험을 통해서만 PM 업무를 맡기고 있는데, 이런 빠른 경험을 통해 프로젝트 관리/팀원 관리를 한다는 것은 좋은 것이다. 하지만 그만큼 PM 업무를 하기 전에는 미리 준비돼 있어야 한다.

모의해킹은 기술이 우선시되기 때문에 전반적인 기술의 이해는 당연한 것이고, 커뮤니케이션 스킬, 보고서 작성 스킬 등에 관심을 둬야 한다. 프로젝트 매니저는 진행되는 중간중간 고객과 이야기를 하며, 종료되는 시점에는 교육 진행 및 결과 발표를 하는 중대한 업무를 맡고 있다. 그렇기 때문에 평소에 발표의 두려움을 없애는 자신만의 훈련과 노하우를 지녀야 한다.

컨설팅 업체는 대체로 규모가 큰 편은 아니다. 그러다 보니 조직이 함께 움직이는 경우가 많다. 내가 다녔던 회사에서는 팀원이 다른 컨설팅 업체에 비해 많은 편이었지만 분위기가 매우 자유로운 편이었다. 특히 기술적 진단 업무(모의해킹 업무 포함)를 하는 인원은 나이대가 비슷하다 보니 형/동생으로 지내는 경우가 아주 많다. 이런 분위기에서 팀장(리더)이 어떤 방향을 제시하느냐에 따라 후배님들이 생각하는 "연구"를 많이 할 수 있다.

이 이야기만 들어보면 너무나 좋은 직업이라는 것을 알 수 있다. 하지만 내가 경험한 바에 따르면 단점도 분명히 있다.

우선은 모든 스케줄이 프로젝트에 의해 결정된다. 앞에서 이야기했듯이 모의해킹 업무가 몇 달짜리라면 해당 프로젝트를 끝낸 뒤에 휴식이나 개인 역량 강화 시간을 요구할 수 있지만, 스케줄의 변동성이 크다 보니 인력 관리하는 본부장님들도 쉬이 수락하지 못하는 경우가 많다.

그래서 평소에 가고 싶던 세미나에 참여하거나 평일에 듣고 싶었던 강의를 들을 기회를 놓칠 때가 많다. 요즘은 한국인터넷진흥원(KISA)에서 많은 심사원과 진단원을 양성하고, 무료 교육도 많이 하고 있다. 정작 컨설턴트가 이런 심사인증원(ISMS, PIMS 등)이 될 수 있는 기회를 더 가져야 하는데도 이런 기회를 얻지 못하는 경우가 많다. 개인시간은 분명히 있다. 내가 컨설팅하면서 대외적인 활동도 많이 하고, 서적도 발간하고 했으니까 말이다. 하지만 지금의 나와 비교했을 때 그 당시에는 교육이나 세미나에 많이 참여하지 못했던 것으로 기억한다.

그리고 컨설팅을 하면서 제일 고달픈 점은 내가 원하는 분석환경이 갖춰져 있지 않다는 것
이다. 그래서 어떤 시스템, 혹은 그 위에서 구동되는 애플리케이션, 프레임워크 등, 혹은 완
전히 다른 네트워크 환경(클라우드 서비스, 모바일 서비스, 가상화 등등)에 대해 신속하게
대응하지 못한다. 수많은 고객사에서는 어떤 이슈가 발생했을 때 이에 대한 상세한 분석 결
과 및 대응을 원한다. 그렇다고 이런 대응에 맞춰 모든 환경을 다 만들 수는 없는 노릇이다.

이제 관리실무에서 경험한 모의해킹 업무를 이야기하겠다. 여러 분야의 사업을 하고 있는
회사에서는 다양한 환경을 빨리 요구할 수 있다. 내가 두 번째로 다녔던 회사는 모바일 서비
스, 게임 서비스, 클라우드 서비스 등을 비롯해 각 서비스에 포함돼 있는 다양한 최신 기술
들이 항상 있기 때문에 이를 대상으로 많은 연구를 지속적으로 진행할 수 있었다. 그래서 앞
에서 경험했던 컨설팅 업무와 관리실무 부문의 업무를 잘 조합해서 역량 강화를 할 수 있었
다. 매일 새로운 환경에서 대외적인 서비스를 오픈하기 위해서는 내가 진행하는 보안 검토
가 필수적으로 이뤄져야 하기 때문이다. 업무 자체가 나에게는 기술을 배울 수 있는 좋은 기
회였다.

그 대신 이 많은 환경을 파악하고 보안 기술을 따라잡기 위해서는 갖은 노력과 자기관리가
필요하다. 갑자기 찾아오는 요구사항을 충족하려면 컨설팅에서 했던 방식과는 다른 방식이
필요하기 때문이다.

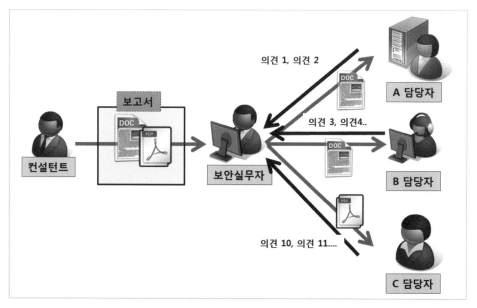

그림 1-26 보안실무자의 입장: 담당자들과의 끊임없는 의견 조율

관리실무의 목표는 "내 회사의 자산"을 지키는 것이다. 그렇기 때문에 단지 조언뿐만 아니라 문제가 모두 해결될 때까지 계속 대응해야 한다. 각 환경에서 부족한 보안 가이드가 있다면 업데이트해서 채워야 하고, 침해사고가 발생하면 그 원인을 전부 파악할 때까지 협업해야 한다. 그리고 회사의 정책에 따라 잘 수행할 수 있게 가이드를 제시하는 등 많은 부분을 신경 써야 한다.

한 예로, 웹 서비스에서 제일 중요한 WAS나 프레임워크에 심각한 취약점이 발표되어 공격이 이뤄진다고 하자. 컨설턴트는 이에 대한 가이드를 제시하고 관리자가 필요할 때 협조하면 된다. 그렇지만 관리자는 각 팀에서 관리 중인 서버, 서비스에 설치돼 있는 버전들을 모든 이력을 보며 공격이 일어날 수 있는 곳을 판단해야 한다. 그리고 패치에 대해서도 많이 고민해야 한다. 메이저 버전을 업데이트할 때는 잘 작동하던 서비스에 영향을 줄 수 있다. 톰캣 5.5 서비스에 자바 1.6 버전에서만 지원하고 있던 서비스인데, 심각한 취약점이 나왔다고 해서 바로 보안 패치부터 할 수는 없다. 서비스를 담당하고 있는 운영자/개발자들의 의견을 받아서 어떻게 패치해야 할지 충분히 의논해야 한다. 당연히 그동안에는 외부에서 들어오는 공격에 대해 모니터링을 강화하고 대응하는 업무까지 이뤄져야 한다. 그렇기 때문에 관리실무에서는 취약점 대응 프로세스와 각 팀에서 이뤄져야 할 대응 가이드가 매우 중요하다.

이상으로 컨설턴트와 관리실무에 대해 간략하게 비교하며 설명했다.

관리실무자 입장에서 도구를 생각한다면?

모의해킹 컨설턴트를 직업으로 삼고 있을 때는 어떤 것이든 공격자 입장에서 바라봤는데, 이제 관리실무자 입장으로 2년 정도 지내 보니 모든 것을 방어자 입장에서만 고민하게 된다. 특히, 요즘 관심을 두고 있는 오픈소스 도구 및 공개 도구를 보면 이를 어떻게 사용하면 업무와 결합할 수 있을지 생각하게 된다. 여기서는 유해사이트 차단과 관련된 파이어폭스 애드온을 비롯해 국내 보안 분야에 종사하는 선배님이 제작하신 데이터베이스를 예로 들어보겠다.

첫째는, 파이어폭스 애드온인 'Proxy Switcher'다. Proxy Switcher는 외부 프록시 서버 목록으로 자동으로 업데이트하고 연결/전환하는 기능을 제공한다.

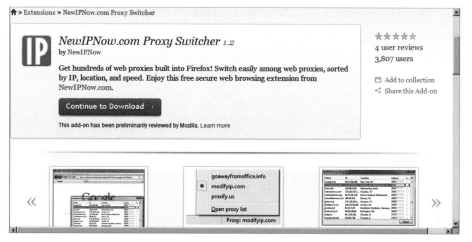

그림 1-27 파이어폭스 애드온 Proxy Switcher

이를 공격자 입장에서 본다면 프록시 서버를 통해 다른 사이트를 공격한다거나, 혹은 회사에서 차단한 서비스를 우회해서 들어가기 위해 사용할 수 있다. 그렇지만 보안관리실무를 할 때 제일 골치 아픈 것은 솔루션을 우회하는 사용자를 어떻게 통제하느냐다. 개인PC를 대상으로 하는 공격들이 많아지면서 신뢰할 수 없는 사이트를 비롯해 게임이나 선정적인 사이트를 차단하기 위해 '유해 사이트' 차단 솔루션이 존재한다. 이러한 솔루션의 약점 중 하나는 주소값이나 도메인을 가지고 판단하는 형식이라서 화이트리스트 방식으로 적용하지 않는 이상 다양한 프록시 서버를 이용해 우회함으로써 서비스를 이용할 수 있다는 것이다.

이처럼 자동으로 프록시 서버를 알려주는 것은 임직원 입장에서는 매우 좋은 기능이다. 그렇지만 관리자 입장에서도 이런 도구를 차단하기 위한 목록 데이터베이스에 활용할 수 있다. 강력한 규제와 정책이 적용되지 않는 이상 화이트리스트 방식으로 적용하기보다는 블랙리스트 방식을 적용하기 때문에 정기적으로 프록시 서버를 수집해서 적용하는 것도 보안 활동 중의 하나다. 완벽하지는 않지만 그래도 나름의 의미가 있는 활동이다.

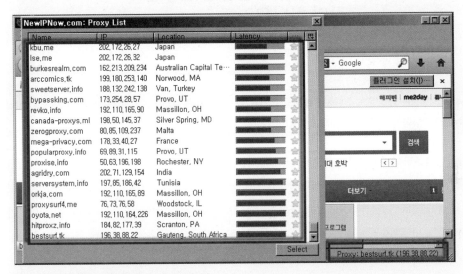

그림 1-28 **파이어폭스 애드온: Proxy Switcher (2)**

두 번째는 보안 업계에서 유명하신 이경문 님(길길님)이 개발한 선정적인 사이트의 데이터베이스 크롤링 엔진(http://test.gilgil.net/20130911/)이다. 이 엔진에서는 앞서와 같은 맥락에서 임직원들이 업무 시간에 접근하지 말아야 사이트 목록을 제공한다. 현재는 솔루션 업체에서 목록을 업데이트하고 각 고객사에 데이터베이스 목록을 전달한다. 정기적으로 업데이트한다고 하더라도 수없이 생기는 목록을 차단하기는 어려운 일이다. 그렇기 때문에 이런 도구에서 힌트를 얻어 사내에서도 데이터베이스 목록을 만들어 적용하는 것도 좋은 방법이다.

공격 또는 관리 입장에서 보면 두 도구에 연관성도 존재한다. 즉, 유해 사이트를 우회하기 위해 프록시 서버를 활용하고 있으니까 말이다. :)

08 / 모의해킹과 컨설팅 업무를 같이 하나요?

Q&A

Q 모의해킹은 팀 단위로 진행된다고 하고 컨설팅 업무에 포함된다고 하는데, 그렇다면 모의해킹 분야에 신입사원으로 들어가면 컨설팅 업무도 함께 하게 되나요?

A 모의해킹이 꼭 컨설팅 분야에만 포함되는 것은 아니다. 이 책에서는 단지 컨설팅 업무 분야의 모의해킹을 기준으로 설명한 것뿐이다. 모의해킹은 기술적이든 사회공학적이든, 소프트웨어든 하드웨어든 취약점을 찾아서 침투를 시도하는 것이다. 그 과정에서 결함을 찾아 사전에 보안 위협을 제거하는 것이 모의해킹의 목적이다. 국내외 콘퍼런스를 보면 컨설팅 업무가 아니더라도 기술을 통해 침투 기법을 시연하는 모습을 본 적이 있을 것이다. 그것도 모의해킹에 해당하며, 보편적으로 모의해킹이라고 하면 컨설팅 업무로 생각하는 이유는 이런 기술을 사업적으로 끌어올리다 보니 컨설팅 업무에서 기술적 진단의 한 부분을 차지하기 때문이다.

컨설팅 지정업체는 업무가 확실히 분리돼 있다. 관리적/물리적 컨설팅 업무, 기술적 진단 업무, 모의해킹 업무, 프로젝트 관리 및 품질관리 향상으로 담당인원이 나뉜다. 모의해킹이 이슈가 되고 기술적으로 특화하고 싶어서 팀원들이 많다면 해당 팀의 성격별로 웹서비스 진단팀, 모바일 진단팀, 리버싱 진단팀, 취약점 분석팀으로 구분되기도 한다.

그렇지만 요즘에는 신생업체들이 많이 생겼났다. ISMS인증 의무화부터 개인정보영향평가 등 이슈가 워낙 많기 때문이다. 그렇다 보니 적은 인원으로 프로젝트에 참여해서 모의해킹 인력이 기술적 진단 컨설팅(시스템, 네트워크, 개인PC, 보안시스템 장비 운영 등)을 함께 하는 경우가 많다.

이런 두 가지 상황에서도 각기 장단점은 있다. 기술적으로 특화해서 모의해킹 업무에 집중하고 프로세스를 만들어갈 기회를 얻느냐, 아니면 컨설팅 업무까지 포괄적으로 배울 기회를 잡느냐. 이것은 자신이 무엇에 집중할 것인가에 달린 문제다. 분명히 어떤 업무든 개선될

점은 무궁무진한다. 기존 방식에 얽매이지 않고 새로운 방법론 및 프로세스를 만들어가는 것이 중요하다.

진단 업체를 바꿔가야 하나?

이 질문은 이전에 한 콘퍼런스에서 나왔던 것이다. 내가 직접 답변해 주지는 못했지만 모의해킹 컨설턴트와 실무 경험을 바탕으로 봤을 때 모의해킹 업체는 정기적으로 바꿔보는 것이 좋다. 컨설팅 업무 전체가 자주 바뀌면 기준도 달라지고 의견도 너무 달라지는 경우가 있어 내부적으로 혼란을 줄 수 있어 조심스럽지만 모의해킹 업무는 성격이 매우 다르다.

모의해킹은 전에 나왔던 결과를 바탕으로 하면 제대로 평가되지 않는다. 오히려 지난 결과를 보게 되면 그 부분 이외는 것들은 보지 않으려는 습관도 생긴다. 모의해킹 업무는 심각한 취약점을 찾아내야 결과를 인정해주기 때문에 결과에 대한 압박이 있다. 다양한 접근법을 통해 취약점을 파악하려고 노력해야 하는데 대부분 이전에 나온 취약점을 중심으로 취약점 진단을 하려고 한다. 경영진 쪽에서도 확보된 고객이라는 이유로 인력 배치에 신경쓰지 않는 경우도 있다. 그래서 어떤 고객들은 해마다 방법론의 변화가 없다면 크게 다그치기도 한다.

모의해킹은 매우 빨리 변화하는 기술을 기반으로 하다 보니 진단업체 멤버들이 연구에 얼마나 투자했는지에 따라 진단하는 항목의 업데이트와 프로세스가 달라진다. 또한 개개인의 기술과 접근방식에 따라 결과물이 매우 달라진다. 똑같은 진단 애플리케이션에서도 전혀 다른 공격 기법으로 침투를 시도해 결과를 가져오기도 한다. 개발자도 팀 내에 에이스가 있듯이 모의해킹 인력팀 내에서도 분명히 각 분야의 에이스가 있다.

모의해킹 인력들은 이러한 기술들을 경쟁이라도 하듯이 대외활동으로 표출한다. 실무자는 이 업체들의 기술적인 장점들을 잘 살펴보고 서비스에 따라 해당 기술에 특화된 업체에 진단을 받는 것도 좋다. 그래서 다수의 관리자들은 2년이나 3년 정도 한 업체에서 진단을 받았다면 일부러 업체를 바꿔서 진단하는 경우가 있다.

09 / 모의해킹 진단 시 도구의 신뢰도는 어느 정도인가?

Q 모의해킹에 사용되는 방법과 툴은 다양하다. 모의해킹에 사용된 방법과 툴에 대한 신뢰도를 높이는 방법에는 어떤 것이 있고, 어떻게 해야 신뢰도를 높일 수 있는지 알고 싶습니다.

A '모의해킹을 진단할 때는 수동점검으로 진단한다.'라는 문구에서 수동점검이란 서비스 환경정보 수집 단계, 서비스 디렉터리 및 파일 구조가 파악된 후에 심화 진단을 하는 단계를 의미한다. 즉, 도구를 이용한 취약성 진단은 하지 않고 기술 인력을 통해 진단함으로써 모의해킹이 단순 취약성 진단과 차별화된다는 의미로 받아들여야 한다(취약점 진단과 용어를 달리하기 위해 취약성 진단, 체크리스트 기반 진단으로 분류해서 설명한다).

서비스의 정보를 어느 정도 수집하려면 적절한 도구를 사용해야 한다. 구글 검색을 통해 노출되는 민감한 정보를 찾기 위해 패턴 몇 개를 반영하기보다는 GHDB(Google Hacking Database)[19] 기반으로 만들어진 SiteDigger 같은 도구를 활용해 수천 개의 패턴을 일시적으로 찾아내는 것이 필요하다. 디렉터리에 하나씩 접근하는 것보다는 burp suite나 w3af의 최소화 패턴들을 이용해 구조를 파악하고 불필요한 백업파일이 있는지 파악하는 데 활용해야 한다. 이런 좋은 도구들이 있는데, 진단자가 다시 개발하는 것은 비효율적이다. 물론 기존의 오픈소스 도구를 업무의 성격에 맞춰서 자신만의 도구로 재활용하는 것은 정말 좋은 생각이다.

이런 도구를 활용하기 전에 맨 먼저 체크해야 하는 것은 당연히 도구의 신뢰성이다. 수많은 도구 중에서 네트워크에 장애를 일으키지 않으면서 최대의 효과를 주는 도구, 서비스에 불필요한 정보를 남기는 행위가 없는 도구, 취약점 항목별로 구분해서 진단할 수 있는 도구 등을 고려해야 한다.

---

19 GHDB(Google Hacking Database): http://www.exploit-db.com/google-dorks/

그러자면 테스트 서버에 미리 돌려보면서 위험 요소를 찾는 것이 순서다. 대상 서버에 와이어샤크나 Tshark 등 네트워크 패킷 분석 도구와 도구를 실행하는 동안에 발생한 로그 파일을 분석해보고, 서비스에 어떤 증상들이 생기는지 확인해야 한다.

이런 증상을 미리 검토하는 것은 무료 도구뿐만 아니라 유료 도구에서도 마찬가지다. 유료 도구의 경우에도 각 항목을 어떻게 체크하느냐에 따라 웹 서비스 입력폼에 자동으로 수많은 값들을 임의적으로 저장할지 여부를 판단한다. 이런 임의적인 값이 서비스에 입력되도록 설정되면 짧은 시간 동안에 게시판에 수만 개의 게시물이 입력되는 현상이 일어날 수도 있다.

```
root@metasploitable:/var/log/apache2# tshark -w w3af.pcap
Running as user "root" and group "root". This could be dangerous.
Capturing on eth0
2963
```

그림 1-29 리눅스 환경에서 tshark를 활용한 패킷 수집

아래 로그는 웹 취약점 진단 도구 Nikto[20]에 의해 발생한 로그이며, 파일 다운로드 취약점 및 XSS 취약점 등의 패턴들이 순서대로 동작하는 것을 확인할 수 있다.

```
192.168.220.157 - - [10/Jul/2013:02:36:42 -0400] "GET /cgi-bin/FileSeek2.
cgi?head=;cat%20/etc/passwd|&foot= HTTP/1.1" 404 305 "-" "Mozilla/4.75 (Nikto/2.1.4)
(Evasions:None) (Test:003111)"
192.168.220.157 - - [10/Jul/2013:02:36:42 -0400] "GET /cgi-bin/FileSeek.cgi?head=
&foot=..../..../..../..../..../..../..../etc/passwd HTTP/1.1" 404 304 "-"
"Mozilla/4.75 (Nikto/2.1.4) (Evasions:None) (Test:003112)"
192.168.220.157 - - [10/Jul/2013:02:36:42 -0400] "GET /cgi-bin/FileSeek.cgi?he
ad=..../..../..../..../..../..../..../etc/passwd&foot= HTTP/1.1" 404 304 "-"
"Mozilla/4.75 (Nikto/2.1.4) (Evasions:None) (Test:003113)"
192.168.220.157 - - [10/Jul/2013:02:36:42 -0400] "GET /cgi-bin/FileSeek2.cgi?head
=&foot=..../..../..../..../..../..../..../etc/passwd HTTP/1.1" 404 305 "-"
"Mozilla/4.75 (Nikto/2.1.4) (Evasions:None) (Test:003114)"
192.168.220.157 - - [10/Jul/2013:02:36:42 -0400] "GET /cgi-bin/FileSeek2.cgi?he
ad=..../..../..../..../..../..../..../etc/passwd&foot= HTTP/1.1" 404 305 "-"
"Mozilla/4.75 (Nikto/2.1.4) (Evasions:None) (Test:003115)"
192.168.220.157 - - [10/Jul/2013:02:36:42 -0400] "GET /project/index.
```

20 Nikto 홈페이지: http://www.cirt.net/nikto2

```
php?m=projects&user_cookie=1 HTTP/1.1" 404 301 "-" "Mozilla/4.75 (Nikto/2.1.4)
(Evasions:None) (Test:003116)"
192.168.220.157 - - [10/Jul/2013:02:36:42 -0400] "GET /webcalendar/colors.php?color=</
script><script>alert(document.cookie)</script> HTTP/1.1" 404 306 "-" "Mozilla/4.75
(Nikto/2.1.4) (Evasions:None) (Test:003117)"
192.168.220.157 - - [10/Jul/2013:02:36:42 -0400] "GET /webcalendar/week.php?user=\\">
<script>alert(document.cookie)</script> HTTP/1.1" 404 304 "-" "Mozilla/4.75
(Nikto/2.1.4) (Evasions:None) (Test:003118)"
```

Nikto는 서비스에 장애 요소를 많이 발생시키지는 않는다. 많은 항목을 점검하지만 불필요
한 패턴들은 제외된 편이라 빠른 결과를 도출할 수도 있다. 서버에 최신 취약점에 대한 패
치를 하지 않거나 불필요한 파일이나 디렉터리 인덱싱으로 인한 취약점을 도출한 것은 나름
만족스럽다.

```
root@boanproject:~# nikto -h 192.168.220.156
- Nikto v2.1.4
---------------------------------------------------------------------------
+ Target IP:          192.168.220.156
+ Target Hostname:    192.168.220.156
+ Target Port:        80
+ Start Time:         2013-07-11 15:36:59
---------------------------------------------------------------------------
+ Server: Apache/2.2.8 (Ubuntu) DAV/2
+ Retrieved x-powered-by header: PHP/5.2.4-2ubuntu5.10
+ Apache/2.2.8 appears to be outdated (current is at least Apache/2.2.17). Apache 1.3.42
(final release) and 2.0.64 are also current.
+ DEBUG HTTP verb may show server debugging information. See http://msdn.microsoft.com/
en-us/library/e8z01xdh%28VS.80%29.aspx for details.
+ OSVDB-877: HTTP TRACE method is active, suggesting the host is vulnerable to XST
+ OSVDB-3233: /phpinfo.php: Contains PHP configuration information
+ OSVDB-3268: /doc/: Directory indexing found.
+ OSVDB-48: /doc/: The /doc/ directory is browsable. This may be /usr/doc.
+ OSVDB-12184: /index.php?=PHPB8B5F2A0-3C92-11d3-A3A9-4C7B08C10000: PHP reveals
potentially sensitive information via certain HTTP requests that contain specific QUERY
strings.
+ OSVDB-3092: /phpMyAdmin/: phpMyAdmin is for managing MySQL databases, and should be
protected or limited to authorized hosts.
+ OSVDB-3268: /test/: Directory indexing found.
```

```
+ OSVDB-3092: /test/: This might be interesting...
+ OSVDB-3268: /icons/: Directory indexing found.
+ OSVDB-3233: /icons/README: Apache default file found.
+ 6448 items checked: 1 error(s) and 13 item(s) reported on remote host
+ End Time:           2013-07-11 15:37:37 (38 seconds)
```

w3af[21]의 장점은 항목/그룹별로 모두 선택할 수 있다는 점이다. Full 스캔을 한다면 너무나
많은 데이터가 쌓이게 되고, 부하가 발생할 수 있다.

```
192.168.220.157 - - [10/Jul/2013:01:32:39 -0400] "GET /twiki/bin/view/TWiki/
WebPreferences?rev=1.15 HTTP/1.1" 200 9183 "http://192.168.220.156/" " w3af.sourceforge.
net "
192.168.220.157 - - [10/Jul/2013:01:32:39 -0400] "GET /twiki/bin/view/TWiki/
WebPreferences?rev=1.16 HTTP/1.1" 200 9130 "http://192.168.220.156/" " w3af.sourceforge.
net "
192.168.220.157 - - [10/Jul/2013:01:32:39 -0400] "GET /twiki/bin/rdiff/TWiki/WebPreferen
ces?rev1=1.16&rev2=1.15 HTTP/1.1" 200 5112 "http://192.168.220.156/" " w3af.sourceforge.
net "
192.168.220.157 - - [10/Jul/2013:01:32:39 -0400] "GET /twiki/bin/rdiff/TWiki/WebPreferen
ces?rev1=1.17&rev2=1.16 HTTP/1.1" 200 4574 "http://192.168.220.156/" "w3af.sourceforge.
net"
192.168.220.157 - - [10/Jul/2013:01:32:39 -0400] "GET /twiki/bin/rdiff/TWiki/
WebPreferences HTTP/1.1" 200 34248 "http://192.168.220.156/" "w3af.sourceforge.net"
192.168.220.157 - - [10/Jul/2013:01:32:44 -0400] "GET /twiki/bin/attach/TWiki/not-
WebPreferences HTTP/1.1" 200 333 "-" "w3af.sourceforge.net"
192.168.220.157 - - [10/Jul/2013:01:32:44 -0400] "GET /twiki/bin/oops/TWiki/not-
WebPreferences HTTP/1.1" 200 206 "-" "w3af.sourceforge.net"
192.168.220.157 - - [10/Jul/2013:01:32:45 -0400] "GET /twiki/bin/rdiff/TWiki/not-
WebPreferences HTTP/1.1" 200 3350 "-" "w3af.sourceforge.net"
192.168.220.157 - - [10/Jul/2013:01:32:46 -0400] "GET /twiki/bin/view/TWiki/
WebPreferences?topic=&topic= HTTP/1.1" 200 9153 "http://192.168.220.156/" "w3af.
sourceforge.net"
192.168.220.157 - - [10/Jul/2013:01:32:47 -0400] "GET /twiki/bin/edit/TWiki/
WebPreferences?t=1373434366 HTTP/1.1" 200 7502 "http://192.168.220.156/" "w3af.
sourceforge.net"
192.168.220.157 - - [10/Jul/2013:01:32:47 -0400] "GET /twiki/bin/attach/TWiki/not-
```

---

21 w3af 홈페이지: http://w3af.org/

```
WebPreferences HTTP/1.1" 200 333 "-" "w3af.sourceforge.net"
192.168.220.157 - - [10/Jul/2013:01:32:47 -0400] "GET /twiki/bin/oops/TWiki/not-
WebPreferences HTTP/1.1" 200 206 "-" "w3af.sourceforge.net"
192.168.220.157 - - [10/Jul/2013:01:32:47 -0400] "GET /twiki/bin/rdiff/TWiki/not-
WebPreferences HTTP/1.1" 200 3350 "-" "w3af.sourceforge.net"
192.168.220.157 - - [10/Jul/2013:01:32:49 -0400] "GET /twiki/data/debug.txt HTTP/1.1"
403 308 "http://192.168.220.156/" "w3af.sourceforge.net"
```

w3af 도구는 취약점을 분석할 때 유용하게 사용될 수 있기 때문에 기술 분석한 내용을 참고하고 싶다면 보안프로젝트 카페에서 공개한 문서를 보면 된다.

- wa3f 개념: http://chogar.blog.me/80193257224
- w3af 콘솔: http://chogar.blog.me/80195560889
- w3af 플러그인(콘솔): http://chogar.blog.me/80196462991

아래 로그는 SQL Injection 진단에 활용할 수 있는 sqlmap[22]을 실행할 때 발생하는 로그의 일부다. Union 쿼리를 이용해 컬럼 개수를 확인해 정보를 획득하는 과정이며, 다른 도구에 비해 적은 로그임에도 훌륭한 결과를 도출할 수 있다.

```
2013-07-09 02:22:00 W3SVC1020226316 192.168.220.154 GET /demoshop/shop_board/shop_board_
list.asp page=1&v_num=2%20RDER%20BY%201--%20¦117¦80040e14¦Å°¿öµå_'ORDER'_±ÙÃªÀÇ_
±¸'®ÀÌ_ÀB¸øµÇ¾ú½Á'Ï'Ù. 83 - 192.168.220.128 sqlmap/1.0-dev-25eca9d+(http://
sqlmap.org) 500 0 0
2013-07-09 02:22:00 W3SVC1020226316 192.168.220.154 GET /demoshop/shop_board/shop_board_
list.asp page=1&v_num=2%20UNION%20ALL%20SELECT%20NULL--%20¦117¦80040e14¦Å°¿öµå_'
UNION'_±ÙÃªÀÇ_±¸'®ÀÌ_ÀB¸øµÇ¾ú½Á'Ï'Ù. 83 - 192.168.220.128 sqlmap/1.0-dev-
25eca9d+(http://sqlmap.org) 500 0 0
2013-07-09 02:22:00 W3SVC1020226316 192.168.220.154 GET /demoshop/shop_board/shop_board_
list.asp page=1&v_num=2%20UNION%20ALL%20SELECT%20NULL%2C%20NULL--%20¦117¦80040e14¦Å°
¿öµå_'UNION'_±ÙÃªÀÇ_±¸'®ÀÌ_ÀB¸øµÇ¾ú½Á'Ï'Ù. 83 - 192.168.220.128
sqlmap/1.0-dev-25eca9d+(http://sqlmap.org) 500 0 0
2013-07-09 02:22:00 W3SVC1020226316 192.168.220.154 GET /demoshop/shop_board/shop_
board_list.asp page=1&v_num=2%20UNION%20ALL%20SELECT%20NULL%2C%20NULL%2C%20NULL--%20
¦117¦80040e14¦Å°¿öµå_'UNION'_±ÙÃªÀÇ_±¸'®ÀÌ_ÀB¸øµÇ¾ú½Á'Ï'Ù. 83 -
192.168.220.128 sqlmap/1.0-dev-25eca9d+(http://sqlmap.org) 500 0 0
```

---

22 sqlmap 홈페이지: http://sqlmap.org/

```
2013-07-09 02:22:00 W3SVC1020226316 192.168.220.154 GET /demoshop/shop_board/shop_
board_list.asp page=1&v_num=2%20UNION%20ALL%20SELECT%20NULL%2C%20NULL%2C%20NULL%2C%20
NULL--%20¦117¦80040e14¦Å°¿öµå_'UNION'_±ÙÃªÀÇ_±¸'®ÀÌ_ÀB¸øµÇ¾ú½À´Ï´Ù. 83
- 192.168.220.128 sqlmap/1.0-dev-25eca9d+(http://sqlmap.org) 500 0 0
2013-07-09 02:22:00 W3SVC1020226316 192.168.220.154 GET /demoshop/shop_board/
shop_board_list.asp page=1&v_num=2%20UNION%20ALL%20SELECT%20NULL%2C%20NULL%2C%20
NULL%2C%20NULL%2C%20NULL--%20¦117¦80040e14¦Å°¿öµå_'UNION'_±ÙÃªÀÇ_±¸'®ÀÌ_
ÀB¸øµÇ¾ú½À´Ï´Ù. 83 - 192.168.220.128 sqlmap/1.0-dev-25eca9d+(http://sqlmap.org)
500 0 0
2013-07-09 02:22:00 W3SVC1020226316 192.168.220.154 GET /demoshop/shop_board/shop_
board_list.asp page=1&v_num=2%20UNION%20ALL%20SELECT%20NULL%2C%20NULL%2C%20
NULL%2C%20NULL%2C%20NULL--%20¦117¦80040e14¦Å°¿öµå_'UNION'_±ÙÃªÀÇ_±¸'®ÀÌ_
ÀB¸øµÇ¾ú½À´Ï´Ù. 83 - 192.168.220.128 sqlmap/1.0-dev-25eca9d+(http://sqlmap.org)
500 0 0
2013-07-09 02:22:00 W3SVC1020226316 192.168.220.154 GET /demoshop/shop_board/shop_
board_list.asp page=1&v_num=2%20UNION%20ALL%20SELECT%20NULL%2C%20NULL%2C%20NULL%2C%20
NULL%2C%20NULL%2C%20NULL--%20¦117¦80040e14¦Å°¿öµå_'UNION'_±ÙÃªÀÇ_±¸
¸'®ÀÌ_ÀB¸øµÇ¾ú½À´Ï´Ù. 83 - 192.168.220.128 sqlmap/1.0-dev-25eca9d+(http://sqlmap.
org) 500 0 0
2013-07-09 02:22:00 W3SVC1020226316 192.168.220.154 GET /demoshop/shop_board/shop_
board_list.asp page=1&v_num=2%20UNION%20ALL%20SELECT%20NULL%2C%20NULL%2C%20NULL%2C%20
NULL%2C%20NULL%2C%20NULL%2C%20NULL%2C%20NULL--%20¦117¦80040e14¦Å°¿öµå_'UNION'
_±ÙÃªÀÇ_±¸'®ÀÌ_ÀB¸øµÇ¾ú½À´Ï´Ù. 83 - 192.168.220.128 sqlmap/1.0-dev-
25eca9d+(http://
sqlmap.org) 500 0 0
```

이런 도구에서 발생하는 패턴들을 분석하는 것은 도구의 안정성을 확인하는 데도 활용되지만 학습할 때 각 공격 기법 패턴을 익히는 데도 참고할 만하다. 보안 실무자/장비 운영자는 공격 패턴을 정기적으로 업데이트해야 한다. 장비 업체에서 매번 업데이트할 때까지 기다리기보다는 미리 파악해서 역으로 제안하는 것이 좋다.

아래는 IPS 패턴을 업데이트할 때 이러한 도구를 참고해서 만들어낸 예제다.

```
alert tcp any any -> any 80 (msg:"customer-Auto_AttckTool(w3af.scan)"; content:"¦ 0d 0a
55 73 65 72 2d 61 67 65 6e 74 3a 20 77 33 61 66 2e¦"; nocase; sid:100001;)
alert tcp any any -> any 80 (msg:" customer-Auto_AttckTool (Brutus/AET)"; content:"Brutus/AET";
nocase; sid:100002;)
alert tcp any any -> any 80 (msg:" customer-Auto_AttckTool (Acunetix-Product)";
content:"Acunetix-Product:"; nocase; sid:100003;)
```

결론은 도구를 실서비스에 활용하려면 테스트 서버에서 최대한 많이 실행해 보면서 문제를 파악한 뒤에 업무에 도움될 만한 부분을 최대한 활용한다.

취약점 진단에 사용되는 도구 중에는 오픈소스가 많다. 솔루션을 개발할 때도 오픈소스 도구를 많이 참고하고 활용한다. 관심을 두고 분석하다 보면 세미나에 가서 솔루션을 시연하는 것을 봤을 때 어떤 오픈소스 도구를 활용했는지 충분히 파악할 수 있다.

Snort 룰셋 활용

장비 패턴을 적용할 경우 Snort에서 제공하는 룰셋을 많이 참고하게 된다. 장비 업체에서도 이 룰셋을 참고해서 업데이트해주지만 학생들은 이를 직접적으로 경험하기 힘들다. 학생 입장에서도 정기적으로 업데이트되는 정보들을 보면서 학습하거나 프로젝트를 진행할 때 어떤 위협과 패턴이 존재하는지 확인하기 바란다.

Snort 사이트로 가서 사용자 가입을 하고 나면 http://www.snort.org/snort-rules/에서 그림 1-30과 같이 등록 사용자를 위한 룰셋을 무료로 내려받을 수 있다.

Registered User Release

The Registered User Release makes Sourcefire VRT Certified Rules updates available to registered users of Snort.org free of charge 30-days after the initial release to subscribers.

Documentation
Rule Documentation (opensource.gz)   MD5 - 26 Aug, 2013

Snort v2.9
snortrules-snapshot-2946.tar.gz   MD5 - 26 Sep, 2013
snortrules-snapshot-2950.tar.gz   MD5 - 26 Sep, 2013
snortrules-snapshot-2953.tar.gz   MD5 - 26 Sep, 2013
snortrules-snapshot-2955.tar.gz   MD5 - 26 Sep, 2013
snortrules-snapshot-2931.tar.gz   MD5 - 26 Sep, 2013

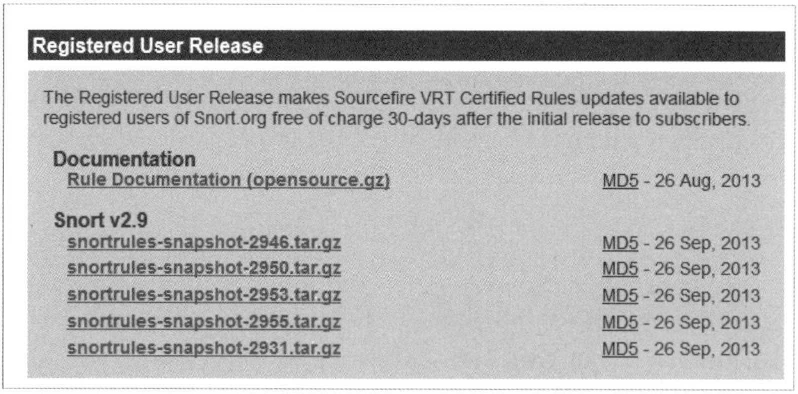

그림 1-30 Snort 홈페이지 등록 사용자를 위한 룰셋 제공

룰셋을 내려받아 압축을 풀면 그림 1-31과 같이 공격 항목에 맞게 업데이트된 룰셋 정보가 포함돼 있음을 확인할 수 있으며, 각 룰셋 파일에는 악성코드의 C&C 주소, 스캔도구의 패턴, Exploit[23] 공격 패턴 등에 관한 정보가 포함돼 있다.

---

23 취약점 공격 또는 익스플로잇(exploit)이란 컴퓨터의 소프트웨어나 하드웨어 및 컴퓨터 관련 전자 제품의 버그, 보안 취약점 등 설계상의 결함을 이용해 공격자의 의도된 동작을 수행하도록 만들어진 절차나 일련의 명령, 스크립트, 프로그램 또는 특정한 데이터 조각을 말하며, 이러한 것들을 사용한 공격 행위를 이르기도 한다. 출처: 위키백과 사전

그림 1-31 다양한 Snort 룰셋 패턴

룰 예제 – 악성코드 C&C

alert tcp $HOME_NET any -> $EXTERNAL_NET $HTTP_PORTS (msg:"MALWARE–CNC WIN.Tro–jan.Uptime RAT beacon attempt"; flow:to_server,established; content:".asp?id="; http_uri; content:"|44 00 61 00 79|"; distance:0; http_uri; content:"|48 00 6F 00 75 00 72|"; fast_pattern:only; http_uri; content:"|4D 00 69 00 6E|"; http_uri; metadata:impact_flag red, policy balanced–ips drop, policy security–ips drop, service http; classtype:trojan–activity; sid:26946; rev:1;)

alert tcp $HOME_NET any -> $EXTERNAL_NET $HTTP_PORTS (msg:"MALWARE–CNC WIN.Trojan.Bisonal RAT beacon attempt"; flow:to_server,established; content:"GET"; depth:3; nocase; http_method; content:".asp?id="; nocase; http_uri; content:"host:"; distance:0; nocase; http_uri; content:"user:"; distance:0; nocase; http_uri; metadata:impact_flag red, policy balanced–ips drop, policy security–ips drop, service http; classtype:trojan–activity; sid:26945; rev:1;)

10 / 모의해킹 업무에서 백트랙 및 메타스플로잇의 활용도는 어느 정도인가요?

Q 1. 모의해킹을 할때 백트랙에 포함된 툴처럼 잘 알려진 툴로 작업하나요? 아니면 전문가가 직접 만든 툴을 이용하거나 스스로의 역량으로 작업하나요?

2. 모의해킹이라 하면 보통 웹 취약점 진단이 대부분이던데, 메타스플로잇이나 여타 취약점 분석 도구는 어떤 식으로 실무에 활용할 수 있고, 활용되나요?

A 사실 두 질문은 동일한 관점에서 나온 질문이기 때문에 답변을 하나로 정리했다. 참고로 이번 질문은 기술적인 문제여서 답변에 기술적인 용어가 많이 포함돼 있다. 우선 백트랙과 메타스플로잇이 무엇인지 간단히 살펴보겠다.

백트랙(후속판: 칼리리눅스)이란?

백트랙은 서버 진단/네트워크 진단/애플리케이션 진단/무선 네트워크 진단/내부 시스템 침투 등을 위한 도구가 포함된 라이브 시디(LiveCD) 운영체제다. 라이브시디는 하드디스크에 설치하지 않고도 CD만으로 부팅이 가능한 시스템을 의미한다. 요즘은 가상머신(VMware, VirtualBox 등)의 이미지를 직접 제공해서 사용자들이 편리하게 사용할 수 있게 하고 있다. 백트랙은 우분투(칼리리눅스는 데비안)를 기반으로 제작된 툴이다. 백트랙 V5 R3 버전까지 공개됐고, 2013년에 2월에 후속 버전인 칼리리눅스가 배포됐다. 환경에 따라 2개의 라이브시디를 번갈아 사용하면 된다.

- 백트랙 정식 홈페이지: http://www.backtrack-linux.org/
- 칼리리눅스 정식 홈페이지: http://www.kali.org/

참고· 백트랙을 활용한 모의해킹 (에이콘 출판사)

MSF(MetaSploit Framework)란?

MSF(MetaSploit Framework)는 공격 도구 종합 프레임워크로서 2003년 HD Moore가 '메타스플로잇' 프로젝트로 시작했다. 초창기 버전의 MSF는 펄(Perl) 스크립트 언어로 제작됐고, C언어, 어셈블리어, 파이썬으로 구성된 다양한 컴포넌트가 포함됐다. 2.7 버전부터 다양한 API를 제공하며, 루비(Ruby) 프로그래밍 언어를 이용해 새로 개발됐다. 무료로 이용할 수 있지만 상용 버전(프로 버전)도 판매되고 있다. 공격 코드, 페이로드, 인코딩 기능이 포함돼 있어 공격자가 수작업으로 진행해야 할 부분들을 자동화하는 데 도움을 준다. 백트랙 및 칼리리눅스에서 진단자들이 제일 많이 사용하는 도구 중 하나다.

- 메타스플로잇 정식 홈페이지: http://www.metasploit.com/

참고 백트랙을 활용한 모의해킹

두 가지 툴의 공통점은 무료 버전이라서 사용자가 자유롭게 사용할 수 있다는 것이다. 메타스플로잇은 상용 버전인 프로 버전이 있지만 무료 버전으로도 점검하는 데 부족함은 없다.

내가 온라인 커뮤니티에서 스터디하면서 첫 번째로 백트랙과 메타스플로잇을 선택한 이유는 명확하다. 백트랙에 있는 수많은 도구에는 분명히 업무에서 활용할 수 있는 도구가 많을 것이라 판단했기 때문이다. 백트랙 버전 3에서 버전 4까지는 일부 스캔 도구 및 무선 네트워크 진단(aireplay-ng, airdump-ng, aircrack-ng 등)을 할 때 주로 활용했다. 하지만 버전 5에서는 진단 항목에 많은 변화가 일어나고 세부항목 도 많이 추가됐다. 그래서 더욱더 백트랙을 알아야 할 이유가 생겼고 지금은 칼리리눅스까지 상세하게 분석하며 계속 업무와의 연관성을 찾고 있다.

프로젝트를 통해 2년 정도 지속적으로 관심을 두고 연구하며, 많은 환경에서, 많은 시나리오에서 테스트한 결과, 모의해킹 진단 업무에 크게 도움된다는 사실을 확인했다. 공격자뿐만 아니라 실무 관리자 입장에서 진단할 때도 메타스플로잇을 비롯해 백트랙을 활용할 때 업무의 효율성을 크게 높일 수 있다. 지금은 Nmap NSE(Nmap Script Engine)와 악성코드 분석, 웹 서비스 진단, 애플리케이션 취약점 진단을 백트랙에서 제공하는 도구로 대부분 처리하고 있다. 앞으로는 모바일 서비스 진단, 소스코드 진단 등도 활용하고 이에 대한 가이드도 제시할 예정이다.

모의해킹 진단을 할 때 회사에 라이선스가 없는 진단 프로그램을 사용하는 것은 금하고 있다. 그런데 이를 무시하고 대표적인 취약점 자동 도구인 AppScan, Acunetix, Languard Network Scanner 등을 보고서에 당당하게 기재하는 경우를 본 적이 있었는데, 이는 소프트웨어 라이선스와 관련된 법적인 문제가 발생할 소지가 있다.

그래서 진단자는 오픈소스 도구를 적극 활용할 줄 알아야 한다. 오픈소스 도구는 대부분 파이썬(Python), 펄(Perl), 루비(Ruby) 등 스크립트 기반 도구가 많이 있으며, 윈도우에서 동작하는 동등한 기능의 애플리케이션은 대부분 공개돼 있다. 스크립트 기반 도구는 어떤 운영체제에서든 모두 지원된다. 오히려 윈도우에서 스크립트를 실행하기보다는 스크립트를 활용할 수 있는 라이브러리까지 미리 설치된 라이브시디(백트랙, 칼리리눅스, Remnux 등)를 활용하는 편이 시간을 절약할 수 있다.

국내외에 배포된 샘플 보고서 가운데 백트랙과 MSF를 활용해 모의해킹에 활용한 보고서가 있어서 링크로 소개한다. 외부 서비스를 통해 내부에서만 접근할 수 있는 중요 시스템을 다양한 공개도구를 이용해 침투한 시나리오 기반 보고서다. 실무에서는 침투를 하기 위한 명령어까지는 진단자의 노하우라고 생각해서 기재하지 않는 편이다. 실제로 아래와 같은 보고서 콘텐츠는 교육과 보고서가 융합된 성격을 띠고 있다. 진단 시간과 보고서 작성을 위한 시간이 충분히 할당된다면 이런 방식의 서비스도 나쁘지 않다고 생각한다. 담당자 입장에서는 컨설턴트가 프로젝트를 마무리하고 철수한 후에 이를 현업에 알리고, 방법을 알려야 하는 일이 더 많기 때문에 이를 고려할 필요도 있다.

http://www.offensive-security.com/reports/penetration-testing-sample-report-2013.pdf (단축 URL: http://goo.gl/nKYNq7)

나도 이런 좋은 도구를 100% 활용하지 못하고 있다. 하지만 공격 기법뿐만 아니라 포렌식, 시스템 진단, 취약점 관리 등 많은 영역에서 활용할 수 있는 방안을 연구하고 있고 가이드를 통해 많은 사람들에게 공유하고 있다. 앞으로 모의해킹 방법론을 구축하는 데 함께 힘을 모으면 좋겠다.

11 / 사회공학 기법을 많이 사용하나요?

우선 사회공학의 정의를 알아보겠다. 네이버 지식사전을 보면 사회 공학 기법의 정의를 IT 쪽에 비중을 많이 두고 있음을 알 수 있다.

[사회 공학의 사전적 의미]

컴퓨터 보안에서 인간 상호작용의 깊은 신뢰를 바탕으로 사람들을 속여 정상적인 보안 절차를 깨트리기 위한 비기술적 침입 수단. 우선 통신망 보안 정보에 접근 권한이 있는 담당자와 신뢰를 쌓고 전화나 이메일을 통해 그들의 약점과 도움을 이용하는 것이다. 상대방의 자만심이나 권한을 이용하는 것, 정보의 가치를 몰라서 보안을 소홀히 하는 무능에 의존하는 것과 도청 등이 일반적인 사회 공학적 기술이다. 이 수단을 이용하여 시스템 접근 코드와 비밀번호를 알아내 시스템에 침입하는 것으로 물리적, 네트워크 및 시스템 보안에 못지 않게 인간적 보안이 중요하다.

네이버 지식사전 참고

사실 사회공학은 보안 기술뿐만 아니라 모든 사람들 간의 네트워크에서도 이뤄지고있다. 일반인들에게도 많이 알려진 "보이스피싱", "금융 페이지 피싱", "메일 피싱" 등도 사회공학을 이용해 사람들을 속임으로써 이득을 취하기 위한 기법이다. 요즘은 스마트폰을 통해 금융 사이트와 연계해서 많이 공격하고 있다. 악성앱 다운로드 링크를 비롯해 사용자들이 클릭해서 설치한 순간 스마트폰에 있는 모든 중요 정보들을 가져가는 행위가 바로 여기에 해당한다. 이제 이런 공격은 당하지 않을 것이라 생각하지만 실제 피해사례는 계속 증가하는 추세다.

그림 1-32 금융 페이지 피싱 공격

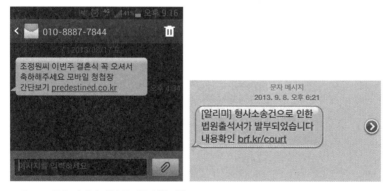

그림 1-33 금융 페이지 피싱 공격을 위한 단축 URL

어르신들을 대상으로 한 금융 사기 보이스피싱은 여전히 활발하게 이뤄지는 추세다. 그렇지만 실제 통계를 보면 30대~40대가 제일 높은 수치를 보인다. 그만큼 스마트폰에 많이 노출되기 때문이 아닐까?

보이스피싱은 대부분 지인과 가족들에 관한 정보를 이용해 사람들의 심리를 극한으로 가게 해서 금전적 이득을 노리는 경우가 많다. 2012년에 높은 시청률을 자랑한 드라마인 "넝쿨째 굴러온 당신"에서도 윤여정 씨를 납치했다는 전화를 통해 장용 씨를 쓰러지게 만든 상황이 연출된 적이 있다. 그 덕분에 두분의 사랑을 다시 확인하는 계기를 맞이할 수는 있었지만 현실에서도 이런 악의적인 범죄행위는 계속되고 있다. 사이버수사대를 배경으로 한 드라마인 "유령"에서도 물리적 및 기술적 기법을 이용한 사회공학 기법들이 상당히 많이 연출됐다. 그만큼 이제 대중들에게도 이러한 사회공학 기법들이 생소하지 않음을 반증한다.

나도 보안 진단을 하면서 사회공학적 기법을 이용한 시나리오를 많이 적용해왔다. 가장 간단한 기법은 웹 서비스를 점검하면서 관리자의 세션정보를 획득해 권한 상승을 하는 과정에서 관리자의 흥미를 끌 수 있는 시나리오를 적용하는 것이다. 이 경우 관리자만 볼 수 있는 1:1게시판(Q&A 게시판)에 스크립트를 삽입하거나, 웹 서비스 기반의 메일 서비스가 있다면 입력 부분에 스크립트를 삽입하는 방법이 있다.

또한 임직원들이 내가 배포한 악성코드를 클릭하게 해서 시스템 정보 및 개인PC 권한을 획득하는 APT 공격[24] 시나리오 사례가 있다. 담당자의 요구사항은 많아지고 있기 때문에 아주 최근에 나온 취약점을 이용하는 시나리오로 요구하는 경우가 있는데, 이를테면 PDF 취약점이나 플래시(SWF) 취약점, HWP 취약점 등 자동으로 업데이트되지 않는 애플리케이션을 대상으로 진행하는 사례가 여기에 해당한다. 이를 어떻게 진행하냐는 진단자의 역량에 따라 다르다. MSF(Metasploit Framework)에서 공개됐다면 좀 더 쉽게 접근할 수 있겠지만 제로데이 공격(0-day)[25]으로 발표되어 공격 코드를 얻기가 쉽지 않다면 상당히 오랜 시간이 걸리고 기간 내에 성공할 확률도 낮아진다.

그리고 제일 기억에 남는 사례는 보이스 피싱을 통해 제3자를 통해 임직원의 개인정보를 획득한 후 권한을 획득하는 시나리오다. 콜센터에 전화를 해서 아이디 정보만으로 패스워드나 기타 개인정보를 획득하는 것이다. 이는 회사의 계정 프로세스 운영의 문제점과 콜센터 직원들에 대한 보안 교육의 문제점을 도출하기 위한 시도였다.

---

24 APT 공격: 지능형 지속 공격(APT: Advanced Persistent Threat)은 개인에 의한 공격이 아니라 정부 또는 특정 회사의 중요 정보 획득을 목적으로 하는 범죄 그룹에 의해 특정 사이트 및 기업을 대상으로 지속적인 취약점과 목적을 가지고 이뤄지는 공격 행위 기법

25 제로데이 공격: 제로데이 공격(또는 제로데이 위협, Zero-Day Attack)은 컴퓨터 소프트웨어의 취약점을 공격하는 기술적 위협으로, 해당 취약점에 대한 패치가 나오지 않은 시점에서 이뤄지는 공격을 말한다. 이러한 시점에서 만들어진 취약점 공격(익스플로잇)을 제로 데이 취약점 공격이라고도 한다. (참조-위키대백과 사전)

이 외에도 실무에서도 활용할 수 있는 사회공학적 공격 기법 몇 가지를 소개한다.

- **피싱 기법(Phishing Attack):** 정상적인 서비스(페이지)와 동일하게 만들어 사용자들이 아무런 의심도 하지 않은 채로 자신의 개인정보 및 금융정보를 입력하도록 유도하는 기법이다. 서비스의 도메인을 정상적인 서비스와 유사하게 만들고 사용자들이 많이 봄 직한 메시지가 포함되어 클릭을 유도하게 된다. 실무에서도 XSS 취약점을 통해 스크립트를 삽입한 후 진단 대상 서비스의 로그인 페이지를 동일하게 제작해서 사용자들의 계정정보를 획득하는 시나리오를 구성할 수 있다. 이와 비슷한 접근법으로 파밍 공격 및 스피어 피싱 등의 공격을 진행할 수 있다.

- **쓰레기통 뒤지기(Dumpster diving):** 회사의 내부정보가 포함된 중요한 문서를 출력한 후에 파쇄하지 않고 쓰레기통에 버린 내용을 뒤져서 회사의 정보를 획득하는 기법이다. 불필요한 문서는 그때그때 파쇄하거나 정기적으로 외부업체를 통해 파쇄(소각)하는 식으로 정리해야 하는데 임직원들은 이러한 출력물을 일반쓰레기와 함께 버리거나 책상 곳곳에 놓아둔다. 점심시간을 이용해 담당자나 중요 정보 시스템을 관리하는 직원의 책상을 보면 신경 쓰지 않는 출력물이 많이 있다. 감사실이나 보안팀에서는 정기적으로 돌아다니면서 휴지통 및 책상 검사를 통해 임직원들에게 출력물에 대한 인식 재고를 강화해야 한다.

- **어깨너머로 훔쳐보기(Shoulder Surfing):** 자신이 입력한 정보가 나타나는 모니터 화면은 크게 신경 쓰지 않는다. 하지만 키보드를 통해 입력하는 순간이나 중요 정보가 포함된 관리자 페이지 정보를 쉽게 획득할 수 있는데, 담당자에게 어떤 문의를 하면서 입력하는 화면을 유심히 보기 바란다. 생각보다 어렵지 않은 패스워드를 입력하고, 진단하면서 쉽게 찾지 못했던 관리자 페이지를 화면을 통해 볼 수 있다.

- **바짝 따라가기(Tailgating):** 인프라의 기술적인 취약점보다는 오히려 물리적인 접근통제의 취약한 부분을 이용해 회사의 자산 정보를 획득하는 것이 더 빠른 방법일 수 있다. 출퇴근 시 북적거리는 시간에 출입통제에 대한 경비가 느슨한 틈을 타서 출입하는 직원들의 뒤를 바짝 따라가서 통과하는 경우가 있다. 또한 엘리베이터 층별로 출입카드에 접근제한이 걸려 있는데, 이를 기다리다가 직원들이 하차하는 곳에 함께 내려서 출입문까지도 통과할 수 있다. 방문자 출입증 하나로 사장님 컴퓨터(혹은 비서의 컴퓨터)까지 침투할 수 있는지 확인하는 것도 재미있는 프로젝트가 되지 않을까 싶다.

이처럼 사회 공학 기법은 실생활 및 진단에서도 많이 적용되고 있다. 모의해킹 업무의 범위를 한정 짓지 말기 바란다. 해마다 똑같은 진단 방법, 절차, 대상만 점검하는 것은 어느 시점 이상부터는 무의미해진다. 새로운 접근법을 꾸준히 생각해내고 이를 기반으로 시나리오를 생각하고 실제로 진단하는 과정까지 만들어내는 것도 모의해킹 컨설턴트의 몫이다.

사회공학적 공격을 위한 도구 – SET

SET(Social Engineering Toolkit)는 이름 그대로 "사회 공학"을 이용한 종합 도구 세트다. 취약점 종합 진단 도구인 메타스플로잇 프레임워크와 연결돼 있으며, 대부분 외국 서적에서도 사회 공학 기법의 예를 들 때 이 도구를 많이 활용한다.

사회공학적 공격은 개인 PC를 대부분 공격 대상으로 삼기 때문에 이 도구도 MS 최신 취약점, Adobe PDF 취약점, 자바 애플릿 취약점 등 범용 애플리케이션 대상으로 만들어진 공격코드와 연계되어 구성돼 있다. 사용자가 접근할 때 눈치채지 못하도록 환경을 자동으로 구성하는 역할까지 하기 때문에 손쉽게 사용할 수 있다.

사회공학 기법과 관련해서 참고할 만한 책과 사이트는 아래와 같다.

1. 사회공학 기법 연구 사이트: http://www.social-engineer.org/
   번역본: 사회공학과 휴먼 해킹(에이콘출판사)
2. 네트워크 속의 유령 (에이콘출판사)
3. 해킹, 속임수의 예술 (사이텍미디어)

12 / 모든 것은 수작업으로 이뤄지나요?

Q 모의해킹을 할 때 최고 운영진의 승인을 받은 후 블랙박스 모의해킹을 한다고 가정했을 때 맨 먼저 정보수집 및 풋프린트를 진행할 텐데, 이때는 툴보다는 보통 수작업을 한다고 들었습니다. 그리고 수작업일지라도 백트랙과 같은 도구를 사용한다고 들었는데, 모의해킹에서 정보수집을 할 때는 주로 어떤 도구를 사용하는지 알고 싶습니다.

A 모의해킹 업무를 할 때 '모든 작업을 수작업으로 한다'라고 했는데, 수작업의 의미를 어디에 두느냐에 따라 다르지만 전부를 수작업으로 하는 것은 아니다. 자동 진단도구를 활용한다고 했을 때 아마 아래와 같은 상황이 발생하기 때문에 수작업을 강조한다고 볼 수 있다.

첫째는, 자동도구로 취약점을 어느 정도 다 판단할 수 있다면 모의해킹 업무를 하는 사람들의 의미가 없어질 것이다. 만약 그렇다면 담당자가 좋은 솔루션을 사용해서 진단하면 되기 때문에 더 비싼 외부 인력을 들여와서 할 이유는 없다.

여기서 진단자가 '수작업'이라고 표현하는 것의 의미는 이제 자동도구로 나온 리포트에 대해 '오탐 여부'를 판단하는 과정이다. 값비싼 도구를 쓰더라도 진단자가 확인하지 않는다면 실제 서비스에서 발생한 것인지 장담할 수 없다. 그 결과를 보고 담당자가 모두 파악할 수 있다면 해당 담당자가 바로 모의해킹 업무를 할 수 있는 인력이다.

취약점 진단 도구에는 수많은 항목들이 있다. 실제 모의해킹 진단을 하더라도 해당 항목 안에서 많이 움직인다. 애플리케이션에 신규 취약점을 이용한 공격이 있다면 물론 자동 도구에 반영되지 않을 때는 항목을 추가로 점검해서 리포팅하면 된다. 또, 도출된 취약점은 후에 도구에 반영될 것이다. 입력값 검증 항목, 서버 설정 미흡, 불필요한 백업 파일, 취약한 계정 등에 대해서는 자동화된 도구가 강력한 것은 사실이지만 그 외의 항목에서는 분명히 자동화된 도구로는 절대 찾지 못하는 취약점이 아주 많다.

따라서 꼭 자동화된 도구를 사용하지 않고 '우리는 모든 작업을 수작업으로 한다'보다는 자동으로 진단해야 할 항목과 수작업으로 진단해야 할 항목을 담당자에게 이해시키는 것이 좋지 않을까 생각한다.

둘째는, 자동화된 도구로 인해 서비스에 어떤 영향을 줄 지 정확하게 판단할 수 없다. 혹시나 이 도구로 인해 서비스에 장애가 발생한다면 이로 인해 발생하는 비용은 어마어마하기 때문에 도구 자체를 사용하기를 거부하는 기업도 있다. 그래서 환경 분석부터 시작해 모든 사항에 '수작업'이라는 단어를 사용하면 안심시킬 수 있다.

첫 번째 경우에서도 말했듯이 도구를 활용해서 얻어야 하는 내용이라면 도구를 사용해야 한다. 예를 들어 환경수집 단계에서 불필요한 포트가 열려 있는지 확인해야 할 때 진단자가 하나하나 파악해야 할까? 혹시 이 정도의 스캔으로 네트워크 장애를 걱정한다면 담당자는 자신들이 파악하고 있는 포트 현황에 대해 미리 공개해주면 된다.

진단을 할 때 해당 환경에 맞게 시나리오를 구성하고 어떤 항목에 대해 점검해야 할지 정리한다. 그러한 항목 중에서 어떤 기술이나 도구를 사용할지 나름대로 방법론을 마련해야 한다. 쓸만한 도구를 이용해 효율적으로 취약점을 찾아낼 수 있다면 사용해야 하고, 자동화된 도구로 판단할 수 없는 부분은 서비스의 프로세스를 하나하나 파악해나가며 수작업을 통해 작업해야 한다. 모의해킹 업무는 안에서 작동 중인 프로세스의 결함을 그려가면서 파헤치는 재미를 느껴져야 한다. 그러한 재미를 정해진 시간 동안에 얼마나 느낄 수 있을지는 일하는 과정에서 많이 고민해봐야 알 수 있다.

13 / 사진 한 장만 있는 서비스가 해킹이 되나?

Q 홈페이지에 사진이 딱 한 장만 있다. 이런 상황에도 모의해킹이 가능할까요?

A '홈페이지에 사진이 달랑 한 장'이라는 문구를 보니 예전에 개최된 데프콘 해킹대회가 생각난다. 2007년도나 2008년도쯤에 데프콘 해킹대회에서는 변태스러운 사진 한 장만 있고, 아무런 문구도 없던 문제가 출제된 적이 있다(그때 주말에 문제 풀이를 하는 와중에 아내가 뒤에서 보고 나에게 이상한 눈길을 보냈던 적이 있다). 경험이 없는 사람들은 이 사진을 보면서 어떤 문제를 풀라는 것인지 방향을 잡지 못했다. 이 문제는 해킹대회에서 출제된 문제이기 때문에 분명히 어떤 취약점이 있었다. 그리고 그 허점만 찾아낸다면 자신이 가지고 있는 지식과 기술을 이용해 문제를 풀어나갈 수 있다.

실제 서비스에서도 사진만 달랑 있는 경우가 있을까? 사진만 있으면 다행이다. 아무런 페이지도 없는 서비스도 굉장히 많다. 개발자들이 테스트하는 데 사용하는 서비스가 외부에 노출된 경우도 있고, 파일 서버로만 이용되는 서비스, 메인 페이지에는 아무것도 보이지 않지만 이미지 저장 서버로 사용되는 경우도 많다. 이런 서비스는 공부하면서 구축하는 서버와는 차이가 있다. 공부할 때는 WebGoat[26], Metasploitable[27] 등 수많은 서비스의 취약점이 포함된 환경을 사용하기 때문에 간단한 공격 패턴으로도 취약점 결과를 확인할 수 있다.

그림이 달랑 하나 있거나 혹은 페이지가 없다고 해서 대상에서 제외하는 게 맞을까? 취약점은 동적인 페이지에서만 발생하지 않는다. 웹 서비스 진단을 할 때 자주 고려되지 않는 항목 중 하나는 '최신 보안 미패치' 건이다. 서비스에 접속됐다는 것은 웹 서버가 동작하고 있다는 것이다. 해당 서버에 설치된 버전이 서버 침투에까지 영향을 미칠 정도의 취약점인 경우도

---

26 WebGoat 홈페이지: https://www.owasp.org/index.php/Category:OWASP_WebGoat_Project
27 Metasploitable V2 홈페이지: http://sourceforge.net/projects/metasploitable/files/Metasploitable2/

있다. 이것은 간단한 정보수집으로 알 수 있다.

그림 1-34에서는 웹 서버만 동작하고 특별한 서비스가 작동하고 있지 않는 페이지를 확인
할 수 있다. 이처럼 시스템 운영팀에서도 파악하지 못한 서버와 서비스가 굉장히 많다.

그림 1-34 페이지가 없는 메인 페이지

그림 1-35과 같이 아파치 톰캣(Apache Tomcat) 페이지에는 기본적으로 버전 정보가 노출
된다. 버전 5.5에서는 관리자 페이지까지 노출되는 취약점이 존재하며, 기본 계정으로 설정
돼 있다면 웹서버에 쉽게 침투할 수 있는 취약점이 존재하는 셈이다.

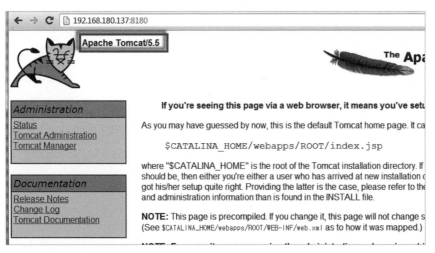

그림 1-35 8180 포트에 존재하는 취약한 톰캣 페이지

또한 페이지가 앞에 없다고 해서 뒷부분도 없다고 보장할 수 있을까? 웹에서 발생하는 상태
코드(2XX, 4XX, 5XX)를 보면서 추가적인 공격을 진행할 수 있을지 판단해야 한다. 많이
사용되는 공개 웹 취약점 도구인 Nikto로도 버전 체크 및 불필요한 파일, 디렉터리 검사가

가능하기 때문에 충분히 활용할 수 있다. 물론 유료 진단 도구가 있다면 더 많은 정보를 수집할 수 있다.

```
root@kali:~# nikto -host 192.168.180.137
- Nikto v2.1.4
---------------------------------------------------------------------------
+ Target IP:          192.168.180.137
+ Target Hostname:    192.168.180.137
+ Target Port:        80
+ Start Time:         2013-07-06 20:02:11
---------------------------------------------------------------------------
+ Server: Apache/2.2.8 (Ubuntu) PHP/5.2.4-2ubuntu5.10 with Suhosin-Patch
+ Apache/2.2.8 appears to be outdated (current is at least Apache/2.2.17). Apache 1.3.42
(final release) and 2.0.64 are also current.
+ Number of sections in the version string differ from those in the database, the server
reports: php/5.2.4-2ubuntu5.10 while the database has: 5.3.5. This may cause false
positives.
+ PHP/5.2.4-2ubuntu5.10 appears to be outdated (current is at least 5.3.5)
+ ETag header found on server, inode: 67575, size: 45, mtime: 0x481ffa5ca8840
+ Allowed HTTP Methods: GET, HEAD, POST, OPTIONS, TRACE
+ OSVDB-877: HTTP TRACE method is active, suggesting the host is vulnerable to XST
+ Retrieved x-powered-by header: PHP/5.2.4-2ubuntu5.10
+ OSVDB-3233: /phpinfo.php: Contains PHP configuration information
+ OSVDB-3268: /icons/: Directory indexing found.
+ OSVDB-3233: /icons/README: Apache default file found.
+ OSVDB-40478: /tikiwiki/tiki-graph_formula.php?w=1&h=1&s=1&min=1&max=2&f[]=x.tan.
phpinfo()&t=png&title=http://cirt.net/rfiinc.txt?: TikiWiki contains a vulnerability
which allows remote attackers to execute arbitrary PHP code.
+ 6448 items checked: 2 error(s) and 11 item(s) reported on remote host
+ End Time:           2013-07-06 20:03:05 (54 seconds)
---------------------------------------------------------------------------
+ 1 host(s) tested
```

서비스가 존재하지 않으리라 판단되는 서버에서 오히려 심각한 영향을 줄 수 있는 취약점이 많이 발견될 수 있다. 사용자가 많이 사용하는 대외 서비스는 항상 신경 쓰기 마련이다. 관리자도 파악하지 못하는 버려진 서비스들(관리자들이 임의로 개발을 하고 난 뒤에 테스트로 올린 서비스나, 서비스가 중지됐는데도 여전히 서버가 공개된 것들)이 많다.

이런 최신 취약점 미패치에 의한 공격 사례는 웹 서비스에서만 해당하는 것은 아니다. 사용자와 임직원들이 접근하는 모든 솔루션 및 애플리케이션도 여기에 포함된다.

Metasploitable v2를 대상으로 한 동영상 실습

http://chogar.blog.me/80170595180

위에서 설명한 시나리오를 기반으로 테스트한 동영상 강의다. 메인 페이지에는 노출되지 않는다는 것을 시나리오(물론 동영상에는 링크가 없다고 가정한다)로 세웠고, 진단 도구를 활용해 접근 가능한 페이지의 취약점을 통해 시스템에까지 침투하는 과정을 보여준다.

14 / 혼자 진단할 때와 팀으로 진단할 때의 차이

Q 모의해킹을 수행할 때 개인으로 일을 하나요? 팀으로 할 때는 주로 어떤 식으로 진행해야 수월하고 효과적으로 결과를 얻을 수 있나요?

A "모의해킹 진단 업무를 하는데 혼자 투입되는 경우와 팀으로 투입되는 경우의 진행 차이"를 묻는 것으로 이해하고 답하겠다.

모의해킹 업무는 인증(ISMS, G-IMMS, PIMS, ISO 27001 등)의 기술적 진단 중에서 진단 항목으로 포함되어 진행되는 경우가 많다. 특히 ISMS 인증 의무화로 인해 그 비중은 더욱 높다. 인증 컨설팅에 대한 전체 투입 M/M는 상당히 크지만 그 안에 기술적 진단 중 모의해킹의 비중은 높지 않다. 그렇다 보니 혼자 투입되거나 규모에 비해 짧은 기간에 투입되는 경우가 있다.

어떤 업무든 혼자 프로젝트를 진행하기란 어렵다. 수행 과정에서 고객과의 커뮤니케이션, 결과보고서 작성, 결과에 대한 담당자/개발자 교육, 문의사항의 대응 등 상당한 양의 업무를 처리해야 한다. 프로젝트의 전체 책임은 프로젝트 매니저와 본부장이 지겠지만 그럼에도 업무의 부담감은 만만치 않다. 또한 모의해킹 업무는 크로스체크가 많이 필요한 부분이다. 진단자마다 자신이 많이 보는 항목들이 있다. 어떤 멤버는 SQL Injection 기법을 기가 막히게 하는 경우가 있고, 어떤 멤버는 XSS 공격 기법을 기가 막히게 우회하곤 한다. 이는 결과보고서를 보면 진단한 멤버들이 어떤 기법을 중점적으로 봤는지 단번에 알 수 있다.

무수히 많은 공격 기법에 대한 대응책이 다양하고 깊이 있게 서비스에 반영되려면 멤버들의 교차검토를 통해 부족한 부분을 채워가야 한다. 매일 진단한 내용을 리뷰하고 부족한 공격들이 무엇이고, 더 진행해야 할 점, 시스템 침투나 개인정보 획득을 위해 어느 부분을 중점적으로 봐야 할지, 어떤 침투 시나리오가 이 서비스에 획기적일지에 대해 팀원들과 이야기해서 풀어나가야 한다. 모의해킹 업무는 이런 시나리오 안에서 도출되는 아이디어를 현실화하는 재미가 쏠쏠하다. 이런 재미가 없다면 본인이 가지고 있는 지식을 매일매일 똑같이 사용하는 것에 불과하다.

프로젝트 매니저를 맡게 되면 위에서 언급한 부분을 고려해 팀원들이 서로 부족한 지식을 채워나갈 수 있게 조절해야 한다. 취약점이 도출되기 어려운 상황에서는 해당 서비스에 심각한 영향을 줄 수 있는 취약점이 나올 수 있는 부분을 집중적으로 파헤칠 수 있는 인원들에게 집중시키고, 다른 인원들은 다른 항목들을 채워나가는 방법이 좋다.

취약점이 도출되기 시작하면 이전에 나온 취약점들을 가지고 해당 지식이 부족한 팀원이 한 번 더 해당 시스템에서 테스트할 수 있게 배려하는 시간도 할당해야 한다. 프로젝트가 완료되면 해당 시스템과 동일한 환경을 다시 마주치기 힘들 수 있다. 어떤 경우든 환경은 조금씩 다르기 때문이다.

동일한 취약점이라도 접근하는 방법은 다양한 경로를 통할 것이고, 경로에 따라 많은 공격 기법들을 대입할 수 있다. 이런 경험을 많이 하게 해야 팀원들이 함께 발전할 수 있다.

나는 "쇼핑을 잘해야 모의해킹도 잘한다"라고 이야기하곤 한다. 그만큼 자신이 목표를 잡은 서비스에 관심을 두기 바란다. 모바일 게임 서비스에 관심이 있다면 모바일 게임 서비스의 원리를 비롯해 어떤 함수들을 사용하고 있는지 알려면 모바일 게임 서비스와 관련된 책을 구입해서 보거나 관련 자료를 찾아보는 노력이 필요하다. 다른 사람들이 내놓은 진단 기법이나 가이드에만 의지하지 말고 자신만의 진단 방법론 및 가이드를 만들어가는 것이 중요하다.

쇼핑을 잘해야 모의해킹도 잘한다.

악의적인 목적으로 시스템에 침투한다고 생각해보자. 운좋게 공격이 한 번에 성공할 수 있는 방법을 찾아낸다면 정말 환상적이다. 하지만 공격자는 하나의 취약점을 찾아내기 위해 엄청나게 많은 시도를 한다. 자신이 생각한 모든 시나리오를 생각하고, 모든 경우의 수를 다 던지면서 목표를 위해 열심히 달린다.

진단자 입장에서도 똑같이 해야 한다. 모의해킹 진단을 하러 갔는데 시스템/네트워크/서비스에 대해 이해하지 않은 상태에서 무조건 기술을 적용하는 것은 잘못된 접근법이다.

쇼핑몰 서비스를 진단한다고 하자. 악의적인 공격자는 목표를 위해 수일, 수개월 혹은 수년에 걸쳐 계속 서비스를 분석할지도 모른다. 하지만 진단자는 정해진 시간에 참으로 많은 것을 점검하게 된다. 할당된 시간에 비해 모든 대상의 세세한 부분까지 보는 데는 한계가 있다.

즉, 쇼핑몰 서비스에서 발생할 가능성의 모든 부분을 점검해야 하는데, 그렇게 하기에는 서비스의 범위가 너무 방대해서 쇼핑몰 서비스를 이해하는 것만으로도 일정이 부족할 것이다. 그냥 기계적으로 파라미터 값을 넣어 공격해보고, 게시물에 글을 등록해보는 데 그친다. 그리고 자신이 많이 점검했던 항목에 대해서만 생각하고, 혹은 자신도 모르게 기계적으로 적응된 순서에 따라서만 접근하다가 진단을 마무리한다. 이것은 결과에도 분명히 좋지 않다.

어떤 서비스/플랫폼을 진행하든 그것을 이해하고 있어야 한다. 점검하는 서비스들이 쇼핑몰 서비스라면 쇼핑을 많이 해보거나 각 메뉴 페이지를 많이 클릭해봐야 한다. 사용자가 어떤 루트를 통해 제일 많이 접근하는지도 생각해봐야 한다. 사용자들이 상품을 보고 관심상품에 넣고, 카트에 넣는 과정에서 어떤 혜택들을 더 기대할지에 대해서도 고민해봐야 한다.

자, 예제를 하나 보자. 쇼핑몰 서비스에서 사용자가 물티슈를 사려고 한다고 가정하자. 진단자는 생각한다. 여기서 발생할 수 있는 주요 취약점 중 하나는 "가격 결제 금액 조작"이다. 이때 로컬 프록시 서버(Burp, Paros)를 이용하거나 인터넷 익스플로러의 개발자 도구를 활용하거나, HTML 페이지를 수정해서 재반영해도 된다. 이러한 기술은 분명히 어떤 책에서든 언급하고 있기 때문에 어려운 부분은 아니다.

문제는 금액만 생각하는 것이다. 사용자들은 상품을 살 때 저 가격 그대로 구입하기를 원할까? 인터넷 쇼핑을 많이 하지 않은 사람은 현금결제를 하든 카드결제를 하든 바로 금액만 보고 진행한다. 하지만 쇼핑을 두세 번 하다 보면 조금이라도 저렴하게 구입하기를 원한다. 그래서 모든 제휴카드 정보를 보고, 쿠폰도 사용하고, 마일리지도 사용한다. 배송비(아래는 무료이지만)도 한번 유심히 보자.

그림 1-36 G마켓 쇼핑몰 예제(내용을 설명하기 위한 예제로 활용한 것일 뿐 취약점이 있는 것은 아님)

상품 옵션을 보니 한 가지 상품만 판매하는 것은 아니다. 여러 가지 상품이 있고, 금액이 더해지거나 빠지는 식으로 적용된다. 이 부분도 어떤 프로세스이고 어떤 값으로 전달되는지 봐야 한다. 쿠폰도 종류별로 많이 발급하고 있다. 일반멤버와 VIP멤버의 쿠폰 발행도 다르다. 스탬프를 통한 쿠폰 발급도 다르다.

요즘 소셜커머스 앱을 보면 쿠폰을 구입해 친구들에게 선물을 주는 기능이 포함돼 있다. 이러한 경우에는 전달 과정에서 중복으로 사용할 수 있는지, 동일한 쿠폰을 복제해서 여러 명에게 전달할 수 있는지 등등 재미있는 시나리오를 구상할 수 있다.

나는 인터넷 쇼핑몰도 많이 이용하고 직접 진단한 경험을 토대로 이야기하기 때문에 쉽게 접근하는 것 같지만, 이런 접근 시나리오는 많이 겪어봐야 한다. 진단할 때만 관심을 가지는 것이 아니라 평소에도 많은 서비스를 이용해봐야 한다. 그래서 모의해킹 진단을 많이 하다 보면 다양한 분야를 깊이 있게 알 수 있다는 장점이 있다.

아울러 인터넷 서비스만 해당하는 것은 아니다. 사용자들이 모바일 서비스를 많이 이용하게 됨으로써 모바일 앱에 대한 진단 비중도 크게 증가하고 있다. 게임 모바일 앱을 진단한다고 하면 게임도 많이 이용해봐야 한다. 게임플랫폼에서 운영되는 게임은 어떤 프로세를 통해 결제가 이뤄지고, 소스코드에서 정적으로 진행되는지, 서버와의 지속적인 통신을 통한 방법인지도 파악된다. 국내의 한 유명 게임사에서는 면접을 할 때 "게임 캐릭터의 레벨이 얼마인가?"를 물어본다고 한다. 이는 게임에 얼마나 관심이 많은지 판단하기 위해서다. 서비스를 이용해 봐야 자동사냥을 위해 사용하는 프로그램으로 어떤 것들이 있고, 골드파머(Gold Farmer)[28]가 무엇인지, 아이템 탈취가 어떤 식으로 이뤄지는지 알 것이 아닌가? (참고로 나는 게임을 즐겨 하지 않아서 서비스 점검에 어려움이 있다.)

쇼핑몰 해킹 사례 – 우리는 어떻게 증명을 할까?

쇼핑몰 해킹해 사이버머니 44억 챙긴 일당 기소

http://m.news.naver.com/read.nhn?mode=LSD&sid1=102&oid=001&aid=0006648437

(단축 URL: http://goo.gl/wKaMcq)

쇼핑몰 해킹 사례를 보면서 모의해커들을 경험할 수 있는 사례를 살펴보자. 이 사건은 보유하고 있는 마일리지를 조작해서 제품을 구매할 때마다 차감되는 것이 아니라 증액되는 현상을 이용한 사례다.

앞에서 내가 쇼핑몰을 자주 이용해보면 이런 허점들을 찾을 수 있다고 이야기했는데, 정확하게 이 범죄자들도 그러한 허점들을 본 것이다. 마일리지뿐만 아니라 할인권이나 각 상품에 부여되는 추가 금액을 조작하는

---

28 골드파머(Gold Farmer): 판매를 목적으로 온라인 게임 가상 화폐와 아이템을 전문적으로 모으는 사업체에서 일하는 사람. 황금을 캐는 농부라는 뜻

등 최종 금액을 조작할 수 있는 시나리오는 너무나 많다.

보안 측면에서 봤을 때 여기에는 중요한 두 가지 문제가 발생한 것이다.

첫째는, 소스코드에서 입력값에 대한 검증이 제대로 이뤄지지 않았다는 것이다. -, +를 검증하지 않아 최종 금액에서 검증할 수 있는 단계를 우회한 것이다.

둘째는, 주문에 대한 상시 모니터링 프로세스가 미흡하다는 문제. 비정상적으로 마일리지 값이 생성되거나 빈번하게 마일리지로 상품권을 교환하는 과정을 로그를 통해 상시모니터링함으로써 비정상적인 거래를 탐지할 필요가 있다.

사고가 발생한 이유는 크게 앞에서 설명한 두 가지지만, 이 사이트가 정기적으로 외부 컨설팅 업체를 통해 취약점 진단을 받고 있다면 잘잘못을 따지기가 매우 어렵다. 이제까지 이런 사례로 진단업체까지 보상한 경우는 아직 없다. 국내에 굵직한 해킹사고가 일어났을 때도 아직까지 배상 여부에 대한 사례는 없었다. 그렇지만 고민해볼 만한 해킹사고다.

진단원들은 이 시나리오를 생각하지 못하고 그냥 지나갔을까? 아니면 진단은 했는데 당시에는 취약점이 발생하지 않았을까? 혹은 진단 범위에서 빠져 있었을까? 고객에게 해당 내용을 전달할 때도 분명히 남아 있는 것은 "취약점이 발견된 내용만 포함된 보고서"인 경우가 다수일 것이다. 운좋게 진단할 때 이런 시나리오를 이용한 취약점이 발생했는데 개발자들이 이를 패치하지 않았다면 진단원이 책임질 일은 전혀 없다. 그렇지 않다면 대부분 "모의해킹 진단 일정 및 범위"에 대한 한계를 내세운다. 그렇지만 이에 대한 이미지 타격이 심각할 수밖에 없다.

그래서 프로젝트 매니저들을 중심으로 진단팀원들은 항상 다양한 시나리오로 접근해야 한다. 사용자들이 경험할 수 있는 모든 행위를 예측하면서 꼼꼼하게 검토해야 한다. 그리고 공격에 성공한 사례뿐만 아니라 실패한 사례도 히스토리에 남기면서 서로 리뷰해 나가야 한다.

개발 단계에서 최종적으로 품질관리(QA)를 하게 된다. 그때 검토하는 항목들을 보면 모의해킹 때 쓰는 시나리오는 너무 적어 보인다. 그러한 항목에서 보안상 이슈가 될 만한 것을 만들어가는 것이 해당 프로젝트만의 방법론이라고 할 수 있다.

취미활동이 취약점을 찾아낸 사례

취미활동이 보안과 연결된 사례가 있다. 나는 전자책 서비스를 즐겨 쓴다. 주로 스마트폰을 이용해 출퇴근 시간에 책을 읽는데, 전자책에 관심이 있다 보니 콘텐츠의 포맷으로 사용되는 epub 파일에 관심이 생기기 시작했다. 처음에는 콘텐츠 생산에 중점을 뒀지만, 직업병이라고 해야 할까, 금방 보안 쪽으로 눈을 돌렸다. 그 결과, epub 관련 취약점을 찾아내고 발표했다.

전자책 서비스앱의 보안 취약점 발견(데일리시큐):

http://www.dailysecu.com/news_view.php?article_id=4270

이처럼 한 분야에 대해 취약점을 발견하려면 여러 쓰임새에 관심을 둬야 한다. 페이지를 작성할 때 HTML
의 불필요한 태그를 제한하거나 강제적으로 삭제하게 되는데 전자책 서비스에서는 이를 고려하지 않은 것
이다. 전자책 서비스는 앞으로 생동감 있는 기능을 위해 동적 페이지를 많이 사용할 예정(epub 3.0)이므로
이를 차단한다면 본래의 의미가 사라지기 때문에 현재 적절한 방안은 없다. 이는 웹 서비스를 제작할 때 사
용자의 편의를 더 제공하느냐 보안을 더 강화하느냐의 문제와 동일하다.

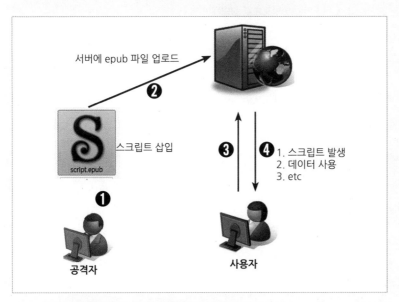

그림 1-37 epub 파일에 악성 스크립트를 삽입하는 절차

모의해킹 컨설턴트를 하면서 자신이 담당하는 진단 영역에 정통하려고 노력하지 않는다면 그것은 모의해
킹이 아니라 단지 체크리스트 기반의 진단에 불과하다. 이는 진단하는 사람도 진단을 받는 사람에게도 도움
이 되지 않는다. 정말 모의해킹을 하고 싶다면 무엇이든 관심을 가져보고 즐겨보자!

15 / 다른 업체에 의해 취약점이 발견된다면?

Q 모의해킹을 수행한 후 다른 업체 혹은 국정원 감사 등을 통해 진단 시 놓치거나 혹은 새로운 취약점 등이 발견됐을 때 이것은 진단자의 실수나 기술력 부족으로 설명해야 할까요?

A 질문 내용을 보면 정말 상상하기 싫은 상황 중 하나다. 이런 일은 컨설팅 업무를 하면서 종종 경험한다. 이슈도 나름 뽑아내고 결과보고서의 분량도 만족할 정도로 끝난 프로젝트라고 생각하고 내년을 기약하며 떠난다. 그렇지만 감사에 의해 다른 취약점들이 발견됐다는 보고가 들어왔을 때는 그 기쁨은 바로 사라지고 그때 수행한 멤버들은 긴장하게 된다.

컨설턴트 입장에서는 충분히 설명한다. "프로젝트 기간에 밝혀진 취약점과 관련해서 기간 내에 찾을 수 있는 것은 모두 검토했습니다. 하지만 시간이 지나고 페이지가 수정되면 새로운 취약점이 나올 수 있습니다."

고객에게 이처럼 타당한 이유를 설명했을 때 고객이 이를 이해하고 넘어가면 다행이다. 그렇지만 모든 고객이 그리 쉽게 넘어가지는 않는다. 그때의 상황과 현재의 상황을 모두 따지면서 결국 컨설턴트의 잘못으로 몰아간다. 안타까운 일이다.

진단에 문제가 있는 상황은 있다. 예를 들어, 인증 페이지에 평문 전송이 아닌 암호화 통신이 이뤄져야 하는데, 취약점이 도출된 상태인데도 해당 항목을 체크하지 않아 결과보고서에 기재하지 않았다면 이것은 명백하게 실수한 것이다.

반면 다른 경우도 살펴보자. 입력값 검증을 수행하는 데 수많은 변수가 있다. 서비스의 모든 페이지에 모든 변수를 블랙박스 모의해킹 관점(외부 비인가 입장)에서 체크하기란 힘들다. 보고서에는 대표적인 기능에서 발생한 예제를 두고, 동일한 보안모듈로 검증하도록 권고한다. 이후에는 관리자 및 개발자가 업무 협의를 통해 동일한 취약점이 발생할 가능성이 있는 변수에 대해 보안을 적용해야 한다. 이를 위해 화이트박스(소스코드 진단) 방식의 진단이 필요하고, 개발 과정의 보안성 검토가 필요하다.

이 밖에도 다양한 상황이 발생할 수 있기 때문에 고객과 컨설턴트가 상황을 잘 파악한 뒤에 서로 잘못된 부분에 대해서는 명확히 시인하고 잘 해결해나가야 한다.

전자의 경우처럼 컨설턴트의 잘못이 맞다면 이런 실수를 고쳐나가면 된다. 그런 경험이 바탕이 돼야 훌륭한 관리자가 되고 후배들을 이끌 수 있지 않겠는가?

모의해킹 진단을 할 때는 모든 것을 알지 못한 상태에서 진행한다?

모의해킹을 수행할 때 고객사에서 추가적인 정보를 요구하는 것은 잘못된 것이 아니다. 모의해킹은 회사의 대외적인 서비스를 통해 발생할 수 있는 위협들을 평가하는 것이지, 진단자의 해킹 실력을 평가하는 것이 아니기 때문이다.

실제 사례를 살펴보면 어떤 관리자들은 취약점이 도출됐을 때 자신에게 주어지는 불이득이 있을까 하는 걱정이 우선이다. 그래서 "해커라면 정보를 알지 않은 상태에서 다 침투가 가능해야 하는 거 아닌가? 정보를 알면 그게 진단의 의미가 있나?"라는 이유로 요구사항을 무시할 때가 있다. 어떤 경우에는 진단 관점을 달리해서 모의해킹보다는 자신이 얼마나 잘 방어하고 있는지 평가하는 목적으로 할 때가 있다. 그래서 정보보호시스템을 모두 동원해서 공격을 차단한다. 하지만 그렇게 해놓고 공격에 대한 좋은 결과물이 나오기를 바라는 것은 억지가 아닌가?

모의해킹 진단자에게 주는 수많은 서비스 가운데 자신들도 제대로 파악이 안 되는 서비스가 많다. 이처럼 많은 서비스들을 짧은 시간 동안 수행하게 되는데 당연히 그 과정에서 궁금한 부분이나 변수가 많이 생길 수밖에 없다. 진단 서비스에는 포함돼 있는데 서비스가 작동하지 않는 경우가 있다.

로그인하면 매우 큰 서비스일 것이라고 판단되는데 승인 지체로 인해 계정 정보를 요청할 수도 있다. 관리자에게 특정 메시지를 보내서 취약성 여부를 판단해야 하는 경우도 있다. 이런 상황뿐만 아니라 일일보고에 쓰여진 결과들을 보면서 추가적으로 점검해야 할 부분이 있다면 진단자에게 요청할 줄도 알아야 한다.

또한 도출된 취약점이 실제 서비스에 어떤 위협을 줄 수 있는지 자체적으로 평가해봐야 한다. 진단이 완료되는 시점까지 실무자와 진단자는 협업관계를 통해 컨설팅 업체에 투자한 만큼 뽑아야 하는 것은 당연한 것이다. 관리실무자는 모의해킹이 진단 업무만 맡아 하는 것이 아니기 때문에 평소에 궁금했던 부분을 공유해나가며 개선점을 찾는 것이 좋다. 오히려 관리자만 알고 있던 취약점들도 공유해서 진단자와 더 의미 있는 데이터를 뽑아내는 것이 좋지 않을까?

관리자가 사소한 정보라고 해서 공유하지 않으려고 한다면 차를 마시면서 하나하나 정보를 캐는 것도 나름 재미있는 일이다. 이게 사회 공학 기법이고 모의해킹에도 꼭 필요한 항목이다.

16 / 모의해킹을 하면서 제일 기억에 남는 에피소드는?

Q&A

Q 모의해킹을 하면서 제일 기억에 남는 에피소드는 무엇인가요?

A 하루하루를 자신이 좋아하는 일을 하고 오늘은 어제와 다르게 생활하면 많은 에피소드가 생긴다. 매일 반복하기만 하는 업무에서는 창의력도 생기지 않고, 심지어 지칠 수도 있다. 이런 이야기를 미리 하는 이유는 사실 답변과는 상관없고 단지 '에피소드'에 대한 내 생각을 이야기하고 싶어서다.

모의해킹 업무를 하다 보면 당연히 에피소드는 넘쳐난다. 어떤 회사에 들어가든 초년생 때는 모든 것이 다 새롭다. 자신이 하고자 했던 일에 기대를 안고 업무용 노트북을 만졌을 때는 사이트의 모든 권한을 획득할 수 있으리라는 기대를 한다. 벌써부터 머릿속에는 이제까지 배운 기술을 가지고 이리저리 정보를 빼내고 있다. 그렇지만 기대가 큰 만큼 취업 준비를 하면서 사용했던 취약한 서버와 달리 현업에서는 쉽게 취약점이 나오지 않는다는 점을 깨닫는다. 매년 취약점 진단을 받았고, 보안 개발 프로세스가 잘 구축된 고객사라면 더욱 실망감이 다가온다.

나도 회사에 들어간 지 몇 주 되지 않아 이런 고객사를 진단한 기억이 남는다. 책에 나오는 기법들, 내가 공부했던 방법들을 다 동원했는데도 당최 원하는 정보가 나오지 않는 것이다. 며칠을 노력하고 프로젝트 막바지가 다 돼도 크리티컬한 취약점이 도출되지 않았다. 그때 함께 들어갔던 프로젝트 매니저가 받은 스트레스는 내가 받았던 것보다 몇 배는 더 많았을 것이라 생각한다. 그렇지만 포기하지 않고 며칠 동안 한 취약점에 매달려 보고서에 당당히 쓸 만한 취약점이 나왔을 때의 그 쾌감이 모의해커의 길을 선택한 보람을 느끼게 해주었다. 그날 즐거운 퇴근길에 선임과 술을 마시는데, 정말 꿀맛 같았다.

두 번째는 무선 네트워크 진단을 할 때 겪은 에피소드다. 2007년에서 2008년 사이에 무선 네트워크가 고객사 건물에 급격하게 설치되면서 서비스 진단 요청이 많이 들어왔다. 회사에서 처음 시도한 영역의 프로젝트를 성공적으로 완수했던 사람한테 기대를 많이 하는 것인지, 무선 네트워크 진단만 있으면 투입 1순위였다. 무선 네트워크 진단은 건물 안에 계속 있기보다는 건물 밖에서 진단하는 시간이 많다. 건물 밖에서 돌아다니면서 고객사에서 탐지되는 AP에 대해 침투가 가능한지 파악하는 것이 1차적인 목표다. 지금은 WPA2-PSK 암호화 설정과 WIPS(Wireless IPS: 무선 네트워크 침입 차단 시스템)가 도입된 곳이 많기 때문에 크랙을 통한 공격에는 어려움이 있지만 당시에는 WEP 키를 사용하는 곳이 많았다. 무선AP에 침투하면 유선으로 연결된 컴퓨터에 침투하는 것보다 파급력이 더 컸다. 무선AP에 연결된 모든 대역에 접근할 수 있기 때문이다.

내가 말하고 싶은 것은 이런 기술적인 에피소드가 아니라 무선 네트워크 진단을 할 때는 체력이 강해야 한다는 것이다. 온종일 컴퓨터 앞에 앉아 일하고 평소에 운동도 하지 않는 사람은 무선 네트워크 진단을 하면 며칠 못 가서 체력이 바닥나버린다. 무선 네트워크 진단은 투입 M/M를 산정할 때 진단할 대상의 개수를 가지고 하는 것이 아니라 건물의 규모(건물 외부에서 진단하는 것과 건물 내부에서 진단하는 것을 포함)로 결정된다. 그만큼 진단자가 진단 도구인 노트북과 안테나를 들고, 큰 건물을 돌아다니는 것이 투입 시간에 들어간다.

취약하게 설정된 무선AP를 빨리 찾는 것은 운이 좋아야 일어나는 일이고, 그렇지 않다면 결코 쉬운 업무가 아니다. 아주 더운 한여름이나 매우 추운 한겨울에는 무선 네트워크 진단 일정을 잡지 말라고 권하고 싶다. 이때 일정을 잡는다면 팀원을 아끼지 않는 매니저라고 봐야 한다. :) 나도 한겨울에 공원에 앉아 키보드도 칠 수 없을 정도로 손이 얼어 고생한 경험이 있고, 한여름에 정말 상상도 못하는 규모의 건물을 돌아다니며 진단한 사례가 있다. 진단이 문제가 아니라 우선은 체력이 버틸 수 있을지 고민해야 한다.

또한 고객사의 사무실에 설치된 AP가 대상인데 직원들에게 미리 공지사항 없이 진단할 때는 마땅한 자리도 배정되지 않는다. 특히 매장에 설치된 POS 단말기기나 매장직원들이 사용하는 회사 노트북이라면 더욱 그렇다. 배터리가 부족한 노트북을 충전할 때는 매장의 어떤 위치에서든 콘센트가 있다면 그 주위로 드러눕거나 앉거나 해야 한다. 이러다가 지나가는 관리직 직원분들을 만나면 진짜 범죄자가 되는 양 어색함을 느끼게 된다.

이왕 무선랜에 대해 언급했으니 가이드를 한번 보고 가자. 무선랜 보안에 대해 자세하게 알고 싶다면 한국인터넷진흥원에서 배포하는 '무선 보안 가이드'를 꼭 참고하길 바란다.

단축URL: http://me2.do/5Maeo2PQ

원본URL: http://www.kisa.or.kr/jsp/common/down.jsp?folder=uploadfile&filename=%EC%A0%9C2010-12%ED%98%B8-%EB%AC%B4%EC%84%A0%EB%9E%9C_%EB%B3%B4%EC%95%88%EC%95%88%EB%82%B4%EC%84%9C(%EB%82%B4%EC%A7%80)%EC%B5%9C%EC%A2%85.pdf

무선 네트워크를 진단하면서 발생한 또 다른 에피소드

무선 네트워크 진단에서 자주 나오는 취약점은?

무선 네트워크를 진단하면서 무선AP 인증이 되면 그 뒤는 생각보다 쉬운 공격으로 달성할 수 있는 취약점이 많이 발견된다. 특히 무선AP와 관련된 취약점은 인가되지 않은 것을 사용해서 발생한 경우가 많다. 이때는 개인PC가 연결돼 있는데, 임직원들이 임의로 폴더를 공유하고 암호를 걸지 않기 때문에 노출이 심하다. 공유된 폴더에는 회사의 자산문서들이 많다. 심한 경우에는 고객들의 개인정보, 자산정보가 대량으로 공유돼 있기도 하며, 이러한 문서는 암호화돼 있지 않은 것이 대부분이다. 물론 그래서 지금은 개인PC에 고객정보를 보관하지 말라고 하며, 문서 내에 있는 개인정보에 대해서는 애플리케이션에서 지원하는 암호화 기능을 이용하라고 가이드한다. 혹은 모든 문서를 DRM 솔루션을 이용해 암호화를 강제한다. 정기적으로 개인PC 및 인프라 네트워크 보안 설정의 취약점을 진단하는 이유도 이런 공격을 예방하는 활동이라고 할 수 있다. 어떤 경로든 외부에서 침투할 허점이 생길 수 있기 때문에 기본적인 보안을 잘 준수해야 한다.

또한 무선AP는 내부 시스템에 연결돼 있는데 내부에 있는 서비스는 정기적으로 취약점 진단 대상에서 후순위로 배정될 때가 많다. 관리자조차도 계정을 취약하게 설정해서 계속 사용하기 때문에 공격자에게 노출될 가능성이 높다. 공격자가 생각하는 패스워드 패턴이나 관리자들이 생각하는 패턴은 비슷하다. 이래서 경험상 나타나는 추측 공격의 패턴이 제일 무섭다.

무선 네트워크 진단을 할 때는 무선에만 집중하지 말고 윈도우 시스템을 공격하는 기법들을 많이 준비하고 가기 바란다. 모든 작업을 수동으로 할 수는 없기 때문에 대역을 빠르게 스캔해서 정보를 수집하는 도구도 좋다. 한 가지 늘 명심할 사항은 스캔하는 과정에서 도구의 복잡한 옵션들은 개인PC에 설치돼 있는 보안 솔루션에 노출되거나 네트워크 장애가 발생할 수 있으니 충분히 테스트하길 바라며 최소한의 옵션을 사용하라는 것이다.

특히 무선AP에 접속할 수 있다는 것은 내부 서비스에 접근할 수 있다는 의미이다 보니 해당 대역에서 탐지할 수 있는 PC가 많이 존재할 것이다. 내부 서비스는 중요 부문에 암호화 통신을 적용하지 않는 경우가 많다. 따라서 패킷 정보를 자세히 보면 수많은 계정 정보가 평문으로 전송되는 모습을 볼 수 있는데, 이때 스푸핑 공격이 패킷을 수집하는 데 확실한 방법이다. 그래서 스푸핑 도구를 많이 사용하게 되는데, 이때는 정말 주의해야 한다. 스푸핑 공격은 PC의 라우팅 테이블에 등록된 MAC 주소 정보를 수정하게 하기 때문에 이로 인해 네트워크 장애가 발생할 확률이 높다.[29] 허브 환경이라면 스푸핑 공격 없이도 패킷을 모을 수 있기 때문에 이런 공격 시나리오를 진행하기 전에 한번 더 환경을 고려하고 담당자와 협의하기 바란다.

무선 네트워크를 진단할 때 어떤 작업이 가장 체력적인 부담이 클까?

조금 엉뚱한 생각을 해봤다. 무선 네트워크를 진단할 때 체력적인 부담을 느낀다고 했는데, 그렇다면 건물의 어떤 위치에서 어떤 항목을 진단할 때 제일 체력적인 부담이 클까?

무선 네트워크를 진단할 때 크게 3가지 관점(취약한 키로 설정된 AP를 크랙해서 내부 시스템에 접속 가능한지 여부 확인, 비인가AP를 이용해 내부 시스템에 접근 가능한지 여부 확인, 내부에서 외부AP에 접속 가능 여부를 확인해 내부 시스템과 외부 시스템의 연결고리가 생길지 확인)에서 진행된다. 물론 그 안으로 들어가면 기술적/관리적인 부분이 세분화되지만 이 책에서는 그러한 부분까지 언급하지 않겠다.

첫째는 사무실 네트워크에 연결돼 있는 인가되지 않은 AP(Rogue AP라 칭함)와 사무실에서 인가했지만 취약한 키 설정, 관리자 페이지 접근 제한 미흡 등으로 인한 취약점 진단이다. 이는 건물 외부에서 접근해 내부 시스템에 연결/침투가 가능한지 확인하는 시나리오다. 그렇기 때문에 우선 건물 주위를 돌아다닌다. 건물 주위를 도는 것은 그렇게 큰 일이 아니다. 몹시 큰 공장단지나 공공단지의 공원이라도 반나절 이내로 다 돌면서 진단할 수 있다. 날씨가 험하면 고생은 하겠지만 말이다.

다음으로 진단했을 때 신호가 매우 약하게 잡힌 AP가 있다면 이제 건물 안으로 들어가야 한다. 건물 안의 사무실을 돌아다니면서 해당 AP를 찾아다닌다. 그리고 밖에서 탐지되지 않은 AP들도 새로 신호가 잡히면서 진단이 이뤄진다. 이때부터 건물 층에 따라 체력을 안배해야 한다. 건물 밖은 건물의 둘레만 고려하면 된다. 그렇지만 건물 안에서 진단할 경우 10층이라고 한다면 건물 내 한 층의 면적을 10번을 반복해서 돌아야 한다. 그래서 건물 밖에서 진단하는 것보다 건물 안에서 진단하는 게 체력 소모가 더 크다.

다행히도 요즘에는 무선 네트워크 진단을 하는 인원을 보면 태블릿 PC로 진행하는 경우가 많다. 그만큼 시대가 좋아졌다고 할까? 터치팬을 이용해 각 건물을 돌아다니면서 진단하는 모습을 보면서 이전에는 노트북의 배터리 충전 같은 사소한 문제부터 무거운 노트북을 들고 다니면서 무선 네트워크를 진단했던 기억이 떠올라 왜 이렇게 부러운지 모르겠다.

29 ARP 스푸핑 공격 및 대책 참고: skensita.tistory.com/attachment/nk3.pdf

안테나는 항상 테스트가 중요한 거지... 어르신의 한 말씀

2008년 늦은 가을에 여의도 공원 근처의 회사를 대상으로 무선 네트워크 진단을 한 적이 있다. 건물 밖에서 진짜 공격자처럼 수행하는 시나리오였기 때문에 여의도 벤치에 앉아 무선 네트워크 진단을 수행했다. 장거리 신호까지 캡처할 수 있는 고급 무선안테나를 들고 수행하면 좋겠지만 들고 다니기에는 너무 불편하기 때문에 그림 1-38과 같은 '캔테나' 장비를 이용했다. 한번 상상해보자. 노트북을 들고 한쪽 손에는(혹은 함께 투입된 팀원이 들어주고) 캔테나를 드는 모습을.

그림 1-38 **캔테나: 무선네트워크 진단 장비** 출처: http://tcom.tistory.com/144

이런 자세로 한동안 벤치에서 진단하다가 신호가 잡히지 않아 계속 이동하면서 무선 네트워크 진단을 진행했다. 횡단보호를 건너면서도 계속 노트북과 캔테나를 들고 진행했고, 버스에 있는 사람들은 우리를 무척이나 신기하게 바라봤다.

그러다가 어떤 남성 어르신 한 분이 지나가면서 우리를 뚫어지게 쳐다보셨다. 그러더니 "안테나를 테스트하려면 열심히 측정해 봐야지"라고 하시면서 나름 격려해주셨다. 우리는 그 말을 듣고 한동안 웃음이 터져나왔다.

마지막으로 기억에 남는 것은 '관리자 낚시'다. 이런 용어를 쓰는 것에 조금 죄송하지만 관리자 페이지를 검토할 때 꼭 필요한 부분이라 언급한다. 나는 모의해킹을 할 때 맨 먼저 사이트맵을 보고 메뉴를 보면서 어떤 공격과 시나리오로 접근할 수 있을지 고민하고, 그런 다음 1:1문의 게시판(관리자에게 문의하기)에 들어가서 스크립트를 삽입한다. 스크립트는 관리자를 공격자가 미리 설치해둔 악의적인 서버로 유도하는 것이면 된다. 스크립트에는 세션 정보를 획득하는 기능이 포함돼 있는 것이 대부분이지만 저자는 Beef[30]라는 도구를 자주 활용한다.

나는 이것을 '낚시'라고 표현한다. 이 작업을 하는 이유는 명확하다. 웹 서비스를 개발할 경우 대부분 사용자 페이지와 관리자 페이지가 분리돼 있다. 대외적으로 보여주는 사용자 페이지는 개발 단계부터 보안성 검토를 진행하며 신경을 쓰고, 서비스를 개시하고 난 뒤에도 정기적으로 모의해킹 진단을 받기 때문에 보안상 안전한 것이 대부분이다.

반면 관리자 페이지는 사용자보다 이용해야 하는 기능이 많기 때문에 사용자 페이지보다 보안상 취약한 부분이 존재한다. 그래서 소스코드 차원에서 보안을 권고하면 기능상 필수적인 것이 있다고 반박하고, 관리자 접근 제한 및 보안장비 통제 등 다른 방안을 준다면 보안 권고를 지키지 않아서 나중에 외부에서 관리자 페이지에 접근할 수 있는 경우가 많다.

30 BeEF Framework: http://beefproject.com/

관리자 페이지에 접근 가능한 곳이 진짜 있을까?

보안 가이드에는 관리자 페이지는 "내부 IP 대역에서, 더 보강하자면 관리자 IP에서만 접근을 허용하도록 제시한다. 이 조치사항은 계속 강조하고 있기 때문에 모든 서비스에 적용돼 있을 것이라 생각해서는 안 된다.

데일리뉴스의 내용을 하나 보자. 악성코드도 이제 지능적으로 변해서 특정 타겟을 대상으로 공격을 시도하는 변종이 발생하고 있다. 이 악성코드에 나열돼 있는 관리자 페이지는 이때 모두 접근이 가능했던 곳들이다. (지금 접근할 수 없다고 하더라도 악의적인 행동은 절대 하지 말자.)

http://dailysecu.com/news_view.php?article_id=5501

그만큼 중요한 포털, 게임 서비스 등에서도 누구나 접근할 수 있는 위치에 관리자 페이지가 노출되고 있다. 이는 공격자에게는 매우 좋은 먹잇감이다. 공격자는 구글 검색을 통해 간단하게 관리자 페이지를 수집할 수 있다. (여기서 검색된 곳에 대해서도 악의적인 행동은 절대 하지 말자.)

관리자 페이지는 대외 서비스만큼 신경 쓰지 않는다

공격자는 악의적인 스크립트를 삽입하기 위해 게시판을 찾아본다. 사용자들의 세션정보를 획득한 후 권한을 획득하려는 목적이 있겠지만, 사용자보다는 관리자의 권한을 획득하는 것이 더 중요하다. 따라서 관리자가 많이 볼 수 있는 게시판에 스크립트를 삽입한다. 질문과 답변 부분/1:1 상담게시판이 그 예다. 내가 진단할 때 매일 가장 먼저 하는 일은 바로 '관리자 낚시'라는 작업이다. 거기에 매우 적합한 공격은 스크립트 삽입이다. 즉, 사회 공학 기법을 이용해 관리자가 자주 방문하는 페이지에 미리 스크립트를 삽입하고 관리자를 유도하는 것이다. 아래 예제는 질문과 답변 게시판에 문의하는 모습이다. 그리고 이 스크립트는 어떤 형태로든 사용자 페이지에는 필터링되고 있다고 가정하자. 그렇다면 진단자 입장에서는 스크립트와 관련된 취약점이 발생하지 않은 것일까?

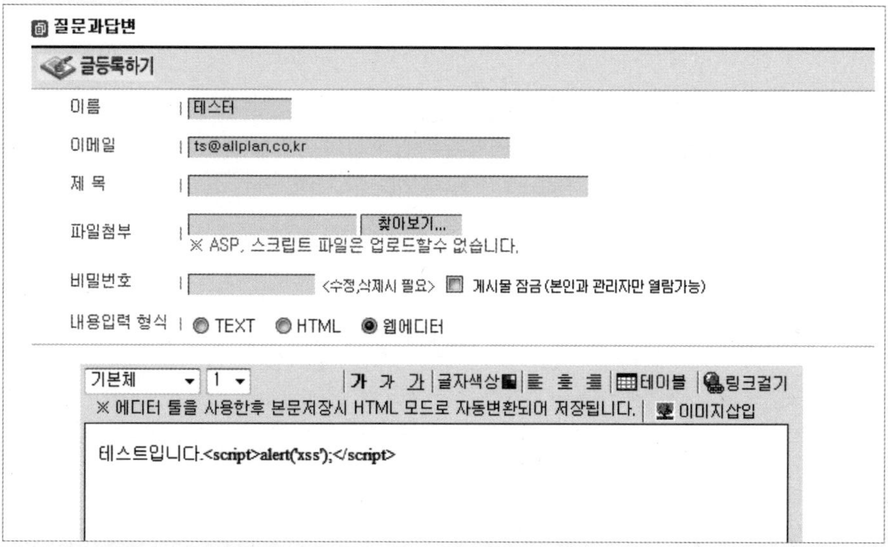

그림 1-40 **질문과 답변 (사용자 페이지)**
출처: 굿모닝Shop의 게시판 페이지 예제

사용자가 문의한 게시물은 일반적으로 관리자 페이지(/admin 등)에서 별도로 관리하게 된다. 관리자가 새롭게 등록된 질문과 답변 게시판에 접근하게 되면 사용자 페이지에서는 스크립트가 발생하지 않은 것과 달리 관리자 페이지에는 스크립트가 발생하는 경우가 많다. 그렇다면 관리자는 사용자보다 위협에 더 노출돼 있는 셈이다.

이런 이유로 관리자 페이지의 보안을 더욱 강화해야 한다. 물론 사용자와 달리 관리자는 일부 스크립트를 더 사용해야 한다. 공지사항이나 답변을 할 때 사용자들의 편의성을 제공하기 위해 이미지를 삽입하거나 서체 변경 및 플래시 등의 서비스를 제공해야 한다. 이런 최소한의 스크립트를 사용하는 것 외에는 사용자 게시판과 동일하게 보안을 강화해야 한다.

모의해킹 진단을 할 때도 담당자에게 이런 위험성에 대해 충분히 설명하고, 관리자 페이지의 점검 여부를 논의해야 한다. 관리자 권한 정보를 제공하지 않는다 할지라도 관리자가 게시판을 클릭했을 경우 발생하는 액션에 대해 반응이 수집되도록 스크립트로 체크해야 한다. 수집된 로그를 보면서 관리자 페이지와 관련된 부분들이 있는지 확인하는 절차가 필요하다.

우리는 여전히 웹 서비스 진단 대상을 받고 정신없이 웹 서비스를 진단한다. 나는 프로젝트에 직접적으로 투입해서 진단하기보다는 팀원들이 각자 맡은 사이트를 문제없이 잘 진단하고 있는지 전체적으로 관리하고 있는 중이다. 오늘도 대여섯 프로젝트를 진행하기 때문에 아침부터 팀원들이 진행한 결과를 리뷰하고 있다.

계속 모니터링만 하고 있다면 얼마나 편한 업무겠냐고 하겠지만, 위에서는 널널할 것이라고(?) 판단하는 그 시간에는 제안서 작업을 하고, 고객들이 요청하는 업무와 상급자들이 비정기적으로 요청하는 내용을 정리하다 보면 하루가 어떻게 지나가는지 모르겠다.

프로젝트A를 살펴보고 있는데, 대상 3개 중에서 1개의 대상에는 취약점이 전혀 업데이트가 돼 있지 않다. 그 1개의 대상은 로그인 페이지만 존재하는 영업관리 페이지인 것으로 보인다.

대상을 받으면 이처럼 로그인 페이지만 있는 경우가 잦기 때문에 크게 신경 쓰지 않았는데, 그래도 취약점이 하나도 나오지 않는 것은 즐겁지 않다. 다른 곳에서 아무리 취약점이 잘 나온다고 하더라도 해당 서비스의 담당자는 이 서비스만을 기준으로 강조하기 때문에 다른 서비스에서 찾은 취약점이 오히려 저평가되는 기분이랄까?

이제 남은 기간은 2일. 다른 사이트는 나름대로 심각한 취약점이 있지만, 남은 이틀 동안에 보고서까지 써야 한다는 점을 고려하면 점검할 수 있는 시간은 하루밖에 안 된다. 프로젝트 A를 맡은 팀원을 호출했다.

"모군아. 프로젝트 A의 B 사이트를 보니 취약점이 하나도 나오지 않았던데? 점검을 다 해본거야?"

"아후. 그거 로그인 페이지밖에 없는데, SQL 인젝션이나 XSS 등 취약점은 다 막아놓은 상태이고, 스캔을 돌려도 특별하게 나오는 계정이나 디렉터리 정보가 없어요. 하나도 안 나올 거 같아요"

"테스트 계정은 담당자에게 받았어?"

"담당자에게 메일을 보냈더니 그걸 알려주면 그게 모의해킹이냐고 하면서... 밖에서 뚫리지 않으면 취약하지 않은 거 아니냐? 이렇게 말하네요"

".... 취약한 계정은 없어 보이고??"

"브루트포스도 해보고, 이것저것 대입해 봤는데, 아무것도 안 되네요"

"사이트 이름이 뭔데??"

"boanproject.com이요"

"그럼 계정은 boanproject, 패스워드는 boanproject_admin! 해봤어?"

"안 했죠. 설마요... (잠시 후) ... 되네요..."

"그래... 이제 열심히 해봐라...."

이 관리자 페이지를 들어가는 순간 모든 개인정보가 고스란히 노출되고 있었다. 관리자 페이지는 사용자가 접근하는 대외 서비스와 달리 개발 단계부터 별로 신경 쓰지 않는 서비스다. 정기적인 진단을 할 때도 관리자 페이지는 접근이 제한된 사용자만 접근한다는 믿음이 너무 강한 탓일까?

우리는 보통 이것을 추측 공격(Guessing Attack)이라고 한다. 경험이 많은 사람들은 사전 대입 공격(Dictionary Attack)보다는 오히려 이처럼 신이 내리는 추측 공격을 아주 잘 한다. 그런 경험이 그냥 생기는 것이 아닌 듯하다. 나는 벌써 이런 식으로 공격했을 때 성공한 것이 대여섯 번은 된다.

그림 1-39 **구글 검색 결과에 노출된 관리자 페이지**

그래서 나는 관리자 페이지에 악의적인 스크립트가 발생할 가능성이 높을 것이라 예상하고 항상 미끼(?)를 던져놓는다. 이 방법은 확률상 50% 정도 성공한다. 관리자 페이지 안에는 게시판 권한, 멤버관리 권한, 통합관리 등으로 관리자들의 권한이 할당돼 있기 때문에(최고 관리자에게는 모든 권한이 부여됨) 데이터베이스에 침투하지 않더라도 서비스를 마비시킬 수 있는 가능성이 있고, 개인정보가 노출될 수 있는 위험이 아주 많다.

테스트 계정을 줄 때는 일반 계정 및 관리자 계정을 별도로 신청할 경우에 이런 취약성에 대해 미리 알고 있는 고객은 선뜻 정보를 제공한다. 단지 공격적인 기술뿐 아니라 컨설턴트라면 이런 프로세스를 파악하고 먼저 고객사에 위험성을 제시하는 것이 옳지 않을까 생각한다.

아래는 실제 모의해킹 업무를 하면서 발생했던 에피소드 중 하나다('오감으로 진단한다'라는 제목을 달고 싶다).

17 / 모의해킹 업무를 하면서 가장 보람은 느낀 적은 언제였나요?

Q&A

Q 모의해킹 업무를 하면서 가장 보람을 느낀 적은요?

A "업무를 하면 항상 기대되고 열정이 생깁니다. 매일매일 보람을 느낍니다"라고 대답하기에는 거짓말을 하는 것 같아서 쉬이 대답하기 힘든 질문이다. 모의해킹 진단을 하면서 "정말 이런 업무를 계속 할 수 있을까?"라는 걱정이 많이 든 적도 있다. 컨설팅 비즈니스의 성격상 어쩔 수 없이 해마다 하던 일을 반복적으로 하는 경우가 많다. 업무를 할 때마다 내 능력이 발전한다면 정말 행복하겠지만 현실은 기계적인 반복 업무에 '다람쥐 쳇바퀴'인 경우도 있다.

모의해킹도 피해갈 수 없다. 그렇지만 보안 업무 가운데 모의해킹이 시장의 변화에 빠르게 대응해야 하는 분야 중 하나인 것은 확실하다. 아마 첫 번째는 악성코드 분석분야가 아닐까 싶다. 악성코드를 분석하는 분들은 공격과 방어를 제대로 경험하는 분들이고 인내심과 체력이 강한 분들인 것 같다. (블로그에 현업에 있는 분이 댓글을 달아주셨는데, 이 분야 또한 그렇지 않다고 하니 독자들이 알아서 판단하시기 바란다.)

어떤 업무든 처음 경험하는 분야는 어색하고 어렵다. 하지만 그 업무를 자신도 만족할 정도로 마무리한다면 보람을 느끼기 마련이다. 새로운 영역에서 자신의 경험에 더할 수 있고, 자신도 모르게 노하우가 쌓이기 때문이다. 모의해킹 업무를 하다 보면 매년 이슈가 되는 영역이 새로 생기고 항상 비즈니스로 발전된다. 모바일 서비스, 클라우드 서비스, 임베디드 분야도 그런 영역 중 하나다. 이를 바탕으로 연구과제들도 많이 발주된다. 공공기관에서 추진하고 있는 프로젝트 연구과제는 이제 막 환경이 구성되는 곳에서 테스트가 이뤄지는 경우가 많기 때문에 모의해킹 관점에서 어떤 보안위협들이 발생할 수 있을지 시나리오도 구성해 보고 테스트도 해보고 이슈도 발견한다. 아울러 자신이 해당 환경에서는 처음으로 모의해킹을 진행하게 된다는 이점도 있다.

번호	제목	등록일	첨부
457	[KISA-WP-2017-0002] 스마트그리드 환경의 웨어러블 기기 취약점 분석 및 보안기술 연구	2017-02-27	💾
456	[KISA-WP-2017-0003] 머신러닝기반의 침해사고 공격분석 방안 연구	2017-01-24	💾
455	[KISA-WP-2017-0005] 온라인광고 산업동향 조사 및 분석	2017-03-14	💾
454	[KISA-WP-2017-0007] 온라인광고 전문가 양성과정 운영	2017-03-14	💾
453	[KISA-WP-2016-0039] 클라우드 가상화 환경에서 안전성 시험, 이상행위 탐지 방안 ...	2017-01-10	💾
452	[KISA-WP-2016-0009] 스마트그리드, 홈가전, 원격의료 등 IoT 융복합 기기에 ...	2017-01-09	💾
451	[KISA-WP-2016-0046] 2016년 국내외 사이버 위협정보 심층분석 연구 보고서	2017-01-06	💾
450	[KISA-WP-2016-0035] 개인정보 관리 주의 알림서비스 구축 타당성 연구	2017-01-06	💾
449	[KISA-WP-2016-0049] 데이터마이닝 기반 악성코드 변종그룹 식별방안 연구 최종보고서	2017-01-06	💾
448	[KISA-WP-2016-0032] NICE정보통신 가맹점 대상 전자영수증 시스템 구축	2017-01-05	💾

그림 1-41 한국인터넷진흥원의 연구과제 목록

이처럼 처음으로 했다는 것에 많은 보람을 느낄 수 있다. 자신이 처음 이슈를 제기하고 가이드를 만들고, 이런 데이터베이스를 토대로 앞으로 사업을 하는 업체에서 참고한다는 것은 개인적으로 큰 영광이라 생각한다.

다음으로 프로젝트가 모두 완료되고 난 뒤에 이듬해에도 다시 연락을 해서 "작년에 했던 프로젝트 매니저로 일해달라"는 이야기를 들으면 매우 뿌듯하다. 고객에게도 인정받고 내가 근무하는 회사와도 계약을 유지하는 것이 "나" 때문이라는 것도 크나큰 영광이다. 프로젝트마다 최선을 다해서 그 회사에 변화를 줄 수 있는 프로세스 및 진단 방법을 함께 고민해나가는 것이 바로 컨설턴트다.

그래서 해커들은 이런 보람을 느끼고 인정받기 위해 업무 이외에도 연구를 통해 자신과의 싸움을 하는 것 같다.

18 / 관리자로 가면 기술연구를 못하게 되나요?

Q 모의해킹 업무가 너무 재미있는데, 관리실무로 가게 되면 연구를 못해서 실력이 뒤처질까봐 걱정입니다.

A 회사생활을 할 때 제일 중요한 것은 "커리어"에 대한 고민이다. 최종 목표는 정해졌더라도 중간 과정들을 어떻게 해결하고 이겨나가느냐에 따라 결과는 달라진다. 그래서 사람들이 오랫동안 근무할 수 있는 회사로, 조금 더 안정적인 회사로 옮겨가는 것은 당연하다. 한 집안의 가장이고 책임져야 할 것들이 많아지면 이 고민은 더욱더 많아진다. 한국 사회는 노년에 대한 복지가 잘 돼 있지 않은 편이라 정말 고민 중의 고민이다.

내가 이 이야기를 처음 꺼낸 것은 모의해킹 컨설턴트로 일한 지 3년차 정도 됐을 때 고민했던 내용이기 때문이다. 주위를 둘러봐도 3년 이상 모의해킹 업무를 하는 팀원들이 보이지 않고 모두 대기업 등의 "갑"으로 가거나 프리랜서로 활동하는 경우가 많았다. 아니면 일찌감치 개인사업(창업)에 도전하는 분들도 있었다.

나는 고민 끝에 모의해킹 컨설턴트를 하는 김에 팀장 정도까지는 해봐야 모든 프로세스를 이해할 수 있으리라 생각했다. 최고 선임의 입장에서 비즈니스적인 부분까지 배우고 싶었던 것이다. 그리고 많은 후임들과 함께 2년을 더 생활했다. 그 과정에서 큰 프로젝트를 처음부터 끝까지 마치는 과정을 반복했다.

그런 과정에서 5년이 넘는 시점에 다시 전환점이 필요했다. "실무관리를 하는 입장에서는 어떤 일을 하게 될까? 한 회사의 보안을 책임지는 입장은 어떨까? 내가 다시 컨설턴트를 하더라도 실무를 이해하면 더 좋은 컨설턴트가 될 거 같은데?"라는 궁금증이 일어났다.

그리고 정말로 다양한 인프라 및 서비스를 하는 회사를 선택했다. 위치는 다시 막내가 되더라도 포털 서비스에서 많은 것을 경험하고 싶었다. 그 생각은 적중했다. 나는 그 안에서 모바일 서비스, 클라우드 서비스, 게임 서비스 등 다양한 환경을 진단하게 됐고 프로세스를 정립하고, 관련 주제로 계속 집필해 나갔다. 그 회사에서 다양한 서비스와 조직 생활을 경험하지 못했다면 책을 집필할 만큼 에피소드를 뽑아내지 못했을 것이다. 그만한 인프라에서 침해사고 대응 및 조직의 보안관리를 해본 경험은 지금 다니고 있는 회사의 업무를 하는 데 많은 도움이 됐다.

대부분의 사람들은 관리실무(갑사)로 가면 기술연구를 못한다고 생각한다. 하지만 이것은 완전히 잘못된 생각이다. 오히려 나는 반대라고 생각한다. 관리실무에서 더 많은 연구 기회를 가질 수 있다.

모의해킹 컨설턴트의 단점은 "짧은" 투입 기간이다. 프로젝트에 투입되면 2주~한달 정도 투입되곤 하는데 이 중에서도 환경분석을 하는 데 많은 시간이 걸린다. 그 기간 동안에는 제대로된 진단을 수행하지 못한다. 그래서 취약점을 발견하지 못해서 생기는 스트레스가 쌓이게 된다. 배우고자 하는 욕심이 많은 사람들은 프로젝트가 끝날 때마다 항상 아쉬움이 남을 때가 많다. 조금만 더 진행하면 자신에게 매우 흥미로운 경험이 될 것이라 생각하지만 나중을 기약해야 한다(개인이 고객의 환경을 맞춰 연구하기란 매우 어렵다).

구분	모의해커 컨설턴트	관리실무 모의해커
진단 서비스	고객사가 제시한 범위 중에서 회사에서 정한 업무	자사에서 운영되는 모든 서비스
진단 기간	최소 1주, 최대 2개월 상주한다면 평균 6개월	1년마다, 반기마다 로테이션 주요 업데이트 서비스는 수시로 점검
진단 범위	웹/모바일서비스 70%, 기타 30%(회사 규모가 작을수록 오히려 진단 범위는 광범위)	자사 서비스, 시큐어코딩, 솔루션, 침해사고 대응 업무, 포렌식 등등
진단 시간	정해진 날짜와 시간	영향을 주지 않는 이상 시간 제한 없음

실무담당자는 자산의 서비스에 언제나 접근해서 테스트할 수 있다. (물론 테스트하기 전에 해당 서비스의 담당자/운영자에게 통보해야 한다. 서비스에 영향을 주지 않는 이상은 보안성 테스트를 하는 데 반대할 사람은 없다.) 자신이 원할 때는 해당 개발자/담당자들의 전문가들과 모여서 궁금한 사항을 해결하면 된다. 예를 들어, 안드로이드 진단이 궁금하면 해당 개발자에게 직접 요청해서 심도 있는 내용을 전수받을 수 있다. 테스트 서버가 필요하면 바로 요청해서 진행하면 된다.

진단 과정에서 소스코드 차원의 점검이 필요하다면 블랙박스 점검 방식이 아니라 화이트박스 방식으로 접근해서 소스코드 차원에서 마음껏 다양한 방법을 시도해 자신만의 진단 방법론과 가이드를 만들어가면 된다. 이처럼 연속적인 진단 업무들을 해마다 팀 사업계획으로 이끌어낼 수 있다.

기업에서 필요한 인재를 논할 때 많이 나오는 단어로 '스페셜리스트'와 '제너럴리스트'가 있다. 스페셜리스트는 한 분야의 전문성을 어느 누구보다 특출나게 가진 인력을 의미한다. 제너럴리스트는 팔방미인이라고 불릴 정도로 어떤 단계까지 모든 능력을 발휘할 수 있는 인력이다. 조직에서는 이 두 가지 유형의 인력을 모두 필요로 한다.

컨설팅 업무를 하면서 많은 분야를 경험해보는 것도 좋지만 스페셜리스트가 되고 싶다면 경험하고자 하는 환경이 갖춰진 곳으로 가보길 권장한다. 자신이 모바일 보안 분야에서 스페셜리스트가 되고 싶다면 모바일 중심의 콘텐츠 사업과 게임 서비스, 모바일 보안 솔루션 개발업체로 가보자. 클라우드 서비스 보안 분야의 스페셜리스트가 되고 싶다면 통신사나 클라우드 기반으로 호스팅하는 업체 쪽에서 보안담당자로 근무해 본다. 긴 시간 동안에 이 분야에서 더는 할 게 없다고 판단할 때까지 여러 각도로 접근해보기 바란다.

자신이 연구환경을 만들고 학습하는 것은 좋다. 그렇지만 환경을 아무리 구성한다고 하더라도 서비스 제공업체에 비하면 다양한 접근법을 알 수 없다. 배움은 업무를 통해 이뤄져야 한다.

갑의 자리를 탐내는 것이 아니라 그 업무를 한번 탐내보기 바란다. 회사 생활을 하다 보면 어떤 일이 일어날지 모르지만 그 회사에서 더는 자신을 발전시킬 수 없다고 생각하면 그때는 평소에 하고 싶은 분야로 가서 다시 한번 열정을 불태워보는 것도 좋다.

[참고 사이트]

http://blog.naver.com/ksjlik012?Redirect=Log&logNo=174461086

19 / 보안 가이드는 회사에서 다 제공해주나요?

Q 가이드는 회사에 들어가면 다 제공해 주나요? 그것만 참고하면 되나요?

한번 해보는 게 중요할까요? 나만의 가이드를 만드는 게 중요할까요?

A 팀에서 보유하고 있는 가이드는 제공된다. 그렇지만 가이드에서 왜(Why)를 항상 생각해 봐야 한다.

어떤 업무를 하든 결과가 있다. 업무를 성공적으로 마쳤든 생각한 것과 다르게 나와 지연이 되든 고객에게 결과를 통보해야 한다. 결과보고서의 마지막에 포함되지만, 제일 중요한 것은 가이드(대응 방안)다. 가이드는 현재 직면한 문제를 어떻게 해결하느냐에 대한 답이 포함돼 있다. 그리고 그 회사가 향후에 자산보안을 위해 어떤 업무를 해야 할지에 관한 계획이 포함돼 있다.

모의해킹 컨설턴트는 다른 회사의 자산에 대한 잠재적인 위협을 진단하고 그 회사가 보안 조치를 취할 수 있게 가이드해주는 중요한 역할이다. 그런데 이 가이드가 모든 회사에서 표준으로 사용할 수 있게끔 동일한 내용으로 채워져 있을까? 환경이 다른데 취약점이 동일하다고 해서 대응 방안도 동일할까?

나는 이 부분에 대해 정말로 부끄럽게 생각하는 면이 있다. 내가 컨설턴트를 할 때 나조차도 취약점에 대한 대응 방안을 적당히 복사해서 썼기 때문이다. 그런데 그때 관리자조차도 그런 부분에 신경 쓰지 않았기 때문에 크게 문제가 되지는 않았고, 가끔 이런 부분에 주의를 주는 담당자가 나타나면 그때서야 가이드를 업데이트하는 행동을 취하기도 했다.

하지만 실무관리자가 돼 보니 이 방법은 더는 통하지 않는다. 컨설턴트는 결과보고서를 작성하고 모든 일정이 완료되면 이제 공은 실무자에게 간다. 그 공이 맞는지 안 맞는지는 그 기간 동안 판단해야 한다. 그 기간이 지나버리면 이제 관리자가 모든 관련 사업부 사람들에게 가이드해야 한다.

정말 수십 가지 혹은 수백 가지가 다른 환경에서 가이드를 제시하기란 쉬운 일이 아니다. 조금이라도 가이드의 내용을 잘못 작성하고 담당자도 아무런 생각 없이 서비스에 적용해버리면 서비스에 큰 장애가 발생하기도 한다.

실무자는 이런 환경에 대한 분석을 선행하고 가이드를 제시해야 한다. 만약 컨설턴트가 건네준 가이드나 이전부터 사용한 보편적인 가이드를 동일하게 제시하면 개발자들에게서 콧방귀와 함께 '환경에 맞지도 않는 가이드'라는 답변이 올 수 있다. 보안 패치를 적용할 때는 모든 항목에 대해 담당자들과 회의를 해야 한다. 궁금한 사항이 단 하나라도 있다면 문의해서 조치방안에 대해 확실한 동의를 받아야 한다.

자신이 작성한 가이드의 내용에 객관적으로 확신이 서지 않는다면 더욱더 전문가인 담당자에게 물어보면서 수정해나가야 한다. 최선책이 없다면 차선책이라도 돼야 한다. 그게 가이드다.

가이드는 지속적으로 추가하고 수정해나가야 한다. 문서 안에 있는 그림이나 표가 현재 상황과 맞지 않는다고 느껴지면 이것 또한 맞게 수정해나가야 한다.

컨설턴트라면 자신만의 가이드를 항상 만들어가자. 백지 상태의 문서가 있다면 어떻게 목차를 구성하고 관련 자료들을 수집하며, 어떤 문구가 들어가야 할지 고민해 보자. "왜(Why)"를 항상 생각해보자. 그러면 자신만의 노하우가 담긴 가이드, 즉 책자가 된다.

20 / 서비스 중에서 원하는 영역만 점검하나요?

Q 모의해킹을 진행할 때, 예를 들어 웹 서비스를 진단할 때 고객들이 요청하는 웹 서비스에 사용된 서버 프로그래밍 언어 및 운용 서버는 다양할 텐데 한 언어만 알고 있을 경우에는 새로 공부하면서 모의해킹을 요청하는지, 아니면 자신이 담당하는 영역에서만 고객을 받는지 궁금하다.

A 너무나도 흥미로운 질문이다. 그리고 취업 준비를 하는 학생들 입장에서도 "수많은 프로그래밍 언어가 있는데. 이것을 다 배워야 하나?"라는 고민을 많이 한다.

웹 개발에 대표적으로 쓰이는 언어는 4가지 정도로 생각할 수 있다. JSP/자바, ASP, ASP.NET, PHP다. 이 밖에 파이썬(Python), 펄(Perl), 루비 온 레일즈(Ruby on Rails, Ruby) 등도 접해봤지만 몇 년에 한번 꼴로 접했다. 공공기관에서는 대부분 JSP/자바 환경에 스프링 프레임워크를 사용하고, 그룹사를 포함한 민간기업들도 이제 자바 환경으로 많이 통일하고 있다. 이는 어떤 서비스를 하고 있느냐에 따라, 어떤 인프라를 구축하고 있고, 어느 정도의 비용을 IT환경에 투자하고 있는지에 따라 다르다.

여기에 덧붙이자면 행정안전부에서 행정, 공공기관의 정보화 사업 중 신규 개발되는 모든 소프트웨어에 "소프트웨어 개발 단계부터 '시큐어코딩' 의무화"를 2012년 12월부터 40억원 이상, 2014년부터 20억원 이상, 2015년부터 5억원 이상 감리 대상 사업으로 순차적으로 적용할 예정이며, 개인적으로 민간기업에도 확장 적용할 것으로 예상한다. 이는 기획 단계/개발 단계/개발 완료까지 모든 단계에서의 보안성 검토가 중요하다는 것을 의미한다.

공공기관에서는 개발 표준 프레임워크를 이용해 효율적인 개발 및 보안을 권고하고 있다. 이러한 개발 표준 프레임워크가 바로 자바 환경 및 스프링 프레임워크 환경으로 구성된다. 따라서 취업을 할 때 자바 환경으로 준비하면 도움이 된다. 어떤 기업에서도 사용하지 않는 언어를 단지 흥미롭다는 이유로 프로젝트에 반영하려고 한다면 투자 대비 효율적이지 않다.

단기적으로 투입되는 프로젝트의 경우에는 미리 협의된 대상에 접근해 어떤 애플리케이션을 사용하고, 메뉴가 얼마나 되며, 어떤 서비스가 있고 어떤 곳에서 취약점이 발생할 수 있을지를 파악할 수 있다.

하지만 장기적으로 투입될 때는 몇 가지 경우가 있다.

- 웹 서비스의 도메인이 굉장히 많아서 담당자조차도 파악이 안 되는 경우
- 게임 클라이언트 및 보안 클라이언트 애플리케이션에 대해 한 영역에 대해 심도 있는 진단이 필요할 경우
- 웹 서비스, 무선 네트워크, 리버싱 등 4가지 정도의 과업이 분리돼 있는 경우

이처럼 장기적인 프로젝트에 투입될 때는 미리 파악하기가 힘들다. 이 프로젝트에 투입되기 전에 또 다른 프로젝트에 투입되는 경우가 많기 때문에 제대로 파악하는 데 한계가 있다. 프로젝트 제안 단계에서 항상 프로젝트를 관리하는 사람이 환경까지 제대로 파악해서 미리 팀원들과 공유하고, 프로젝트와 비슷한 환경에서 미리 연구하고 환경을 구성하는 프로세스가 유지된다면 이상적이다. 하지만 대부분 팀원들은 어떤 프로젝트에 투입되는지 1주, 2주 전에야 비로소 알게 된다.

프로젝트 관리자가 팀원들의 모든 역량을 파악해 각 프로젝트의 적재적소에 투입시키는 것이 가장 바람직하다. 그렇지만 예외 사항은 항상 발생한다. A라는 팀원이 있다고 하자. 이 친구가 진단 업무를 해본 경험이 없다고 해서 이 팀원을 무작정 빼고 다른 프로젝트에 투입된 인원을 빼오거나, 외주 인원을 쓰는 것은 바람직하지 않다.

다른 팀원들을 투입시키기가 마땅치 않다면 해당 팀원을 투입시켜야 한다. 그 뒤부터는 이제 팀원의 역할이 커진다. 진단 방법론 및 프로세스는 회사에서 공통으로 관리하고 있지만 환경에 따라 많은 변수가 있기 때문에 이런 변수에 대응하면서 배워나가야 한다. 자신이 모르는 부분이라고 했을 때는 프로젝트 내에서 배워나가야 한다.

나도 2000년도 중반부터 무선 네트워크 진단, IPTV, VoIP, 소스코드 진단, 한국인터넷진흥원의 많은 연구과제 등 국내의 어떤 컨설팅에서도 방법론이 제대로 잡혀있지 않은 시기에 프로젝트에 투입된 적이 많았다. 그때는 인프라에 관한 기본 지식부터 외국 사례를 많이 참고했고, 기존에 있던 시나리오를 이 환경에서 반영할 수 있을지, 공격자 입장에서는 어떤 시나리오를 통해 이 인프라에 위협을 줄 수 있는지에 대해 고민했고, 이 과정에서 스트레

스도 많이 받았다. 그렇지만 프로젝트가 성공적으로 완료되고 나면 회사에서 처음으로 방법론을 만들고 나중에 후임들이 이를 기반으로 진단하고 업데이트하는 과정을 보면서 보람을 느꼈다.

새로운 환경을 접하는 것은 생각을 창의적으로 바뀌게 하는 데 도움이 된다. 매년 똑같은 업무를 하고, 기반이 잡혔다고 해서 똑같은 방법으로 접근하다 보면 업무는 하고 있지만 자신에게는 시간을 낭비하는 것밖에 안 된다. 새로운 환경을 많이 접하려고 도전해보고, 똑같은 환경을 접하더라도 다른 영역과 융합해서 좀 더 효율적인 방안을 제시해보는 것이 좋지 않을까?

21 / 프로젝트 매니저는 어떤 역할을 해야 할까?

Q 모의해킹 일을 하면서 점점 경력이 쌓여가고, 나중에 PM 직책까지 도달할 텐데... 모의해킹도 모의해킹이지만 프로젝트 매니저라는 직책에서 필요한 자질, 저자분이 그동안의 경험에서 느꼈던 'PM은 OOO했으면 좋겠다'라고 정의해 주셨으면 좋겠습니다.

A 프로젝트 매니저에 대한 정의부터 간단하게 살펴보겠다. 프로젝트 매니저는 팀원들과 함께 프로젝트가 시작해서 종료될 때까지 책임감을 가지고 고객의 요구사항과 부합되게 하는 역할을 하는 사람이다. 그만큼 프로젝트 매니저는 자신이 맡은 프로젝트의 성격, 고객이 요구하는 사항들, 결과에 대한 예측이 중요하다. 제일 중요한 것은 프로젝트가 원활하게 진행되도록 팀원들의 업무 분배 수준을 파악해야 하고, 팀워크를 최상으로 유지할 수 있게 환경을 마련해야 한다.

이렇게 정의하니 어렵지 않게 느껴지는데, 실제로 일을 하다 보면 많은 변수가 발생한다. 모의해킹 프로젝트 매니저를 하면서 경험했던 몇 가지 사례를 가지고 프로젝트 매니저의 역할을 다시 정의해보겠다.

우선 고객이 영업팀에 전달해준 것과 영업팀이 프로젝트 매니저에 전달해준 것과 많이 다른 경우가 있다. 이 부분은 계약을 하는 과정에서 고객이 요구한 부분을 영업이 잘못 이해해서 발생한 것일 수도 있고, 영업에서 무시하고 마음대로 정해서 프로젝트 매니저에 전달해주는 경우일 수도 있다. 이런 문제가 초기에 발견된다면 일정 변경, 추가 인원 투입 등 빠른 대응이 가능하다. 그렇지만 프로젝트가 한참 지난 뒤에 발견된다면 추가 인력 투입이나 프로젝트 일정 지연 등 사업 전체적으로 문제가 발생할 수 있다. 심지어 다른 사업까지도 영향을 미칠 수 있다.

그러므로 부득이하게 사전협의할 때 고객과 회의할 기회가 없어 영업팀을 통해 요구사항을 전달받았다면 고객에게 연락해서 이를 재확인해야 한다. 프로젝트를 진행하는 과정에서도 대상 범위와 요구사항에 대해 지속적으로 확인해야 한다.

다음으로 대상을 우선순위를 기준으로 분류해야 한다. 10M/M(2달 5명) 이상의 큰 프로젝트의 프로젝트 매니저를 맡는다고 하자. 이 경우 웹 서비스, 모바일 서비스 태스크별(진단 성격에 따라 분류)로 나눠질 가능성도 있을 것이고 대상의 범위가 우리가 생각하는 이상이 될 수 있다. 전사 서비스를 대상으로 한다면 관리자는 C클래스 대역 몇 개를 던져줄 수도 있다. 이러한 경우에 제일 먼저 하는 일은 WBS를 세우는 것인데, 이때 제일 중요한 것은 대상에 대한 우선순위다.

전사 서비스라고 할지라도 대외적으로 대표 홈페이지가 있고, 방문자들이 적은 페이지, 임직원들만 사용하는 외부 서비스 등 다양하다. 이런 서비스들을 우선순위 없이 순서대로 정해서 결정한다면 나중에 프로젝트 일정이 다 끝나갈 때 정작 중요한 서비스를 진단하지 못하는 경우가 발생한다. 그렇기 때문에 WBS를 작성할 때 고객사에 요청해서 서비스의 우선순위를 체크할 수 있게 해야 한다.

그다음에는 우선순위별로 규모를 감안해 각각 투입돼야 할 시간 및 인원을 결정해서 WBS를 세워야 한다. 이렇게 해야 프로젝트가 완료될 때까지 계획했던 일정대로 프로젝트가 진행된다.

[WBS - Work Breakdown Structure]

프로젝트 매니지먼트를 통해 계획을 세울 때 이용되는 수법의 하나로, 프로젝트 전체를 작은 작업 단위로 분할한 구성도다. [작업분할구성], [작업분해도] 라고도 한다. WBS에서는 우선 프로젝트의 성과물을 가능한 한 작은 단위로 분해한다. 이때 전체를 큰 단위로 분할하고 난 후, 각 부분에 대해 좀 더 작은 단위로 분해해서 계층적으로 구성해 나간다. 성과물의 세분화가 끝나면 각 부분을 구성하는 데 필요한 작업(한 가지 이상의 작업일 때도 있음)을 생각해서 최하층에 배치해 간다. 각 부분을 구성하는 일련의 작업 단위를 [워크 패키지]라고 한다. WBS의 각 워크패키지에 담당 인원을 배치하면 프로젝트를 수행하는 조직도가 만들어진다. 이를 OBS(Organization Breakdown Structure)라 한다. 참고 http://doroshy43.tistory.com/7 (WBS란)

마지막으로 팀원들의 업무 배분이다. 모의해킹 업무는 다른 프로젝트와 달리 업무의 구분이 확실하지 않다. 웹 서비스 진단, 무선 네트워크 진단, 모바일 서비스 진단처럼 작업이 구분돼 있는 경우에는 각 작업별로 팀원을 달리 투입하면 된다. 그렇지만 한 작업이 10M/M 이상(5명이 2개월씩 투입되는 경우 이상)인 경우에는 5명을 항목을 기준으로 배분하는 것이 아니라 서비스를 기준으로 배분하는 경우가 대부분이다. 즉, 100개의 서비스를 점검해야 한다면 단순히 20개씩으로 나눠서 점검하는 것이다. 이렇게 배분하면 정말 관리하기 쉽다. 그렇지만 단지 대상으로만 배분해버리면 나중에 결과물의 품질이 고르지 못하고 들쑥날쑥해진다.

모의해킹 인력마다 각기 특화된 기술이 있다고 설명한 바 있다. 그리고 팀원마다 보는 시나리오와 진단 포인트가 다르다. 프로젝트 매니저는 이런 차이점을 인지하고 모든 대상이 동일한 항목과 진단 수준을 반영할 수 있게 배분해야 한다. 그래서 어떤 프로젝트에 투입되든 팀원들의 일일보고가 필요하다. 그리고 프로젝트를 진행하면서도 별다른 어려움은 없는지, 특정 대상에서 취약점이 발견되지 않는다면 어떤 문제로 이러한 현상이 발생하는지 파악하는 것이 중요하다.

이제까지 말한 내용에 모두 공통적으로 포함된 것은 바로 '커뮤니케이션'이다. 비단 업무만이 아니라 일상 생활에서도 제일 중요한 것은 커뮤니케이션이다. 프로젝트 매니저는 고객과 회사 및 팀원들 간의 중간자 역할이다. 고객의 만족을 이끌어내면서 프로젝트 내의 팀원들이 최대한 능력을 발휘하게 해야 한다. 그러자면 고객과 팀원들의 말을 경청해야 하고, 좋은 아이디어와 접근법이 있다면 서로 공유함으로써 최선의 프로젝트 결과가 나오게 해야 한다.

02
—
공부할 때
궁금한 점

2장에서는 모의해킹 분야의 취업을 목표로 학습하는 분들의 질문과 그에 대한 답변이다. 취업을 준비하는 후배들을 보면 '친구 따라 강남 간다'라는 말이 있듯이 주위에 있는 친구들만 바라보고 어떤 목적도 없이 공부하는 경우를 자주 접한다. 이론적으로 배운 내용과 실무에서 겪는 일은 매우 다르다. 이번에는 학생들과 프로젝트를 진행하거나 스터디를 하면서 경험한 사례를 토대로 정리해봤다.

01 / 모의해킹 분야로 취업하려면 꼭 학원을 다녀야 하나요?

Q&A

컴퓨터 분야로 진로를 선택했을 때부터 학원을 많이 경험한 것 같다. 2000년 초에 국내에 IT 붐이 일어나서 개발자를 양성하기 위한 정책들이 많이 생겨나고 있었다. 보안 분야를 공부할 때도 시간적인 여유가 없었기 때문에 바로 학원을 선택했다. 그래서 학원의 특성을 나름 잘 알고 있다.

카페에 올라온 질문 가운데 어느 학원을 선택해야 하느냐 혹은 학원을 다녔을 때의 이점이 무엇인지에 관한 것이 많다. 나는 특정 학원을 대변하는 사람이 아니기 때문에 학원의 장점 세 가지만 언급하겠다. 그리고 이러한 장점을 누릴 수 있는 학원을 선택하라고 조언한다.

첫째, 학원은 빠른 배움의 공간이다. 학원을 다니는 목적은 돈과 시간을 투자해서 빠르게 많은 지식을 얻는 데 있다. 독학으로 1년 동안 공부해야 할 분량을 학원에서 3, 4개월 만에 배울 수 있다면 그만한 돈을 투자한 보람이 생긴다. 강사님의 역할은 짧은 기간 동안 해당 분야에 대한 지름길과 효과적인 학습법을 알려주는 것이다. 물론 불필요한 커리큘럼을 통해 상업적으로 접근하는 경우도 있다. 이런 경우에는 독학으로 충분히 학습할 수 있다는 점을 어필하고, 해당 수업을 제외하도록 분명하게 의견을 제시해야 한다. 시간이 돈보다 중요할 때가 있다.

둘째, 진로에 대한 방향을 잘 설계해주는가? 학원을 나왔다고 해서 학생들이 원하는 분야와 회사로 100% 취업이 보장되는 것은 아니다. "100% 취업 보장" 현황을 확인해보면 학생들이 처음 생각하고 왔을 때와 전혀 다른 분야를 선택해서 간 경우가 많다. 물론 수업을 받다 보니 스스로 적성을 찾아서 선택하게 된 경우도 있다. 그렇지만 모의해킹 분야로 진출하고 싶은데 수요가 더 많은 분야가 더 전망이 밝은 것처럼 말하고 추천하는 경우가 많다. 이렇게 진로를 선택한 학생들이 해당 분야에서 얼마나 오랫동안 의미있게 일할 수 있을지 의문이다. 특정 분야의 시장 상황을 정확하게 알고 학생 개개인의 능력을 파악해서 진로를 선택하게끔 하는 프로세스가 갖춰져 있어야 한다.

셋째, '동기들과의 토론' 분위기가 형성되는가? 학원에서 함께 수업을 듣는 동기들은 최소 8명에서 20명 안팎인데, 동기들끼리 얼마나 커뮤니케이션이 잘 되고, 자유 시간을 어떻게 효율적으로 이용해 스터디 모임을 갖느냐가 중요하다. 내가 지켜본 어떤 학원 기수들은 학원 수업 외에 동기들이 책 한 권씩을 단원별로 맡아 개인 스터디를 한 뒤에 꾸준히 발표하기도 했다. 하루에 1가지 주제를 연구한다고 가정하고 20명으로 구성된 동기가 있다고 해보자. 그럼 하루에 20가지 주제를 공유할 수 있다. 이렇게 해서 3개월, 4개월이 지나면 엄청난 지식 데이터베이스가 구축된다. 나는 이렇게 수업을 받고 스터디한 내용을 정리하다 보니 4개월 과정을 수료하고 나서 책 2권이 만들어졌다. 문서로 정리해 두는 습관이 생긴 것이 바로 이 무렵이다.

이런 장점은 학원뿐만 아니라 온라인 카페의 스터디 모임에도 그대로 적용할 수 있다. 스터디 모임에서 주축이 되는 멤버를 중심으로 강의도 이뤄지고, 후배들을 이끌고 좋은 프로젝트를 진행해나가면 된다. 단지 학원은 많은 돈을 투자하고 시작한 만큼 의무적으로 해야 한다는 느낌이 들지만 스터디 모임은 그보다는 자유로운 참여에 의해 진행되기 때문에 스터디의 장이 장기적으로 유지되도록 잘 이끌어야 한다.

다음은 수료 프로젝트를 앞두고 프로젝트 일정(WBS)을 세운 후배들의 계획이다. 이런 계획은 실무에서도 충분히 논의될 수 있는 내용이다. 독학으로 진행한다고 했을 때는 이런 대여섯 가지의 수행과제를 융합할 기회가 많지 않다. 그만큼 프로젝트 결과의 품질 차이가 많이 생긴다.

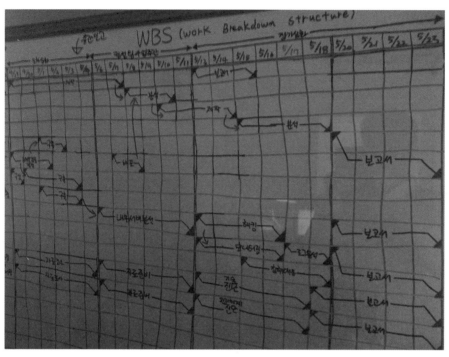

그림 2-1 프로젝트 WBS 계획하기(팀 프로젝트)

간단하게 정리하자면 학원에 다니는 것이 필수사항은 아니다. 하지만 단기간에 집중적으로 지식을 쌓고 싶다면 권할 만하다. 집에서 직접 시간관리를 하면서 학습할 시간을 효율적으로 배분하기란 쉽지 않다. 함께 공부하는 친구들과 열띤 토론을 하면서 그 과정에서 많은 것을 배우기 바란다.

장기 프로젝트는 어떻게 진행해야 하나?

다음은 '장기 프로젝트'를 주제로 후배들에게 이야기한 내용이다. 프로젝트 주제 선정은 상황마다 다르지만 팀 프로젝트의 중요성을 강조하기 위해 정리했다.

웹 프로그래밍이나 디자인 분야로 입사를 준비할 때 "작품"을 가져가서 면접할 때 이를 언급하곤 한다. 자신이 공부한 내용을 표현하기도 하고, 자신의 실력이 이 정도라고 어필하기 위해 활용하는 것이다. 보안업체에 입사할 때도 이런 준비과정이 필요하다.

이력서를 검토할 때 개인이 가지고 있는 능력을 판단할 수 있는 객관적 지표가 이것밖에 없기 때문이다. 기술 하나하나를 모두 언급한 이력서도 많이 접했지만 개인적으로는 장기적으로 연구한 결과가 깔끔하게 정리돼 있었으면 하는 바램이다.

장기 프로젝트라고 해서 처음 공부할 때부터 계획을 세우는 것만 해당하는 것은 아니다. 여기서 언급하는 **"장기 프로젝트"는 이제까지 공부한 내용을 취업 준비에 맞게 준비하는 과정**이라고 이해하면 된다.

즉, 6개월~1년 동안 시스템, 네트워크, 웹 프로그래밍, 웹 취약점 분석, 리버싱 코드 분석 등 여러 가지를 공부했다면 이것들을 잘 다듬어서 자신이 지원하고 싶은 분야에 맞게 가공하는 과정이다. 그 기간을 약 2주 ~3주 정도로 생각하고, 보통 학원에서도 이 정도에 해당하는 기간을 할당한다.

이 3주라는 기간은 앞에서 공부했던 몇 개월, 혹은 몇 년의 기간에 비해 매우 집중도가 높은 시기이고, 이제까지 배운 내용이 머릿속에 정리되는 시간이다. 경험해본 사람은 알겠지만 이 기간이 취업을 준비하는 과정에서 제일 중요하다. 이 시기를 이겨내지 못하면 다시 몇 개월에 걸친 시간을 낭비하게 된다. 앞에서 몇 년 동안 공부했던 시간보다 이 기간 동안에 준비할 때 더 많은 것을 알게 되기도 한다.

이렇게 준비하는 과정에서 자신이 진행하는 분야에 적성이 맞는지도 어느 정도 파악할 수 있다. 자신이 맡은 부분만 고민하지 말고, 다른 팀원들이 진행하는 부분에도 신경을 쓰면서 자신에게 맞는 부분을 알아갈 수 있다. 갑자기 다른 부분에서 자신의 능력을 더 발휘할 수 있는 기회가 생긴다면 좋은 일이 아닐까? 학원이나 스터디 그룹내에서 앞서 배운 내용들을 못 따라갔다고 포기하지 말고, 이 시간을 팀원들과 밤샘 준비를 하면서 끝까지 해낸다면 이제까지 걱정했던 부분들을 모두 해결할 수 있다.

자! 그럼 어떤 식으로 준비하면 좋을지 생각해보자.

컨설팅 업체에 입사하든 다른 보안 직무를 맡든 아래 업무에서 크게 벗어나지 않는다. 함께 스터디하는 멤버들이 평균적으로 4명~8명 정도 된다. 그러면 자신이 진출하고 싶은 진로나 적성에 따라 준비해야 하는 부분과 집중해서 공부해야 할 부분은 다르다. 이 모든 부분들을 다 준비할 수는 없다. 신입사원부터 모든 파트를 다 할 수 있는 천재를 뽑지는 않기 때문이다. 그렇지만 부문별로 서로 의견을 주고받기 때문에 간적접인 경험은 충분히 할 수 있다. 팀을 4개 정도 구성하고, 각각 업무 분담을 한다. 환경 구성은 하나로 통일한다. 각 팀마다 서버를 다르게 설정한다거나, 보고서 양식을 달리하면 시간을 불필요하게 낭비하게 된다. 계획을 처음부터 잘 세워서 각 부문 간의 연결고리를 찾아 함께 진행할 수 있는 방향을 고민해야 한다.

어떻게 연결고리를 찾을 수 있는지 예제를 보자. 제일 중요한 과정은 함께 모여 시나리오를 세우는 것이다.

(1) 모의해킹팀이 오픈돼 있는 서비스를 통해 모의해킹 프로세스별로 진단한다. 모의해킹의 세부적인 공격 시나리오는 환경에 따라 달라지겠지만 1차 공격, 2차 공격 등 연계 공격에 대해 상세히 진행한다. 도출된 취약점에 대해 보고서를 작성한다. 취업을 준비하는 보고서에는 각 취약점에 대해 정의한 부분이 별도로 정리되면 좋다.

(2) 관제팀 〈→〉 (3) 취약점 분석팀에서는 (1) 모의해킹 팀에서 진행됐던 공격 기법이나 사용된 악성 코드들이 있을 텐데, 이를 탐지하는 업무를 진행한다. Snort IDS(무료)를 이용해 로그 분석을 하고 룰 설정(Rule Setting)도 해보고, 관련 공격에 대해 보고 체계를 만들어보자. 실제 업무에서도 이와 같은 맥락으로 로그 탐지 분석을 한다.

범용적으로 사용하고 있는 애플리케이션 취약점을 이용하는 사례도 분석해본다. PDF 취약점, MS 취약점 등을 이용해 공격이 이뤄졌다는 사실을 탐지하면, 이 부분을 취약점 분석팀에 보고한다. (3) 취약점 분석팀은 (2) 관제팀의 지원요청을 받아 취약점 정의, 코드 분석, 어떤 부분에서 취약점이 발생했는지, 이 취약점으로 인해 내부에 어떤 침해가 발생할 수 있을지 정적분석이나 동적분석을 통해 분석한다. 이러한 분석 과정에서는 항상 보고서를 작성해서 팀원들과 진행 상황을 공유한다.

(4) 컨설팅팀에서는 위의 내용을 조합해서 기술적 부분에서 위협평가를 진행한 부분으로 포함시킨다. 또한 이런 위험이 발생하지 않도록 사후조치로 어떤 프로세스를 갖춰야 하는지 컨설팅해본다. 팀원들이 스터디를 하면서 사용한 환경들을 "자산"으로 분류하고, 정보보호 관리체계 인증(ISMS), 개인정보보호 관리체계인증(PIMS) 등 KISA에서 발간되는 해설서[31] 양식에 따라 준비해간다.

이 전체가 프로젝트로 다 모이면 아주 좋은 작품이 나온다. 이런 계획을 공부하기 전에 세운다면 공부할 때 이 부분까지 고려하기 때문에 2주~3주 기간은 취합만 하더라도 동일한 효과가 나온다. 취업 면접을 할 때도 팀원들과 함께 공부한 주제도 부가적으로 설명한다면 면접관들의 마음을 얻을 수 있을지도 모른다. :)

---

31 정보보호 관리체계 해설서 다운로드: http://goo.gl/n4yKLk
  개인정보의 기술적/관리적 보호조치 기준 해설서: http://goo.gl/AWwVpA

● 조별 업무 분담

모의침투팀

- **테스트 환경 시스템을 대상으로 모의침투 수행**
  : 시나리오 기반 모의해킹 절차 프로세스 작성
  : 심화 공격을 통한 취약점 도출 및 분석
  : 취약점 상세 설명 및 대응방안 수립 – 보고서 작성

관제팀

- **침해 사고 대응 수행**
  : 해킹 사고 대응 프로세스 절차 수립
  : 로그 분석 및 사고 분석 보고서 작성
  : IPS Rules 업데이트 여부 확인 등

**취약점
분석팀**

- **신규 취약점 분석 수행**
  : 관제팀 업무 지원을 통해 심화 분석 수행
  : 최신 공격 기법 리서치 데이터 베이스화
  : APT 공격 기반으로 범용 어플리케이션 취약점 분석

컨설팅팀

- **ISMS, PIMS, ISO 인증 수행**
  : 2012년부터 이슈가 되고 있는 "개인정보영향평가" 수행
  : 정보보호 관리과정(정책 수립, 위험관리 등), 문서화, 정보보호 대책 등 수립

그림 2-2 장기프로젝트 준비(팀별로 주제 선정 및 추진)

이런 프로젝트 진행은 내가 운영하고 있는 보안프로젝트 카페에도 그대로 반영돼 있다. 팀원 중 한 명이 작성한 보고서 예제를 참고하기 바란다. 이 보고서는 웹 서비스 취약점 진단에 대한 것이었고, 가상 쇼핑몰을 구축해서 실제 업무에서 사용되고 있는 기법 및 시나리오를 통해 진행한 오프라인 모임의 프로젝트였다. 취업생을 위한 스터디 모임을 하면서 각 파트별로 보고서 작성까지 진행하는 데 기본적인 지식만 가지고 있다면 한 달이 채 걸리지 않는다.

웹 취약점 수동점검 보고서 - 김형범

1.2 취약점 점검항목 및 요약

작성자는 점검대상(Oyesmall)을 선정하여 VMWare환경에 웹애플리케션을 구축하고 OWASP 및 KISA에서 발표하는 웹 취약점 점검 목록 중 중요 취약점들을 정의하고 수동으로 점검하였으며 이의 대한 대응방안을 마련하였다. 또한 고객의 이해를 돕기 위해 모의침투를 시도함으로써 어떠한 피해가 발생하는지 살펴보도록 하겠다.

다음은 보고서에서 진행할 점검 취약점 목록이다

◻ 그림 1.2-1 보고서 점검항목

순번	구분	점검 항목
1	SQL인젝션 취약점	• 로그인 우회 점검, 에러 기반 점검, 문자열 기반점검, 정수 기반 점검, 응답 기반 점검, 시간 기반 점검
2	XSS 취약점	• 악의적인 스크립트 필터링 여부(POST 메소드), URL 파라미터 스크립트 필터링 여부(GET 메소드)
3	CSRF 취약점	• 소스코드 점검
4	인증우회 취약점	• 쿠키 재사용 여부, 중요페이지 세션/인증/접근 체크여부, 자바스크립트 인증 우회 허용 여부
5	파일 다운로드 취약점	• 입력값 검증 미흡으로 파일 다운로드 공격 가능 여부
6	파일 업로드 취약점	• 입력값 검증 미흡으로 파일 업로드 공격 가능 여부
7	관리자페이지 노출	• 페이지 내 관리자 페이지 링크 여부 확인, 관리자 페이지 접근 여부
8	안전하지 않은 암호화 저장	• 중요 개인정보노출 점검, DBMS 데이터 평문저장 점검
9	보안설정 미흡	• 에러처리 미흡 여부 점검, 디렉토리 리스팅 노출 여부 점검

다음은 위 점검항목에 대한 보고서를 요약한 것이다.

◻ 그림 1.2-2 보고서 요약

구분	요약
제1장 SQL인젝션 취약점	• 로그인 우회, 에러 기반, 문자열 기반, 정수 기반, 응답 기반, 시간 기반 등 모든 점검 대상에서 취약점이 발견되었으며 이의 대한 대응방안을 마련하였다. 또한 고객의 이해를 돕기 위해 에러 기반을 이용해 모의 침투를 하였다.
제2장 XSS 취약점	• Reflected XSS, Stored XSS에 취약한 파라미터들을 검사 하였으며 위 점검 항목에서도 취약점여부가 많이 드러났으며 이의 대한 대응방안을 마련하였다. 또한 고객의 이해를 돕기 위해 Stored XSS를 이용하여 관리자에 쿠키값을 획득하였다.
제3장 CSRF 취약점	• 소스코드 기반으로 점검한 결과 XSS와 마찬가지로 모든 파라미터 들이 취약하다는 것을 알수 있었으며 이의 대한 대응방안을 마련하였다. 또한 고객의 이해를 돕기 위해 도배성 광고형태의 게시글을 클릭하면 도배할 수 있도록 악의적인 코드를 작성 하였다.
제4장 인증우회 취약점	• 쿠키 재사용 취약점이 발견되었으며 이의 대한 대응방안 마련하였다. 또한 고객의 이해를 돕기 위한 모의 에서는 중요페이지 세션/인증/접근 체크여부 취약점을 이용하여 인증우회 하였다.
제5장 파일 다운로드 취약점	• 입력값 검증 미흡으로 파일 다운로드 공격 가능하며 이의 대한 대응방안을 마련하였다. 또한 고객의 이해를 돕기 위해 소스코드를 다운받고 2차적으로 추가 정보를 취득 하였다.
제6장 파일 업로드 취약점	• 입력값 검증 미흡으로 파일 업로드 공격 가능하며 이의 대한 대응방안 마련하였다.
제7장 관리자페이지 노출	• 페이지 내 관리자 페이지 링크 확인되며 관리자 페이지가 쉽게 접근되었다. 또한 관리자 페이지가 추측가능한 페이지 명이기 때문에 URL에 사전대입공격에 취약하다는것을 알수 있었으며 이의 대한 대응방안도 마련하였다.
제8장 안전하지 않은 암호화 저장	• 중요 개인정보노출과 DBMS 데이터 평문저장의 취약점이 확인되었으며 이의 대한 대응방안을 마련하였다. 또한 고객의 이해를 돕기 위해 DBMS 데이터 평문저장이 SQL인젝션공격으로 현재 가입된 계정이 그대로 노출되었다.
제9장 보안설정 미흡	• 에러처리 미흡과 디렉토리 리스팅 노출이 확인되었으며 이의 대한 대응방안을 마련하였다.

⊢ 3 -

그림 2-3 보고서 작성 예제(1)

제8장 | 관리자페이지 노출 취약점

8.1 관리자페이지 노출 개념

관리자 페이지란 웹 서비스의 사용자나 데이터, 콘텐츠를 쉽게 관리하기 위한 목적으로 다양한 기능과 권한을 갖고 있는 홈페이지 운영에 중요한 역할을 하고 있기 때문에 일반 사용자는 인증을 통과하지 못하게 할뿐 아니라 일반 사용자는 관리자 페이지를 볼 수 없게 하여야 한다.

단순한 관리자 페이지 이름인 admin, manager나 설정, 프로그램 설계상의 오류, 추측이 가능한 URL로 인한 취약점으로 관리자 페이지에 직접 접근할 수 있게 되며 공격자는 인증우회를 통해 접근이 가능하게 된다. 웹 관리자의 권한이 노출될 경우 홈페이지의 변조 뿐 아니라 취약점 정도에 따라 웹 서버의 권한까지도 노출될 위험이 있게 된다.

8.2 관리자페이지 노출 취약점 분석

가 웹 취약점 개요

이번 취약점에서는 Proxy툴을 이용하여 전송 중 Response 바디에서 admin이나 manager와 같이 추측이 가능한 단어를 사용하는지 또는 URL에서 admin이나 manager와 같이 추측이 가능한 단어를 사용하는지 살펴 보겠다. 만약 관리자페이지나 노출된다면 SQL Injection공격이나 사전대입 공격 또는 인증우회 등으로 관리자 페이지로 들어갈수 있는 권한을 획득할수 있다. 이와 관련되어 5.4 모의 침투 단락에 작성되었다.

나 웹 취약점 점검 환경

운영체제	Windows 7 32bit	점검대상	OyesMall
익스플로러	Chrom	Tool	Cooxie , Proxy Web Server

다 웹 취약점 분석

■ 소스코드 취약점 점검

• Paros툴을 이용해 전송중 Reponse Body에서 admin, manager, master, system, adminstrator 등과 같은 페이지 명을 추측하여 찾아본다. 발견이 된다면 소스코드의 문맥을 파악하여 홈페이지에 어디에서 관리자페이지로 들어갈수 있는지 찾을수 있게 될 것이다.

□ 그림 8.2-1 메인화면 Reponse Body

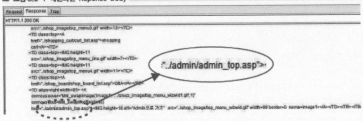

그림 2-4 보고서 작성 예제 (2)

이런 프로젝트를 진행하면서 자신의 지식을 문서로 정리할 있는 기회도 생길뿐더러 "모의해킹 면접에서는 어떤 것을 물어보나요?" 질문의 답변에서도 언급했듯이 면접관들의 질문은 이 같은 프로젝트에서 시작된 다. 자신이 했던 프로젝트이기 때문에 어떤 목적으로 시작했고, 어떻게 진행됐으며, 프로젝트를 진행하면서 어떤 어려움 등이 있었는지 모두 자신있게 말할 수 있다. 그렇기 때문에 면접을 볼 때도 많은 도움을 받을 수 있다.

학원 3개월보다 회사 2주가 낫다

"위에서는 학원에 대해 좋은 관점을 보였는데 갑자기 무슨 소린가?" 하겠지만 여기서는 "회사에 들어갈 수 있는 기회가 생겼을 때"의 태도에 관한 이야기다.

학원을 다녀야 할지 문의할 때는 다양한 커리큘럼을 내밀며 거기에 포함된 모든 과목을 다 배워야 할지에 대해 물어본다. 학원을 다니는 것에 대해서는 적극적으로 찬성한다. 나도 학원에서 보안 공부를 시작했고, 짧은 시간 동안 집중적으로 공부하면서 운이 좋아서 취업까지 되어 사회생활을 시작했다. 단, 내가 반대하는 경우가 하나 있다. 학원에서 공부하다 보면 주위 사람들의 의견을 듣게 된다. 그리고 온종일 공부만 하는 입장이니 강의만 잘 들어도 매일 성장하고 있다는 느낌이 든다. 이렇게 생활하다가 갑자기 회사에 들어갈 기회가 오면 바로 덤벼드는 것이 아니라 많은 고민을 하게 된다. "회사에 들어가면 일을 잘할 수 있을까?", "원래 계획했던 학원의 수업을 모두 마치는 게 좋지 않을까. 배우고 싶은 과목이 아직 남았는데 끝까지 수료하고 나가자."라는 생각과 함께 자신에게 온 기회를 잡지 않는다. 이런 상황에서 후배들이 조언을 받으러 오면 나는 "네가 가고 싶었던 분야였다면 최대한 빨리 입사해라. 학원에서 3개월 배우는 것보다는 회사에서 3주 동안 일하면서 배우는 게 더 많다."라고 이야기해준다. 학원은 내가 돈을 내고 받는 서비스이지만, 회사 는 나에게 일을 한 대가로 돈을 주기 때문에 일하는 입장에서는 업무에 집중할 수밖에 없다. 자신이 맡은 부 분에서 어떻게든 결과가 나와야 한다. 개인이 만들기 힘든 인프라 환경을 고객사에서는 가지고 있다. 그러 한 환경에서의 모의해킹 진단을 할 수 있는 기회를 최대한 빨리 확보하길 바란다. 하고 싶은 것은 빨리 해봐 야 그 일이 적성에 맞는지, 자신의 인생에서 오랜 시간을 투자할 수 있는 일인지 알 것이 아닌가?

02 / 정보 수집을 할 때는 어떤 방법을 이용하나요?

Q&A

내가 다니던 컨설팅 회사에서는 그룹웨어를 이용해 수집된 정보를 팀원들과 공유했다. 그때 직장 상사님이 활발하게 정보를 수집해서 매일 업데이트했기 때문에 부하직원 입장에서 눈치도 보였고, 부담을 가지면서 정보를 수집했다. 내가 아무리 정보를 수집해도 나오지 않은 정보들이 매일 업데이트되는 것이 신기하기만 했다. 그 당시에는 정보를 수집하는 것이 해외 메일 그룹을 통해 수집하는 방법이 제일 빨랐다. 해외 블로그에 올라온 정보를 직원들이 수집해서 메일링함으로써 다른 사람들과 공유하는 방식이었다. 그 뒤로 RSS 서비스나 소셜 네트워크 서비스가 나타나면서 사람들이 편하고 빠르게 정보를 받는 시대로 바뀌었다.

IT 분야 업무를 선택했다면 하루에도 빠르게 변화하는 기술에 대해 전반적으로 이해해야 한다. 모의해킹 업무뿐만 아니라 보안 실무를 하다 보니 다양한 영역에서 더욱더 정보를 수집할 필요를 느꼈다. 업무에서 활용할 수 있는 정보를 하나씩 모으고 있는 와중에 카페를 개설할 기회가 생겼다. 모아둔 정보를 혼자 정리하자니 벅차기도 하고 사람들과 함께 공부하면 좋겠다고 생각했다. 그래서 카페를 만들면서 Onepage Security라는 타이틀을 통해 입문자를 위한 보안 이슈를 정리하고 배포했다.

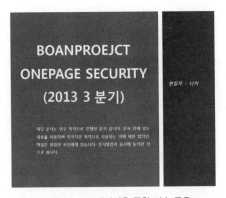

그림 2-5 Onepage 매거진을 통한 이슈 공유

이 안에는 개인적으로 흥미로워서 정리한 내용도 있지만, 업무에서도 많이 활용되는 부분은 반복적으로 언급했다. (지금은 코드엔진 라이브 리서치[32]와 페이스북[33]을 통해 리서치한 보안 정보를 공유하고 있다.) 대부분 입문자를 대상으로 진행하고 있고, 나도 외국 회사처럼 전문 리서처가 아니기 때문에 내용이 부실한 경우도 있긴 하다. 그래도 매일 아침과 쉬는 시간 틈틈히 20분 정도만 투자하면 자신이 공부해야 할 주제에 대한 최신 정보를 획득할 수 있어서 나중에 진로를 선택하는 데 많은 도움을 받을 수 있다. 이 책에서는 소셜 네트워크 서비스(SNS)를 통해 정보를 어떻게 수집하는지 간단하게 정리해본다.

이제 소셜 네트워크 서비스는 일상생활의 많은 부분을 차지하고 있다. 대표적인 서비스로 트위터, 페이스북, 밴드 등이 있다. 트위터에서는 답변을 하기가 불편해 정보 수집만으로 이용해 왔는데, 이제 트위터에도 최신 트윗글에 바로 답변을 할 수 있는 기능이 추가됐다. 페이스북과 달리 답변보다는 리트윗을 통해 소통한다는 점에서 콘텐츠에 대해 토론하기가 불편했지만 이제 이런 점이 모두 해소됐다.

그림 2-6은 내가 즐겨찾기로 설정해서 가지고 있는 글의 예다. 그날그날 바로 확인해서 정보를 정리하는 경우도 있고, 시간이 날 때 보기 위해 즐겨찾기로 보관해 놓는다.

그림 2-6 트위터 서비스를 이용한 정보 수집(즐겨찾기 관리)

---

32 코드엔진 라이브 리서치: http://codeengn.com/live
33 페이스북 보안프로젝트 리서치: https://www.facebook.com/groups/369064456495824/

이 중에서 좋은 정보는 페이스북을 통해 공유한 뒤에 함께 관심 있는 친구들과 토론한다. 혼자 연구하기 힘든 것은 과제 연구로 선정해서 카페에서 스터디를 진행한다. 개인 연구를 할 때는 꼭 보고서를 남겨야 하며, 공개할 수 있는 부분에 대해서는 개인 블로그에 공유한다. 지금은 페이스북에 보안프로젝트 리서치(https://www.facebook.com/groups/369064456495824/)라는 공간을 만들어서 보안과 관련된 정보를 이곳에서 집중적으로 공유하고 있다. 다양한 분야에서 종사하고 있는 전문가들이 많이 가입돼 있기 때문에 정보를 공유했을 때 활발한 토론도 일어난다.

특히 업무를 하다가 어려운 부분이 발생하면 그룹 내에서 질문/답변을 통해 해결할 수도 있다.

그림 2-7 페이스북 그룹을 통한 정보 공유/토론

정보를 수집하다 보면 비슷한 정보를 수집하는 사람들이 보인다. 그리고 비슷한 정보/성향일 것 같은 사람들을 추천하는데, 이 부분도 한번 보면 좋다. 정보 수집이 익숙할 때까지는 많은 사람들의 글을 받아 보길 바란다.

그림 2-8 트위터 서비스에서 관련된 정보 인맥 확인

트위터 활동을 몇 달 정도 하다 보면 즐겨찾는 사람들의 목록이 정해진다. 항상 이 목록에
있는 친구들이 하루하루 어떤 정보들을 업데이트하는지 보면 된다. 하루에 평균 10개 정도
올라오기 때문에 제목을 보면서 흥미 있는 것으로 정하면 된다. 정보 수집 습관이 몸에 배
면 제목만 봐도 어떤 연구들이 단기간으로 진행할 수 있을지, 1주일, 한 달이 걸릴지 판단이
된다.

표 2-1은 IT 정보 및 보안에 대한 유용한 정보를 정기적으로 수집할 수 있는 트위터 계정들
을 정리한 것이다.

IT 및 보안정보를 얻을 수 있는 유용한 트위터 계정	
https://twitter.com/r_netsec	https://twitter.com/ProjectHoneynet
https://twitter.com/teamcymru	https://twitter.com/viaforensics
https://twitter.com/gN3mes1s	https://twitter.com/kwang82
https://twitter.com/hiddenillusion	https://twitter.com/Hfuhs
https://twitter.com/PhysicalDrive0	https://twitter.com/Carlos_Perez
https://twitter.com/xanda	https://twitter.com/securitytube
https://twitter.com/r0bertmart1nez	https://twitter.com/jedisct1
https://twitter.com/Jhaddix	https://twitter.com/Dinosn
https://twitter.com/quequero	https://twitter.com/soaj1664ashar
https://twitter.com/mikefrobbins	https://twitter.com/energizedtech
https://twitter.com/juneb_get_help	https://twitter.com/BorjaMerino
https://twitter.com/Security_FAQs	https://twitter.com/aboutsecurity
https://twitter.com/secdocs	https://twitter.com/parkto
https://twitter.com/SecurityXploded	

IT 및 보안정보를 얻을 수 있는 유용한 트위터 계정	
https://twitter.com/bartblaze	https://twitter.com/carlosacastillo
https://twitter.com/pof	https://twitter.com/geeknik
https://twitter.com/armitagehacker	https://twitter.com/estima7

표 2-1 유용한 정보를 얻을 수 있는 트위터 계정

다음으로 트위터에서는 해시태그(#)를 이용해 특정 주제를 모아 검색할 때 활용할 수 있게
한다. (페이스북에서도 현재는 지원하고 있지만 아직은 많은 사용자들이 사용하지 않는다.)
검색란에 '#주제'를 입력하면 해시태그를 걸어놓은 글들이 나타나는 것을 확인할 수 있다.
그냥 '주제'만 입력해도 공개된 트윗글은 확인할 수 있지만, 내가 찾는 주제와 다른 내용이
나타날 수 있다. 트위터 사용자들이 찾고 싶은 주제에 대해 태그를 많이 달아뒀다면 생각한
것 이상으로 좋은 정보들을 손쉽게 획득할 수 있다.

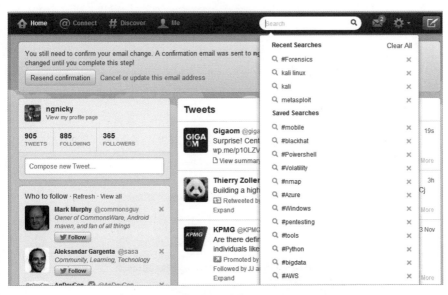

그림 2-9 트위터 서비스를 활용한 정보 수집(# 태그로 검색)

그림 2-10   페이스북의 해시태그 지원(아직 많이 사용하지 않음)

트위터에서 해당 주제의 그룹 정보가 자신이 정기적으로 봐야 할 주제라면 오른쪽 설정에서
Save Search를 선택하면 검색어가 저장되어 나중에 다시 검색할 때 편리하게 활용할 수 있
다. 저장하는 검색어 저장은 25개로 정해져 있기 때문에 검색 우선순위를 정해서 결정하기
바란다.

그림 2-11   트위터 서비스를 활용한 정보 수집(# 태그 추가 및 삭제)

이번에는 RSS(RDF Site Summary 또는 Rich Site Summary)에 대해 설명하겠다. RSS 서비스는 모든 블로그에서 지원해주기 때문에 블로그 저자들이 글을 올리는 순간 업데이트가 이뤄져 실시간으로 정보 수집이 가능하다. 소셜 네트워크 서비스에 빠르게 정보를 수집하는 사람들은 RSS 서비스를 앞서 사용한 뒤에 공유를 하는 것이다.

작년에 구글에서 종료했던 가장 아쉬운 서비스 중 하나로 구글 리더(Google Reader)가 있었는데, 현재는 대체 서비스로 피들리(http://www.feedly.com)를 많이 사용하고 있다. 사용법은 거의 동일하기 때문에 이전에 구글리더 사용자들은 그대로 피드 데이터베이스를 가져와 활용할 수 있다.

그림 2-12 피들리 서비스를 이용한 정보 수집

RSS 서비스와 소셜 네트워크 서비스를 최대한 이용한다고 하더라도 제일 아쉬운 것은 자신이 원하는 콘텐츠를 더 효과적으로 볼 수 있는 방안이다. RSS 서비스는 너무나 많은 정보들이 오다 보면 오히려 독약이 될 수 있기 때문이다. 그래서 이런 정보들은 지속적으로 저장을 한 뒤에 2차, 3차로 내 입맛에 검색할 수 있는 서비스가 필요했다. 이런 아이디어를 내가 운영하는 카페와 협업하는 코드엔진과 개발했고, 코드엔진 라이브 서비스(http://codeengn.com/live)에서 제공하고 있다.

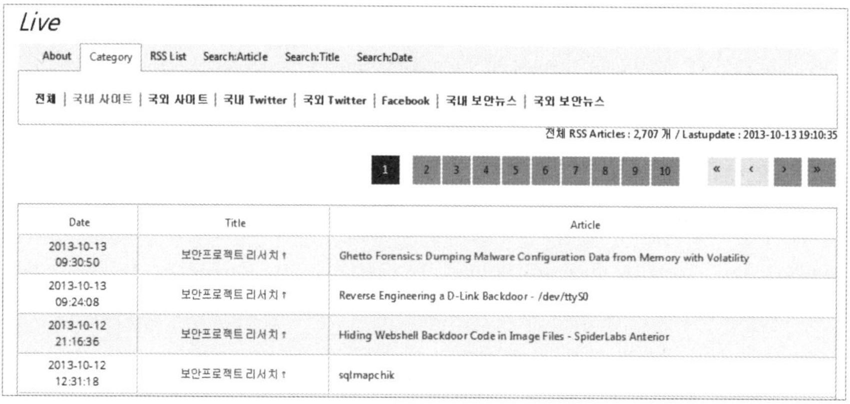

그림 2-13 코드엔진의 RSS 라이브 서비스

앞에서 언급한 카페의 글도 실시간으로 데이터베이스화돼 있으며, 글 제목으로 주제를 검색해 지금까지 수집한 정보를 순서대로 확인해서 연구 및 집필에 유용하게 사용하고 있다. 현재는 타임라인 기능까지 반영해 사용자들의 편의성을 강화하고 있다.

그림 2-14 리서치 데이터에 타임라인 적용(코드엔진)

이 외에도 정보보안을 비롯해 트위터에서 꼭 팔로우해야 할 100인 목록이 공개된 사례가 있다. 100인에 포함됐다는 것은 그만큼 각 분야에서 영향력이 매우 높고 좋은 정보들을 정기적으로 공유하고 있다는 의미다.

http://www.huffingtonpost.com/vala-afshar/100-must-follow-on-twitte_b_4398144.html?utm_hp_ref=tw (단축URL: http://goo.gl/MpoJqk)

페이스북 아카이브를 이용한 정보 보관 및 검색

페이스북에서는 같은 분야에 종사하는 사람들과 친구를 맺고, 그룹을 형성할 수 있기 때문에 실시간으로 정보를 공유하거나 토론하는 데 활용하기에 좋다. 그룹마다 알람기능이 기본으로 설정돼 있기 때문에 스팸처럼 느껴질 수도 있지만 빠른 정보 습득을 위해서는 이런 기능은 충분히 활용할 만하다. 나도 업무를 하면서 이슈가 되는 정보들을 빠르게 습득하거나, 혼자 해결하기 힘든 부분은 비슷한 주제의 페이스북 그룹 사람들과 이야기하면서 풀어간다. 하지만 페이스북에도 단점이 하나 있는데 바로 검색 기능이 미흡하다는 것이다. 자신이 올린 글이나, 그룹 내에 계속 업데이트되는 글들을 검색하기가 매우 불편하다는 점이 있다. 그나마 자신의 뉴스피드에 올린 글은 "아카이브" 기능을 활용해 로컬에 저장할 수 있다.

페이스북 오른쪽 상단의 **계정 설정** 〉 **[사본을 다운로드]**를 클릭하면 "아카이브 만들기" 버튼이 나타난다. 버튼을 클릭면 아카이브가 만들어지고, 페이스북 활동에 따라 생성하는 데 걸리는 시간이 다르다(저자는 10시간 정도 소요된 것 같다.)

조정원 홈
광고 만들기
계정 설정
공개 범위 설정
로그아웃
고객센터

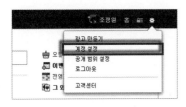

그림 2-15 코드엔진 RSS 라이브 서비스

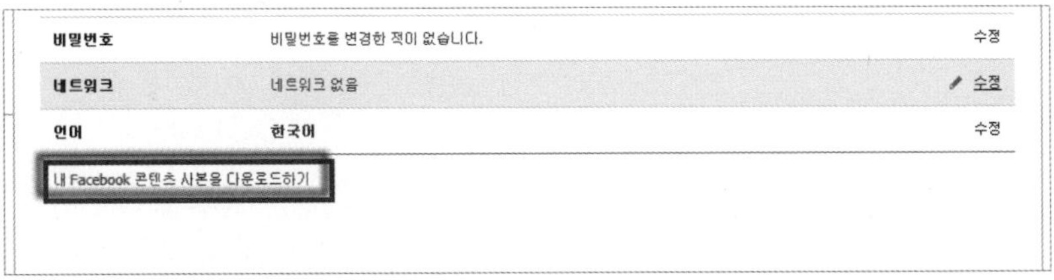

비밀번호
비밀번호를 변경한 적이 없습니다.
수정
네트워크
네트워크 없음
수정
언어
한국어
수정
내 Facebook 콘텐츠 사본을 다운로드하기

그림 2-16 아카이브 생성 신청

아카이브 생성이 완료되면 등록한 메일로 경로와 함께 통보가 온다. 경로를 따라가면 [Facebook 아카이브 다운로드]으로 바뀐 것을 확인할 수 있다.

그림 2-17 아카이브 생성 링크

그림 2-18 아카이브 다운로드

아카이브를 내려받으면 이제까지 등록한 모든 담벼락, 사진 파일, 동영상 파일들이 디렉터리별로 저장돼 있다. 여기서 필요한 부분만 필터링해서 정리하면 나만의 '이슈 모음 데이터베이스'가 만들어지는 셈이다.

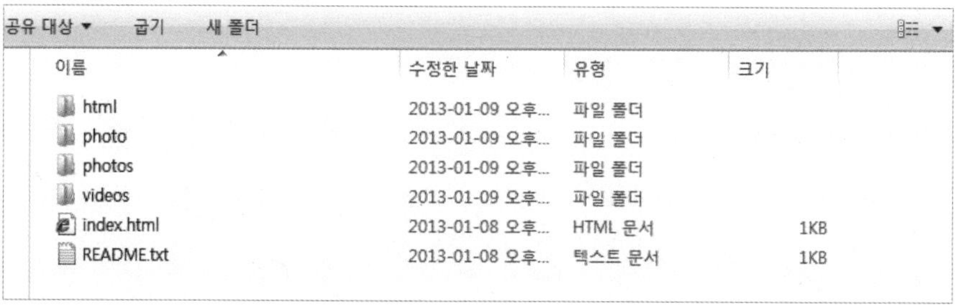

공유 대상 ▼	굽기	새 폴더			⊞▼
이름		수정한 날짜	유형	크기	
html		2013-01-09 오후...	파일 폴더		
photo		2013-01-09 오후...	파일 폴더		
photos		2013-01-09 오후...	파일 폴더		
videos		2013-01-09 오후...	파일 폴더		
index.html		2013-01-08 오후...	HTML 문서	1KB	
README.txt		2013-01-08 오후...	텍스트 문서	1KB	

그림 2-19 내려받은 파일의 압축을 푼 모습

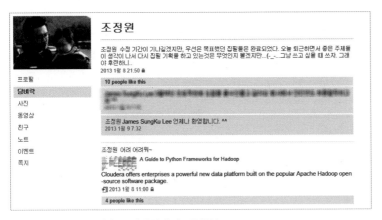

그림 2-20 로컬에서 페이스북에 올렸던 정보를 확인

페이스북의 검색 기능 활용

페이스북을 사용하다 보면 기존에 올렸던 뉴스피드를 검색하기가 너무 힘들다는 사실을 알 수 있다. 타임라인을 지원하긴 하지만 자신이 올렸던 그 시점을 어느 정도 알고 있어야 하기 때문에 주제를 검색하는 데 적합하지 않다. 자신이 올린 정보들을 단어를 통해 한번에 수집할 필요가 있기 때문에 주제 검색이 중요하며, 페이스북에서도 다음과 같은 기능을 통해 검색을 강화하고 있다.

첫째, 그룹 내 검색 기능이다. 내가 운영하고 있는 보안프로젝트 리서치 그룹에 올라온 다양한 정보들을 검색하고 싶다고 했을 때 상단의 검색란에 단어를 입력하면 관련 정보를 모두 수집할 수 있다. 이로써 집단지성으로 이뤄진 지식 데이터베이스를 100% 활용할 수 있다. 개인 뉴스피드에는 아직 이 기능이 적용되지 않았기 때문에 불편함은 여전히 있다.

그림 2-21 페이스북 그룹내 검색 기능 활용

둘째, 개인피드 검색 기능이다. 개인피드의 검색 기능을 활용하려면 트위터의 주제어 검색에 해당하는 해시태그(#)를 활용한다. 페이스북에서 글을 작성할 때 '#주제'로 구분해두면 나중에 관련 주제로 표시한 정보들을 검색할 수 있다. 하지만 글을 작성할 때 조금은 신경 써야 한다는 단점이 있다.

그림 2-22 페이스북 뉴스피드를 #으로 분류

페이스북은 빅데이터를 이미 보유하고 있기 때문에 검색 서비스에 비즈니스를 강화하려는 것을 볼 수 있다. https://www.facebook.com/about/graphsearch를 오픈했을 때 사진 검색만 지원하다가, 이제 뉴스피드와 답변까지 검색 범위에 포함했다. 아직은 영어만 지원하고 있으며, 앞으로 한글도 지원된다면 국내 검색 서비스와 구글 검색 서비스에도 많은 영향을 주지 않을까 생각한다.

03 / 해킹대회는 취업과 학습을 하는 데 중요한가요?

Q&A

따뜻한 봄이 오는 4월 정도부터 10월경까지 국내외 해킹대회가 많이 개최된다. 한국인터넷진흥원(KISA)에서 주최하는 해킹방어대회는 벌써 10회차이며, 각종 언론 및 기관에서 진행하는 메이저 대회들도 해마다 개최되고 있다. 또한 대학교에서도 일반인들을 대상으로 자체적으로 대회를 운영하는 곳도 많이 나타나고 있다. 이 해킹대회는 보안인들을 위한 축제와 다름없다. 콘퍼런스까지 함께 하는 대회는 보안 이슈들을 편안하게 즐길 수 있는 자리이기도 하다.

카페를 운영하다 보면 해킹방어대회 시즌에는 확실히 카페 활동은 줄어들고 해킹대회에 대한 관심을 보이거나 문의를 하는 사람이 많아진다. 즉, 해킹대회 시즌에는 해킹대회와 직접적인 관련성이 떨어지는 다른 주제에 대해서는 카페 활동이 현저하게 줄어든다. 그리고 해킹대회에 대회와 관련된 문의만 주를 이룬다.

한편으로 취업생들이 자주 묻는 질문들은 "해킹 대회에 입상하면 취업에 도움이 되느냐?", "해킹대회에 참석하면 실력이 많이 향상되느냐"로 좁힐 수 있는데, 답은 당연히 둘 다 "그렇다"이다.

보안회사의 구인조건을 보면 '해킹 대회 입상자 우대'라는 문구를 많이 접할 수 있다. 공공기관에서도 이런 인력들에게 많은 채용기회를 주고 있다. 경력자인 저자도 "다시 해킹대회에 도전해봐야 하나?"라고 할 정도다. 기회만 된다면 해킹대회에 자주 참석해보라고 하고 싶다.

나도 회사에 다니면서 업무와 관련된 일만 하다 보니 다른 분야에 신경 쓸 틈이 없었다. 그렇게 1년, 2년 지내다 보니 다른 분야에 무지하다는 느낌을 받을 때가 많았다. 그러다 해킹대회를 참여하겠다고 계획을 잡으면 다른 분야의 지식을 배울 기회를 얻을 수 있다는 점이 너무나도 마음에 들었다.

단, 내가 말하고 싶은 것은 '참여'하는 데 의미를 두지 말고, 어떻게 준비하느냐가 중요하다는 것이다.

해킹대회가 개최될 때마다 온라인 예선을 치루는 이틀 정도만 참석하는 것은 아무런 의미가 없다. 아마 한두 문제를 풀다가 정신적인 공황상태에 빠지면서 "이 분야는 나랑 맞지 않나봐…"라고 하면서 역효과가 날 수 있다. 해킹대회는 준비를 얼마나 철저하게 하느냐에 따라 문제의 의미를 빨리 파악할 수 있고, 해당 문제에 맞는 기술을 적용해 해결방안을 찾아내기까지가 하나의 프로세스에 해당한다.

해킹대회 문제를 만드는 위원회 멤버는 모두 각 분야에서 전문가로 활동하는 사람들이다. 실무에서 경험한 내용을 바탕으로 문제를 만들기 때문에 출제한 문제들이 분명 업무와 관련된 것들이 많다. 문제를 푸는 과정에서 그러한 실무적인 부분들을 느꼈으면 좋겠다. 도구를 이용해 생각보다 간단하게 문제를 풀었더라도 한번 더 문제를 확인해서 의도한 바에 따라 좀 더 풀어보고 정리해나가길 바란다.

그리고 최신 기술을 많이 적용해 본다. 시스템 해킹 문제, 디지털 포렌식 문제, 바이너리 분석 문제, 웹 서비스 취약점 분석 문제, 모바일 앱 분석 문제 등을 몇 달 동안 고민하면서 정성을 다해서 풀어본다. 이런 문제에 접근하기 위해서는 최신 이슈를 파악하면서 이분들보다 더 많은 시간을 투자해야 한다. 그렇기 때문에 한번의 해킹대회를 위해 몇 달 동안 비슷한 문제를 푸는 것을 목표로 잡고 준비하면 실력이 크게 발전할 기회를 얻을 수 있다.

프로젝트라는 것은 '집중과 선택'이다. 해킹대회 입상도 개인이 진행하는 하나의 프로젝트에 해당한다. 이 기간은 집중적인 연구 기간이다. 몇 달 동안 한두 개의 주제를 가지고 집중적으로 연구한다는 것은 정말로 행복한 일이다. 그리고 팀워크에 대한 중요성도 깨닫게 된다. 한 팀원이 모든 문제를 대회 기간 동안에 소화하고 풀어나간다면 끝내주는 일이지만, 대회에 참여할 때 각 분야에 대한 전문 팀원들의 비율도 중요하다. 대회는 정해진 시간에 얼마나 빨리 풀어 가산점을 얻고, 많은 문제를 풀어내는가에 승부가 가려지기 때문이다. 특히 본선에서는 속도가 중요하다.

그렇다고 학생 기간 내내 해킹대회만 준비해서는 안 된다. 취업기간에는 취업에 맞는 준비를 해야 하고 취업에 맞는 프로젝트를 진행해야 한다. 뭔가를 보여주는 결과물(포토폴리오)이 있어야 한다. 해킹대회를 준비하면서 정리된 기술문서 중에서 지원한 업무와 관련이 있는 것이라면 취업에 도움될 것이라 생각한다.

하지만 가장 중요한 것은 이런 해킹대회에서 습득한 기술을 업무에 얼마나 적용하느냐다. 해킹대회로만 끝나지 않고, 이런 기술들이 서로 모여서 업무의 효율성을 향상시키고 훌륭한 가이드를 제시하는 방안이 돼야 한다. 회사는 기술만을 보여주는 것이 아니라 비즈니스를 통한 수익이 우선이기 때문이다.

해킹대회에서 주는 상금이나 명예만 생각하고 접근하면 항상 일이 터지기 마련이다. 이전에도 해킹대회가 개최될 때 정기적으로 불미스러운 일이 발생했다. 같은 소속의 그룹이 몇 개의 팀으로 나누어 참여한 뒤에 답안을 공유하거나, 풀이 과정의 힌트를 서로 공유하며 순위를 차지하는 경우다. 그리고 국내에서 가장 규모가 큰 대회인 KISA 해킹방어대회에서도 이런 일이 발생했다. 이런 불미스러운 일로 인해 처음으로 법적조치까지 취해졌다. 사건을 일으킨 인력들의 실력은 결코 나쁘지 않았다. 다른 대회에서 수상할 정도의 실력을 갖춘 인력이었는데, 큰 대회에서 입상하는 데 집중한 나머지 보안에서 제일 중요시하는 비윤리적인 행위를 저지른 것이다.

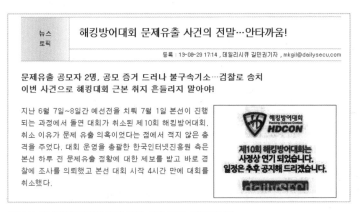

그림 2-23 해킹방어대회 문제 유출 사건 출처: 데일리시큐

그렇지만 해킹대회를 준비하고 수상하는 데 목표를 두는 것은 좋다고 생각한다. 다시 한번 강조하자면 대회의 의미를 잘 생각하면서 재미있고 열정적으로 준비하라고 권하고 싶다.

아래는 국내외에서 알려진 해킹대회를 준비할 때 이용할 수 있는 훈련공간이다. 웹/리버싱/포렌식/모바일 등 다양한 분야가 포함돼 있기 때문에 학습하는 데 도움될 것이다.

사이트	URL정보
Hack-me	http://www.hack-me.org/index.php?p=challs
hackthissite	http://www.hackthissite.org
와우해커	http://webgame.wowhacker.com/

사이트	URL정보
SANS 포렌식 컨테스트	http://forensicscontest.com
HoneyNet Project Challenges	http://www.honeynet.org/challenges
SANS Christmas Hacking Challenge	http://pen-testing.sans.org/holiday-challenge
해커스쿨-BOF원정대	http://goo.gl/quj1Xo
파이썬 챌린지	http://www.pythonchallenge.com/index.php
hellboundhackers	https://www.hellboundhackers.org/
smashthestack	http://www.smashthestack.org/wargames.php
hacking-lab	https://www.hacking-lab.com/caselist/
크랙미 Tutorial	http://simples.kr/
Exploit 연습공간	http://exploit-exercises.com/
웹해킹 연습공간	http://webhacking.kr
KISA 해킹방어대회 연습공간	http://sis.or.kr
프로그래밍문제 연습공간	http://www.overthewire.org/wargames/
리버싱 연습공간	http://reversing.kr/
코드엔진 챌린지 - 리버싱/악성코드	http://codeengn.com/challenges/

http://www.wechall.net/active_sites에서는 해킹대회 말고도 프로그래밍 등 전 세계의 다양한 대회문제를 제공하는 웹사이트들을 확인할 수 있다.

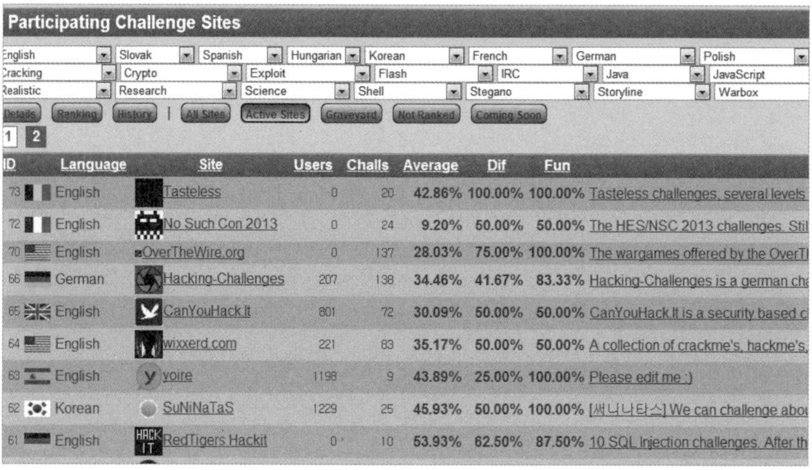

그림 2-24 전 세계의 대회 문제를 제공하는 공간

04 / 워게임이나 웹고트가 취업에 도움이 되나요?

Q 워게임이나 웹고트(webgoat) 등을 풀면서 공부해도 취업에 도움이 많이 될까요? 대다수의 분들이 직접 구축해서 공격해보고 막아보고 하라고 하시더라고요.

A 개인적으로 모의해킹 이력서를 받아서 검토하고 면접을 본 경험이 많다. 함께 일할 팀원을 뽑는 것은 굉장히 신중히 해야 할 일이다. 나도 학원 출신이다 보니 취업을 준비할 때 프로젝트를 준비했다. 그때는 개인 단위로 산출물을 작성하는 경우가 많았고, 여러 명이 프로젝트 단위로 산출물을 내는 곳은 많지 않았다. 그런데 내가 다닌 학원에서는 최종 산물출을 항상 프로젝트 단위로 진행했다. 그래서 나와 같은 학원의 출신들이 다른 학원에 비해 컨설팅 회사의 모의해킹팀이나 취약점 분석팀으로 많이 진출했다. 면접을 볼 때도 프로젝트가 아닌 몇 가지 주제를 가지고 접근한 지원자들을 많이 봤다. 예를 들어 "XSS 취약점이 무엇인지, SQL 인젝션이 무엇인지, 버퍼오버플로우가 무엇인지"에 관한 연구문서가 대부분이었고, 하나의 시나리오로 묶지 못했다. 그러다 보니 면접을 볼 때는 전체 그림이 그려졌던 것이 아니라서 하나하나의 개별적인 지식으로 설명하려고 하니 많이 힘들어 하는 모습을 볼 수 있었다.

그 후로는 다른 학원에서도 프로젝트 형태로 많이 진행됐다. 웹 서비스 진단, 범용 애플리케이션 버그의 취약점 분석, 모바일 앱 서비스 진단, 악성코드 분석, 보안장비솔루션을 활용한 로그 분석 프로세스 개발 등 나름 좋은 주제들이었다.

나는 프로젝트 단위로 진행하는 것을 좋아한다. 프로젝트라는 것은 하나의 주제를 정하고 다양한 방향으로 접근해 보며 결과를 도출해내는 것이다. 그 과정에서 단계별로 팀원들이 많이 고민한 흔적과 실패했던 과정들을 비롯해 이를 극복한 경험들이 문서에 담겨 있어야 한다. 그리고 프로젝트에서 자신이 어떤 장점을 살려 목표로 잡은 성과를 냈는지에 따라 면접할 때도 자신 있게 말할 수 있다.

웹 서비스 진단을 목표로 프로젝트를 진행하는 사람 중에는 웹고트를 포함해 워게임을 많이 활용한다. 이때 취약하게 설정된 웹 서비스에 다양한 공격 기법을 실습할 수 있다. 하지만 OWASP TOP 10을 기반으로 한 웹 취약점을 일부러 취약하게 설정한 사이트를 하나 개발하는 데는 보통 오랜 시간이 걸린다. 단순한 게시판 개발이나 인증 처리 등 몇 페이지밖에 없는 사이트를 만드는 것은 책에서 제공하는 실습 파일로 구성하면 그만이지만 모든 항목들을 실습할 수 있게 구축하기란 쉽지 않은 일이다.

이런 환경을 이용하는 것은 좋다. 하지만 접근은 달리 해보면 어떨까? 웹고트 풀이는 인터넷에서 검색해 보면 수백 개의 결과가 나올 정도로 많은 사람들이 정리해놓은 게 많다. 보통 순서대로 어떻게 하면 풀이가 되는지 보여주는 실습 과정이다. 풀이를 조금 참고해서 마지막까지 풀어보는 것도 중요하다. 하지만 이 문제가 실제 서비스에서는 어떤 영향을 줄 수 있을지, 이 외에도 어떤 시나리오들을 구성할 수 있을지, 해당 공격에 대응하는 데는 어떤 방안이 있을지, 서버 설정이 필요할지, 소스코드 차원에서 필요할지에 대한 고민이 필요하다. 그리고 직접 자신만의 대응 방안 가이드를 작성해보길 바란다. 워게임을 실제 서비스라고 생각하고 컨설팅과 교육을 한다고 생각해야 한다.

학생 입장에서는 어려운 과제일 수도 있다. 그렇지만 한번만 더 고민해보자. 내가 고객이라면 이런 취약점 도출에 대해 어떤 반응을 보일지, 어떤 것을 원하는지 생각을 조금만 바꿔보면 좋은 프로젝트가 될 수 있다.

테스트 환경 추천

교육용으로 취약한 서버로 사용하기에 좋은 것은 경험상 세 가지 정도가 있다. 이 세 가지 환경만 잘 이용해도 수많은 주제를 다룰 수 있고 훌륭한 졸업 프로젝트를 만들어갈 수 있다.

첫째는 OWASP 프로젝트와 오랫동안 즐겨 사용했던 웹고트(WebGoat)다. 서비스를 분석하기 위해서는 환경을 구성해야 한다. 웹 서비스 분석을 한다면 HTML과 서버사이드 프로그래밍을 통해 사이트를 만든다. 애플리케이션의 취약점을 공격하는 경우에는 취약점이 존재하는 버전을 찾아 환경을 구성한다. 혹은 신규 취약점(제로데이 취약점)을 찾곤 한다. 그 중에서 웹 서비스 진단은 항상 프로젝트에 포함되곤 하는데, 그 짧은 기간 동안에 환경까지 구성하는 기간이 포함돼 있다. 웹 애플리케이션의 구조와 프로세스를 이해하기 위해서는 환경을 구성하는 것이 중요하다. 그렇지만 막상 프로젝트를 진행할 때는 진단 항목의 체크 여부를 모두 표현하는 것이 좋은데, 임의로 구성된 환경에서 이를 모두 포함시키기가 쉽지 않다. Ajax나 XML 취약점 등 웹 2.0과 관련된 취약점들을 구성한다면 취약점을 언급하기 위한 목적에 비해 소요되는 시간이 너무 많다. 그렇기 때문에 이 항목들을 모두 다룰 수 있는 웹 환경을 선택하면 좋고 그게 바로 웹고트다.

WebGoat 다운로드 페이지

https://www.owasp.org/index.php/Category:OWASP_WebGoat_Project

WebGoat .NET 환경 다운로드 페이지

https://www.owasp.org/index.php/Category:OWASP_WebGoat.NET

(소스코드만 .NET 기반이고 환경은 아파치 환경이다)

둘째는 Metasploit의 기능을 테스트할 수 있는 웹/시스템 해킹에 적합한 환경이다. Metasploitable V2는 가상환경의 이미지로 돼 있으며 VMware, VirtualBox 등에서 실행된다. 취약하게 설정된 웹 서비스로 구성돼 있으며, 내부 시스템에서도 불필요한 포트를 모두 열어둔 상태이고 기본 설정이 적용돼 있다. 그만큼 기획할 수 있는 공격 시나리오가 많다. Metasploitable V2를 이용한 시나리오 기반 공격 방법을 보여주는 동영상은 아래 링크를 참고한다.

실습 동영상: http://chogar.blog.me/80170595180

Metasploitable V2 다운로드 페이지

http://sourceforge.net/projects/metasploitable/files/Metasploitable2/

가이드: https://community.rapid7.com/docs/DOC-1875

셋째는, OWASP 프로젝트이고 요즘 활발히 업데이트되고 있는 'OWASP Broken Web Applications' 다.

owasp broken web applications

https://www.mandiant.com/blog/mandiant-releases-owasp-broken-web-applications-project-vm-version-11/

아래 목록은 모의해킹, 벤더별 제품 테스트, 해킹대회 사이트 등의 정보를 비롯해 마인드맵과 테스트 환경을 제공해주는 사이트를 정리한 것이다. 학습할 때 참고하기 바란다.

출처: http://www.amanhardikar.com/mindmaps/Practice.html

Vulnerable Web Applications [43 unique web applications]	
OWASP BWA	http://code.google.com/p/owaspbwa/
OWASP Hackademic	http://hackademic1.teilar.gr/
Butterfly Security Project	http://thebutterflytmp.sourceforge.net/
Foundstone Hackme Bank	http://www.mcafee.com/us/downloads/free-tools/hacme-bank.aspx

Foundstone Hackme Books	http://www.mcafee.com/us/downloads/free-tools/hacmebooks.aspx
Foundstone Hackme Casino	http://www.mcafee.com/us/downloads/free-tools/hacme-casino.aspx
Foundstone Hackme Shipping	http://www.mcafee.com/us/downloads/free-tools/hacmeshipping.aspx
Foundstone Hackme Travel	http://www.mcafee.com/us/downloads/free-tools/hacmetravel.aspx
LAMPSecurity	http://sourceforge.net/projects/lampsecurity/
Moth	http://www.bonsai-sec.com/en/research/moth.php
WackoPicko	https://github.com/adamdoupe/WackoPicko
BadStore	http://www.badstore.net/
WebSecurity Dojo	http://www.mavensecurity.com/web_security_dojo/
Bodgelt Store	http://code.google.com/p/bodgeit/
hackxor	http://hackxor.sourceforge.net/cgi-bin/index.pl
SecuriBench	http://suif.stanford.edu/~livshits/securibench/
SQLol	https://github.com/SpiderLabs/SQLol
CryptOMG	https://github.com/SpiderLabs/CryptOMG
XMLmao	https://github.com/SpiderLabs/XMLmao
Exploit KB Vulnerable Web App	http://exploit.co.il/projects/vuln-web-app/
PHDays iBank CTF	http://blog.phdays.com/2012/05/once-again-about-remote-banking.html
GameOver	http://sourceforge.net/projects/null-gameover/
Zap WAVE	http://code.google.com/p/zaproxy/downloads/detail?name=zap-wave-0.1.zip
PuzzleMall	http://code.google.com/p/puzzlemall/

Vulnerable Operating System Installations [19+ unique OS setups]	
Damn Vulnerable Linux	http://sourceforge.net/projects/virtualhacking/files/os/dvl/
Metasploitable v1	http://www.metasploit.com/learn-more/how-do-i-use-it/test-lab.jsp
Metasploitable v2	https://community.rapid7.com/docs/DOC-1875
LAMPSecurity	http://sourceforge.net/projects/lampsecurity/
UltimateLAMP	http://ronaldbradford.com/tmp/UltimateLAMP-0.2.zip
De-ICE, hackerdemia, pWnOS	http://forums.heorot.net/

Holynix	http://pynstrom.net/holynix.php
Kioptrix	http://www.kioptrix.com/
exploit-exercises - nebula, protostar, fusion	http://exploit-exercises.com/
CentOS	http://www.centos.org/

Sites for Downloading Older Versions of Various Software [3 sources]	
Old Apps	http://www.oldapps.com/
Old Version	http://www.oldversion.com/
Exploit-DB	http://www.exploit-db.com/

Sites by Vendors of Security Testing Software [8 unique sites]	
Acunetix acuforum	http://testasp.vulnweb.com/
Acunetix acublog	http://testaspnet.vulnweb.com/
Acunetix acuart	http://testphp.vulnweb.com/
Cenzic crackmebank	http://crackme.cenzic.com
HP freebank	http://zero.webappsecurity.com
IBM altoromutual	http://demo.testfire.net/
Mavituna testsparker	http://aspnet.testsparker.com
Mavituna testsparker	http://php.testsparker.com

Sites for Improving Your Hacking Skills [16 unique sites]	
Google Gruyere	http://google-gruyere.appspot.com/
Hack This Site	http://www.hackthissite.org/
Hacker Challenge	http://www.dareyourmind.net/
HackQuest	http://www.hackquest.com/
Hax.Tor	http://hax.tor.hu/
Hacker Test	http://www.hackertest.net/
OverTheWire	http://www.overthewire.org/wargames/
Root Me	http://www.root-me.org/?lang=en
Smash The Stack	http://www.smashthestack.org/

TheBlackSheep and Erik	http://www.bright-shadows.net/
ThisIsLegal	http://thisislegal.com/
Try2Hack	http://www.try2hack.nl/
EnigmaGroup	http://www.enigmagroup.org/
hACME Game	http://www.hacmegame.org/
Exploit Exercises	http://exploit-exercises.com/
Hacking-Lab	https://www.hacking-lab.com

05 / 실제 업무에서도 SQL 인젝션이 제일 중요한가요?

이 질문을 선택한 것은 내가 후배들의 웹 서비스 취약점 프로젝트를 검토해보면 SQL 인젝션, 파일 업로드 취약점, XSS 취약점 등 입력값 검증에 대한 부분은 많이 포함돼 있는데, 다른 취약점 항목에 대해서는 대충 넘어가는 경향이 많이 보이기 때문이다. 이것은 비단 학생뿐만 아니라 실무를 하고 있는 컨설턴트에게서도 너무 많이 나타나는 현상이다. 위의 세 가지 항목이 보고서의 반절 이상을 차지하고 있으며, 그 안에서만 시나리오를 구성해 놓는다. 나름 재미있게 구성한 것 같지만 전체적으로 봤을 때 한계가 있을 때가 많다.

물론 그림 2-25와 같이 웹 서비스 취약점에 대한 통계를 확인해보면 XSS 취약점을 포함해서 입력값 검증과 관련된 취약점이 50%가 넘는다. 그렇지만 여기에 나온 XSS 취약점은 사용자들에게 영향은 그리 크지 않은 Reflected XSS이 모두 포함되기 때문에 웹 페이지에 삽입되는 형태의 Stored XSS만 생각하면 비중은 많이 낮아진다. 잠재적인 취약점 검토를 위해 소스코드 진단(시큐어코딩 진단)을 해보면 Reflected XSS 취약점이 대부분을 차지한다.

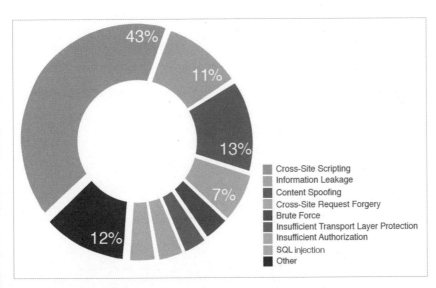

그림 2-25 **웹 취약점 통계** 출처: WhiteHat Security

그렇다고 해서 입력값 검증 부분만 강조해서 보고서를 작성하면 옳을까? 이런 공격 기법들이 많이 시도되다 보니 IDS/IPS/WAF에서는 노출된 패턴에 대해 모두 적용하고 있다. 임계치와 상관없이 이런 패턴들이 몇 번 들어오면 바로 탐지/차단을 한다. SQL Injection 공격은 한두 번의 공격으로 중요한 정보를 획득하기가 어렵기 때문에 적어도 수십 번에 걸쳐 공격이 이뤄져야 한다. 그렇기 때문에 더욱 탐지되기 쉽다. 즉, 이러한 형태의 공격이 이뤄지면 시스템과 사용자에게 심각한 영향을 줄 수 있지만 그만큼 모니터링에 의해 조기에 발견될 가능성이 높다. 그렇다고 취약점이 발견되지 않는 것은 아니다. 모의해킹을 진행할 때는 보안장비 시스템에서 예외처리를 하고 난 뒤에 진행하는 게 대부분이기 때문이다. 보안장비 시스템을 도입하지 않은 곳도 많기 때문에 위와 같은 통계가 나오는 것도 당연하다.

그렇다면 실무에서 공격이 잘 탐지되지도 않으면서, 중요한 정보가 노출될 가능성이 높은 게 무엇일지를 고민해보면 '인증 처리 미흡' 항목에 포함된 것이 많다. 인증 처리 미흡으로 인해 시나리오를 구성할 수 있는 체크 항목은 아래와 같다. 여기서 제시한 항목 외에도 서비스나 환경에 따라 수많은 인증 처리 미흡에 대한 시나리오를 구상할 수 있다.

❶ 다른 사용자의 게시물을 수정하거나 삭제할 수 있는가? 해당 페이지에 개인정보가 포함돼 있는가?

❷ 다른 사용자의 개인정보 수정 페이지에 접근 가능한가? 개인정보가 가장 많이 포함된 부분이다(이력서 서비스, Q&A 상담글, 1:1 문의 게시물 등도 동일한 프로세스).

❸ 비밀글(상담글 등)에 접근 가능한가? 사용자가 비밀글을 체크한 이유는 분명히 있다.

❹ 상품 결제 금액의 조작이 가능한가? 가격/할인율/쿠폰/카드 할인률/배송비 등 조작할 부분은 너무 많다. 금액 조작뿐만 아니라 배송 프로세스 같은 관리적인 문제까지 도출해낼 수 있는 부분이다.

❺ 쿠키나 세션 정보를 이용해 권한 상승이 가능한가? 획득한 세션 정보로 접근하지 못하는 관리자 페이지에 접근할 수 있다. 회원관리/게시판 관리 등 관리자별로 구분돼 있을 경우 다양한 접근 시나리오를 구상할 수 있다.

❻ 공인인증서 우회를 통한 권한 획득이 가능한가? 공인인증서 로그인 과정에서 타인의 정보를 이용해 권한 우회가 가능하다.

❼ 다른 사용자의 온라인 증명서 발급이 가능한가? 발급 페이지 솔루션에 대한 인증 처리를 우회해 다른 사용자의 개인정보가 포함된 증명서 발급이 가능하다.

❽ 유료 콘텐츠에 대한 접근이 가능한가? 유료 서비스를 신청한 사용자에 대한 권한체크를 우회해 유료 콘텐츠에 마음대로 접근해서 다운로드할 수 있다.

문제는 이러한 항목들은 정상적인 처리로 구분하기 때문에 IDS/IPS 등 보안장비 시스템에
의해 쉽게 탐지되지 않는다는 것이다. 관리자 페이지, 특정 페이지 주소를 등록하지 않은 이
상은 하나도 탐지되지 않는다는 것이 맞을지도 모른다. 모두 정상적인 접근이라고 판단하기
때문이다. 소스코드의 프로세스 문제로 발생하는 경우이기 때문에 모두 소스코드에서 제한
해야 한다. 그런데 이런 프로세스를 우회해서 도출되는 취약점을 자세하게 검토하는 경우는
많지 않다. 서비스의 메뉴를 보면서 사용자라면 어떤 단계를 거쳐 정보를 획득하는지 생각
해 보면서 시나리오를 구성해야 하는데, 취약점을 체크하는 방법만 고민하기 때문이다.

이를 예제와 함께 살펴보자. 다음 예제는 흔히 볼 수 있는 관리자 인증 페이지다. (외부에서
모두 차단되고 있을 거라 생각하지 말자.) 인증이 이뤄지기 전에는 내부에 어떤 내용이 있는
지 판단이 안 될 것이다. 그렇지만 모의해킹 진단을 하다 보면 파일을 어떤 이름으로 사용할
지 어느 정도 추측할 수 있으며, 자동 진단 도구의 패턴에 포함돼 있어 쉽게 추측할 수 있는
이름들을 모두 크롤링할 수 있다.

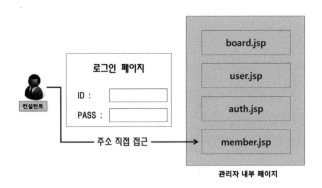

그림 2-26 관리자 페이지의 인증을 우회하는 모습

그림 2-27은 인증 처리(관리자 접근 제어 항목 포함)와 관련된 부분은 head.asp로 처리하
고 있음을 보여준다. 소스코드 상단에 '#include〈head.asp〉'이 포함돼 있는데, head.asp
파일 안에는 아래 예제와 같이 데이터베이스에서 관리자의 아이디와 패스워드를 함께 체크
해서 관리자가 아닌 경우에는 페이지에 접근하지 못하도록 처리하는 코드가 포함돼 있다.

```
If (Not HasValue(Session.Contents.Item("ADMIN_USERID"))) Or (db_Admin.
Name("adminId")<>Session.Contents.Item("ADMIN_USERID") And db_Admin.
```

```
Name("adminPwd")<>Session.Contents.Item("ADMIN_PWD")) Then
  Call Messsage("관리자외 접근이 제한된 페이지입니다.", "default.asp")
End If
```

그리고 그림 2-27을 보면 head.asp를 포함한 파일이 146개다. 이를 토대로 head.asp를
포함하지 않은 페이지는 로그인 절차 없이 URL 주소로 바로 접속할 수 있음을 유추할 수
있다.

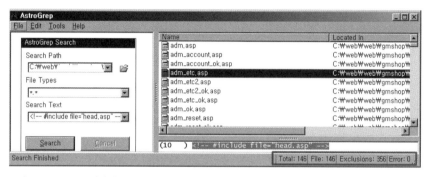

그림 2-27 소스코드 내에서 관리자 인증을 처리하는 부분

그럼 실제 관리자 디렉터리에 포함된 파일의 개수를 그림 2-28과 같이 검색해보면 24개의
파일이 부족하다는 사실을 확인할 수 있다. 관리자 여부에 상관 없이 모든 사용자에게 접근
을 허용하는 페이지도 일부 존재하겠지만, 대부분 이 24개의 파일은 URL을 통해 직접 접근
할 수 있다는 의미다. 따라서 각 파일에 모두 접근해봐서 중요 정보가 노출되는지 파악해야
한다. 이런 점검 방식은 블랙박스 접근이 아닌 그레이박스(블랙 박스 + 화이트박스) 접근법
으로 진단하는 사례다. URL에 대한 접근 통제로 이를 차단하는 방법이 있지만 소스코드 차
원에서 인증 처리를 해두는 편이 더욱더 안전을 보장할 수 있다.

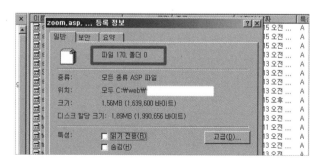

그림 2-28 인증을 처리하는 부분의 개수를 파악

결론은 생각보다 쉬운 공격 기법을 통해 위협이 발생할 확률이 높다는 것이다. 우선 서비스에 침투하는 것을 목적으로 했다가 그 방법이 차단돼 있을 때는 프로세스의 결함을 이용해 자연스럽게 사용자의 중요 정보나 회사의 자산과 연계된 취약점들을 고려해야 한다. 즉, 파일 업로드 취약점이나 SQL 인젝션 같이 서비스에 직접 침투하는 것을 목적으로 했는데, 이 방법이 차단돼 있을 때는 개발자가 실수할 만한 결함을 이용해 사용자의 중요 정보나 회사의 자산을 노리는 취약점을 생각해야 한다. 실제로 많은 사이트를 경험해보면 사소한 취약점이라 생각되는 사례에서 상당히 많은 정보가 노출되는 경우를 확인할 수 있다.

그럼 이번에는 블랙박스 점검만 수행할 수 있는 상태에서 한번 살펴보자. 블랙박스 점검에서 관리자 페이지를 진단할 때 소스코드의 정확한 위치를 파악할 수 없다는 문제가 발생한다. 디렉터리 및 파일 크롤링 과정에서도 모두 노출되는 것은 아니기 때문이다. 하지만 다른 취약점에 의해 도출된다면 추가적으로 확인해야 한다.

파일 업로드 취약점이 발견되면 웹서버의 모든 정보를 파악할 수 있다. 이때 내부 시스템에 침투한다는 목적만 생각하면 놓치는 취약점들이 너무 많아진다. 이제 소스코드를 볼 수 있기 때문에 화이트박스 형식의 진단과 다를 바 없다. 시큐어코딩의 접근까지는 아니어도 소스코드의 상태를 보고 추가적인 취약점을 충분히 도출할 수 있다.

가령, 관리자 페이지의 위치를 파악하고 로그인되지 않은 상태에서 접근 가능한지, 사용자 계정 정보만을 이용해(사용자 로그인 여부만 확인하는 경우가 많다) 접근 가능한지, 불필요한 백업 파일 및 테스트 파일이 존재하는지, 외부에서 파악하지 못한 기능들을 이용해 심각한 취약점들이 도출되는지 등 갖가지 방식으로 접근할 수 있다. 우리는 가끔 이런 것을 "취약점 줍기 작업"이라고 한다. 그래서 시스템에 침투하는 방법을 조기에 발견하면 손쉬운 방법으로 대량의 취약점을 도출할 수 있다.

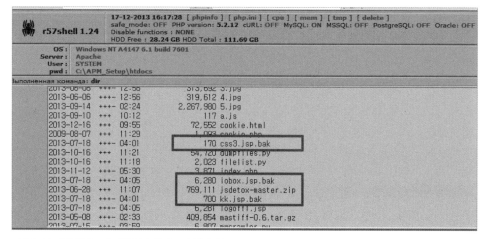

그림 2-29 파일 업로드 후 취약점을 추가로 파악(예제)

06 / 모의해킹을 하려면 웹에 관한 공부를 많이 해야 할 것 같은데요?

Q&A

Q 최근 모의해킹 업무는 대부분 웹과 관련된 일이라고 들었습니다. 물론 많이 알 수록 좋겠지만 모의해킹을 할 때 꼭 익혀야 할 웹 언어나 지식으로는 어떤 것들이 있는지 알고 싶습니다.

A 국내 시장을 봤을 때 모든 모의해킹 업무에서 아직은 웹 애플리케이션이 70% 이상은 차지한다. 물론 요즘 보안시장에 대한 이슈들(ISMS, 개인정보보법 등)이 커지다 보니 신생 업체들(시작한 지 2년 이하인)이 많이 생겼다. 그리고 이러한 업체에서는 기존의 컨설팅 지정 업체에서 진행한 방식을 탈피해 새로운 방법론을 만들어가려고 노력한다. 그리고 고객들에게 새로운 공격 기법들을 많이 소개하고, 접근 방법도 달리하면서 시도하기를 권한다.

이런 변화에는 나도 100% 찬성한다. 관리자 입장에서 본다면 자사에 진단을 하러 온 컨설턴트가 있다면 무조건 새로운 접근법을 제시할 것이다. 이런 노력이 있기 때문에 동일한 웹 애플리케이션이 대상이 될지라도 진단하는 항목들이 달라지긴 한다.

신생업체들이 더 큰 사업을 가져오기 위해서는 레퍼런스가 필요하다. 레퍼런스라는 것은 업체에서 이제까지 수행한 프로젝트들을 의미한다. 이러한 프로젝트들이 충분히 쌓여야 컨설팅 지정 업체도 가능하고, 그룹이나 공공기관 사업에서 꾸준히 프로젝트를 가져와 지속적으로 성장하는 회사를 만들 수 있다. 그렇기 때문에 이제는 안정권에 진입한 회사에서 꺼리는 새로운 주제의 사업들을 많이 가져온다. 이러한 신규 사업에는 아직까지 딱히 방법론이 없는 연구과제들이 많다. 2007년도에는 IPTV, VoIP, 유비쿼터스 환경, 2009년도에는 스카다 시스템, 지금은 스마트그리드, 스마트TV 등 '스마트한 세상'에 맞춘 인프라가 여기에 해당한다. 이러한 주제를 많이 연구하다 보면 정말 좋은 경험이 쌓이게 된다(하지만 그만큼 스트레스를 받을 수도 있지만). 연구를 정말 좋아하는 분들에게는 이런 기회를 많이 잡기를 바란다.

요즘은 개발을 하더라도 웹보다는 모바일에 신경을 많이 쓴다고 한다. 게임 서비스가 특히 그렇고, 콘텐츠 서비스를 운영하는 회사들이 대부분 그렇다. 이런 회사에서는 모바일 앱 진단과 웹 서비스 진단을 함께 요구한다. 하지만 이런 서비스 외에는 아직도 대부분 웹의 비중이 크다. 이것은 어쩔 수 없는 현상이다. 우리가 모바일 단말기를 이용하지만 서버는 웹을 통해 통신하기 때문에 앱 진단 항목에는 웹 서비스 진단 항목이 함께 포함된다.

그리고 공공기관 서비스의 진단이 많은 비율을 차지한다. 대부분 웹 진단 요청이다. 그리고 작년부터 이슈가 되고 있는 "개발 단계에서의 시큐어코딩 진단"의 경우 몇 년 동안은 인력 수급과 관련된 문제가 발생하지 않을까 싶다. 작년부터 "소프트웨어 개발보안 진단원"을 양성하곤 있지만 진단원이 충분히 양성될지는 더 지켜봐야 알 것 같다. 소프트웨어 기술과 감리 분야에 관심이 있다면 이런 커리어를 준비해도 좋다.

웹 서비스는 계속 변하고 있다. 여전히 자바 기반의 기술이 상당 부분을 차지하고 있지만 다양한 컴포넌트(게시판 서비스, 증명발급 서비스 등)를 이용한 공격도 지속적으로 증가하고 있다. 그렇기 때문에 언어도 충분히 이해해야 하지만 플랫폼에 대한 변화, 환경마다 달리 적용하는 컴포넌트에 대한 지식들도 꾸준히 쌓아야 한다.

문제는 이런 것들을 모두 준비할 이유도 없고, 준비할 수도 없다는 점이다. 이런 환경은 실무가 아니라면 쉽게 구축하기 어렵고 관련 정보도 충분하지 않다. 그래서 많은 책을 읽으면서 지식을 서로 연계하고 꾸준하게 관심을 두는 방법밖에 없다. 개발 사이트 및 포럼에서 자주 언급하는 언어와 환경들을 참고하면 학습하는 데 도움이 된다.

07 / 모의해킹을 하기 전에 필요한 기본 지식은 무엇인가요? Q&A

Q 모의해킹을 하기 전에 필요한 지식으로는 뭐가 있을까요?

A 가장 간단한 질문이지만 가장 어려운 답변이 될 것 같다. 모의해킹은 IT의 모든 영역에서 기술적인 보안에 필요한 업무다. 흔히 접할 수 있는 웹 서비스와 모바일 서비스를 비롯해 해마다 발전하는 IT 기술로 사용하는 서비스는 모두 포함된다. 눈앞에 보이는 페이지뿐만 아니라 그것의 기반 시설(시스템, 네트워크 등 모든 인프라 영역 등)에 대한 진단도 필요하다. 애플리케이션이 동작하고 있는 플랫폼 및 프레임워크에 대한 진단도 필요하다.

기술뿐만 아니라 법률이 강화될수록 모의해킹에서 점검해야 할 항목은 많아진다. 개인정보보호법이나 각 서비스에서 지켜야 하는 법규에 따라 점검이 필수적으로 이뤄져야 하는 부분도 많다.

이렇게 많은 영역을 고려해야 하는데, 독학이나 학원을 통해 모든 내용을 학습하기란 어렵다. 회사 말고는 접할 수 없는 환경들도 있다. 대부분의 취업생들은 보안이라는 분야를 공부하면서 이 많은 영역을 완벽하게 다 공부하려고 한다. 그러다 보니 쉽게 지치고 자신이 원하지 않은 방향으로 가게 된다.

내가 후배들에게 제일 많이 이야기하는 것은 방향을 잡으라는 것이다. 그 방향은 자신이 잘할 수 있는 영역으로 선택해야 한다. 그래야 공부하는 데 집중할 수 있다.

모의해킹 영역은 아주 많다. 그렇지만 그 중에는 진단업체에서 많이 하고 있는 영역이 분명히 있다. 해마다 그 비율은 바뀌지만 조금만 관심을 두면 시장에서 어떤 기술을 보유한 인력을 구하는지 알 수 있다. 그 분야와 관련해서 현재 자신이 할 수 있는 공부를 하면 된다. 정말 자신도 없고, 봐도봐도 모르는 것에 너무 집중할 이유는 없다. 우선은 잘할 수 있는 것을 해야 자신감이 생긴다.

구기종목에서도 어떤 사람은 축구를 잘하는데 농구를 못할 수 있다. 야구는 잘하는데 배구는 정말 못할 수도 있다. 이와 마찬가지로 자신은 웹 취약점 진단은 이해가 안 되는데, 모바일 서비스에는 익숙할 수 있다. 분명히 자신이 잘할 수 있는 종목이 있다. 그것을 시장의 흐름과 비교하면서 준비해 나가면 앞으로 취업을 하고도 경력을 쌓거나 자기계발을 할 때, 혹은 취업을 준비할 때 도움될 것이다.

회사에서 신입사원에게 요구하는 것은 생각보다 많지 않다.

취업을 준비하면서 '나도 저런 업무를 잘할 수 있을지' 고민한다. 'A라는 업무를 받으면 해결할 수 있을지, 욕을 먹지는 않을지' 걱정하기도 한다. 회사에서는 신입사원이 일을 잘할 거라는 기대감보다는 제시하는 업무에 대해 어느 정도 이해하고 배우려는 열정적인 자세가 있는지에 더 초점을 둔다. 향후 이 신입사원이 얼마나 회사에 포부를 가지고 남아 있을지를 본다. 1~2년 정도 일하다 퇴사하게 되면 회사 입장에서는 해당 인원에게 투입한 시간과 비용에 손해가 되기 때문이다.

이 말은 취업을 준비할 때 지레 겁먹지 말라는 의미다. 뜬소문만 들으면서 이것도 해야 하고 저것도 잘해야 한다는 것만 믿고 준비해 나가지 말자. 요즘 취업 시기만 되면 나오는 "스펙을 쌓아도 갈 곳이 없다"라는 제목을 많이 접하지 않았는가? 기회가 왔을 때 그 일을 평소에 마음에 담아뒀다면 우선 잡는 게 좋다. 신입사원에게는 앞에서 말한 뜬소문처럼 많은 것을 바라지 않기 때문이다.

회사는 최고의 학습 공간이다. 당신에게 돈을 주면서까지 환경을 만들어주고, 교육을 시켜주는 공간이다. 지금 하는 일이 돈이 될 수 있다는 비즈니스도 알게 해준다.

이런 좋은 기회가 있는데 더 스펙을 쌓으려고 보내는 시간은 낭비다. 업무를 통해 자신의 스펙을 쌓자. 취업을 준비할 때 생각할 것은 자신이 바라던 일이었는지, 즐거움을 찾을 수 있을 듯한 업무인지만 판단하면 된다.

모의해킹 업무도 여기서 크게 벗어나지 않는다. 회사에서는 어느 정도 업무에 대한 방법론 및 프로세스를 갖추고 있다. 이 안에서 이제까지 배운 지식을 토대로 하나씩 해결해나가는 작업을 해야 한다. 그러한 지식은 그 전까지 학습했던 것에서 크게 벗어나지 않는다. 그 기간 동안에 얼마나 최선을 다하고, 문제를 해결하는 방법을 어떻게 찾아냈느냐에 따라 결과물의 성과가 좌우된다.

동일한 환경을 가지고, 동일한 시간에 업무를 한다고 했을 때 그 업무 안에서 어떤 새로운 접근법을 생각하고 자신의 부족한 부분을 채워나가느냐가 앞으로의 여러분을 만든다. 그리고 그때 배운 기술들은 꼭 자신의 문서로 정리하기 바란다. 사회 초년생일 때는 자신의 지식을 밖으로 쏟아내는 시간보다는 안으로 들어오는 비율이 더 많다. 지식이 들어올 시기에 잘 정리해 둬야 한다. 나중에 정리할 거라고 미루면 밖으로 쏟아내야 할 시기에는 대부분 기억 속에서 사라지곤 한다. 언젠가 어떤 곳으로 이직하든 그런 기술들이 기본이 되어 업무가 움직이기 때문에 정리하는 습관이 필요하다.

신입사원일 때는 회사에 입사하는 것에 두려워하지 말자. 평소의 인간관계에서 다른 사람에게 피해를 주지 않고, 욕먹을 일은 하지 않는다고 생각한다면 회사 생활도 사람들의 관계에서 이뤄지는 하나의 과정이니 도전하면 된다. 생각보다 어렵지 않다.

08 / 모의해킹을 위해 리버싱이 꼭 필요한가?

Q&A

국내에서도 리버싱만을 주제로 한 책이 많이 나오고 있다. 이런 책 덕분에 학생들 입장에서는 가뭄에 내리는 단비만큼 시원함을 느꼈을 것이다. 덕분에 나도 어려움을 겪었던 부분들을 쉽게 이해할 수 있었다.

그런데 학생들이 질문하는 내용을 보면 리버싱 기술을 단지 코드 패치 정도로 이해하고 접근하는 듯하다. 그래서 이 단어의 사용을 특정 환경에서만 한정함으로써 지식도 그렇게 한정된 범위 내에서만 이해하려고 한다.

리버싱은 단어를 그대로 해석하면 '역공학'이다. 즉, 어떤 환경에서든 역으로 추적해서 최대한 기존에 만들어진 의도를 파악하는 작업이다. 리버싱의 기원은 상업적, 군사적으로 하드웨어를 분석한 것부터 시작됐고 시대의 변화에 따라 소프트웨어까지 범위가 확장된 것이다. 그렇기 때문에 시스템의 기술적인 원리를 역으로 파악하는 모든 활동들이라고 포괄적으로 정의할 수 있다.

웹 서비스를 진단할 때도 브라우저에서 HTML을 해석한 내용만이 보일 뿐이다. HTML 페이지는 서버단 프로그램(자바/JSP, ASP, PHP 등)에서 데이터베이스 및 기타 파일들을 불러온 내용들, 사용자 프로그램(자바스크립트, CSS, jQuery 등)과 합쳐서 만들어진 것이다. 웹 페이지를 보면서 어떤 기획을 의도했고, 메뉴의 프로세스들이 어떻게 이뤄지는지 파악해야 한다. 이런 작업도 역공학에 해당한다. 요즘에는 웹 서비스(모바일 서비스 포함)에서 JSON 형식을 많이 쓰고 있는데, JSON의 형식을 파악하는 작업도 이 분야에 해당한다고 할 수 있다.

모바일 앱 서비스를 진단할 때도 마찬가지다. 모바일 서비스의 기능들을 하나하나 파악해야 한다. 어떤 단계에서 인증이 이뤄지고, 어떤 결제 시스템을 사용하고 있는지, 보안상 방어를 하고 있다면 비즈니스에 어떤 영향을 주길래 방어하고 있는지 역으로 생각해야 한다.

악성코드 분석은 다양한 환경에서 발생한다. 사용자들이 접근하는 페이지를 해석하기 어렵게 만들기 위해 다양한 난독화 기술을 사용하는 것부터 시작해 대부분의 사용자가 사용하는 윈도우 환경뿐만 아니라, 안드로이드, Mac OS 환경이 있다. 범용 애플리케이션, 하드웨어와 연결되어 작동하는 ARM 환경 등에서 모두 나타나고 있다. 이런 다양한 환경에서 역으로 생각해서 분석해야 한다.

그렇기 때문에 비단 모의해킹 업무뿐 아니라 기술 분석이 조금이라도 포함된 업무의 리버싱 기술이 필요하느냐에 대한 질문의 답은 '당연히 필요하다'가 된다. 하지만 얼마만큼이나 필요하냐는 질문에 대해서는 "당신이 하는 만큼 다양한 환경을 경험 할 수 있는 기회가 생긴다"라고 답변하고 싶다.

한 예로, 근래에 ARM을 기반으로 한 리버싱 기술을 보유한 사람들 가운데 스마트TV 및 스마트 기술과 연결된 자동차 내비게이션 장비를 진단하는 경험을 쌓는 인력들이 있다. 이는 스스로 준비를 한 사람들만 얻을 수 있는 기회다. 이런 프로젝트는 레퍼런스를 쌓는 데 아주 효과적이다.

또한 회사에는 많은 클라이언트 보안 솔루션이 있다. 보안 솔루션이기 때문에 무조건 안전한 것은 아니다. 이 솔루션에서 발생할 수 있는 취약점을 공격에 이용할 수 있는 시나리오가 존재한다. 솔루션에 대한 정기적인 점검도 필요하다. 이 진단은 수년 전부터 이뤄졌고 다양한 리버싱 기술들을 필요로 한다. 해마다 진단하는 방법들이 진화해서 점검할 때마다 취약점이 도출되고 있다. 이때 여러분들이 생각하는 실행 코드를 리버싱할 기회가 많이 있다.

학생들은 이런 환경을 경험하기 힘들다. 그렇기 때문에 리버싱을 공부할 때 많이 이용하는 것 중 하나가 바로 크랙미(CrackME)[34]다. 애플리케이션 우회 기법, 패킹 기법, 패치 기법 등 다양하게 리버싱 기술을 테스트할 수 있다. 개인적으로 상용 애플리케이션과 비슷한 환경을 가지고 테스트하는 lenas Reversing[35]도 추천한다. 이 두 가지를 통해 코드 리버싱 기법을 숙지해도 실무에서 솔루션 검토를 하는 데는 기술적으로 큰 어려움을 겪지 않는다.

---

34 crackme 홈페이지: http://www.crackmes.de/
35 lenas Reversing 홈페이지: http://tuts4you.com/download.php?list.17

실행 코드에 대한 리버싱을 많이 필요로 하는 곳은 당연히 악성코드 분석 업무다. 사용자들이 사용하는 단말은 대부분 윈도우 계열이고 악성코드는 지속적으로 진화하기 때문에 분석가들이 점점 많이 필요해지는 추세다. 악성코드 분석을 할 경우 초기 분석은 클라우드 서비스(가상화)를 통한 자동화가 많이 이뤄져 있다. 그렇지만 알려지지 않은 취약점을 이용한 악성코드, 복합적인 취약점을 이용하는 악성코드, 이전에 나온 악성코드와 비슷하지만 목표는 달리하는 변형된 악성코드 등에 대응해 심층적인 분석을 하기 위해서는 분석 리소스(인력)가 필요하다. 그래서 이런 환경에서 분석 능력을 발휘하고 싶다면 모의해킹 업무보다는 악성코드 취약점 분석으로 진로를 잡는 게 좋다.

다시 모의해킹 업무 관점에서 정리한다면 무조건 실행 코드에 대한 리버싱 기술만을 바라보고 준비해야 하는지 다시 한번 생각해봐야 한다. 분명히 모의해킹 업무가 다양해지고는 있지만, 여전히 웹 서비스와 모바일 서비스에 집중돼 있다. 회사에서 필요로 하는 업무에 맞춰 준비해두면 취업을 할 때 더 많은 기회를 잡을 수 있다.

악성코드 자동분석 환경을 생각해보자.

악성코드 분석을 공부할 때 악성 실행 파일(바이너리 파일), 악성코드가 포함된 문서파일 등을 정적/동적으로 분석하는 사례만 접근하는 경우가 많다. 물론 악성코드를 제작한 의도와 특성을 파악하고 사후대비를 위해서는 꼭 필요하다. 하지만 하루에도 수천 수만 개가 발생하는 현 시점에서는 하나씩 분석하기보다는 1차적으로 자동 분석환경에서 통계를 통해 어느 정도 필터링 작업을 한다.

백신 솔루션 업체에서는 이런 분석을 위한 클라우드 서비스(가상환경)를 대량으로 보유해서 서비스를 제공하고 있지만 개인 사용자들이 학습하는 목적으로는 이 정도로 투자하기 힘들고, 이런 환경들을 만들어내는 것도 쉽지 않다. 그렇지만 방법이 없는 것은 아니다. 개인으로 사용하는 PC도 이제 상당히 많은 양의 가상머신을 동작시킬 수 있기 때문에 소규모 분석 환경을 구성할 수 있다.

이때 사용되는 환경으로 쿠쿠 샌드박스(cuckoo sandbox)[37]를 추천한다. 쿠쿠 샌드박스는 악성코드를 진단할 때 호스트 PC안의 게스트PC(VMware 등의 가상머신)를 이용해 가상머신 안에서 악성파일로 의심되는 파일들을 실행하고 그 결과값만 호스트PC에 저장해서 안전하게 악성파일을 분석하는 목적으로 이용되고 있다.

쿠쿠 샌드박스는 바이너리 실행파일뿐만 아니라, PDF 파일 분석 및 DOC 파일 분석 등 APT 공격 등에 사용되는 악성코드들도 분석 가능하며, 파이썬으로 제작된 오픈소스라서 사용자가 기능을 충분히 추가할 수 있다. 또한 악성코드가 실행된 윈도우 환경의 RAM 메모리를 파일로 덤프를 뜰 수 있기 때문에 요즘 각광받고 있는 메모리 포렌식 기법을 활용해 악성코드 여부를 판단할 수 있다.

malwr

We have a total of **35935** public analyses

Recent Analyses

TIME STAMP	MD5	FILE NAME	FILE TYPE	ANTIVIRUS
Nov. 27, 2013, 1:43 a.m.	5fe4db111ae2d92942d7f53f9 8e27170	Stornierte Rechnung 27.11.2013 Anwaltschaft.com	PE32 executable (GUI) Intel 80386, for MS Windows	6/46
Nov. 27, 2013, 1:42 a.m.	9b55785924e838d4b3c18f55c b7e1757	100_company.png	PNG image data, 120 x 60, 8-bit colormap, non-interlaced	n/a
Nov. 27, 2013, 1:39 a.m.	847261cd2f5fcc8bdda5f405c 1b6c0ce	Skype_Voice_PM-caller-34854379580264592630945693 65963456916345763249756 23475238745698734658732 64596	PE32 executable (GUI) Intel 80386, for MS Windows	4/46
Nov. 27, 2013, 1:36 a.m.	46f5df0556b24c9594ebc9106 d97ae5a	Skype_PM_Voice-82963497634723657863745698 32456234875687364578634 875687658763872465873264 56	PE32 executable (GUI) Intel 80386, for MS Windows	2/46

그림 2-30 쿠쿠 샌드박스를 활용한 사이트
https://malwr.com/analysis/

다음으로 악성코드 분석을 할 때 빼놓을 수 없는 서비스로 바이러스 토탈 서비스[36]가 있다. 바이러스 토탈 서비스는 사용자들이 의심되는 파일을 업로드함으로써 전 세계에서 대표적으로 사용되는 47개의 백신 프로그램을 통해 악성코드 탐지 여부를 확인할 수 있다. 소수의 백신 제작사에서 탐지할 경우에는 과탐의 여부를 의심할 수 있지만 다수의 백신 제작사에서 탐지되고 있다면 좀 더 확실하게 악성코드 여부를 확인할 수 있다.

바이러스 토탈 서비스에서는 사용자들이 원격에서 다량의 파일을 분석할 수 있게(1분에 4개로 제한함[37]) API를 제공한다. 앞에서 소개한 쿠쿠박스에서도 이 API를 사용하고 있다. 또한 악성코드를 대상으로 자동 분석을 하는 오픈소스 도구들은 바이러스 토탈 서비스를 항상 포함시키고 있다.

---

36 쿠쿠 샌드박스(cuckoo sandbox)의 공식 홈페이지: www.cuckoosandbox.org
37 바이러스 토탈 서비스: https://www.virustotal.com

그림 2-31 바이러스 토탈 서비스의 제작사 탐지 현황

이 두 가지 서비스는 악성코드 분석을 할 때 필수적으로 알아야 할 서비스다. 시중에 나온 책들은 악성파일
을 하나씩 분석하는 내용들이 대부분이어서 새로운 주제의 프로젝트를 선정할 때 이런 자동 분석 환경과
허니팟, 악성파일 자동 수집 환경 등을 결합해 악성코드의 특징을 통계적으로 접근해보는 것도 좋지 않을까
생각한다.

09 / 웹 취약점을 진단할 때 코딩 능력은 어느 정도여야 하나요?

Q 웹 취약점을 진단할 때 코딩 능력이 부족함을 느낍니다. 그렇다고 처음부터 배우자니 내용도 방대하고 다른 일들이 너무 많아 시간도 부족합니다. 기초 책부터 구입해서 공부해야 하는 건지, 어떤 식으로 접근해야 좋을지 궁금합니다.

일반적으로 해킹을 하려면 IT 전 분야에 대한 폭넓은 지식이 필요한데, 신입사원을 채용해서 무리하게 업무에 투입시킬 경우 도구를 사용하는 정도의 점검밖에 못할 거 같은데, 모의해킹이 그 정도의 지식으로도 충분히 할 수 있는 직업인가요? 개인적으로는 웹 분야의 진단에 투입될 경우 적어도 현재 운영 중인 쇼핑몰 홈페이지를 개발해 본 이력 정도는 있어야 한다고 생각해서 드리는 질문입니다. 홈페이지의 원리와 같은 것들을 정확하게 이해하고 있어야 역발상할 수 있는 단계에 다다를 수 있다고 생각합니다.

A 이 질문을 답하기 위해 개인적인 이력을 어느 정도 이야기해야 할 것 같다.

내가 보안 분야를 선택한 시기가 생각난다. 군대에 가기 전까지만 해도 보안 분야에서 종사하게 될 줄은 전혀 생각지도 못했다. 2000년 초에는 보안 분야가 활성화돼 있지 않았고, 웹 개발 분야가 인기 있었기 때문에 컴퓨터공학을 전공한 사람들은 웹 서비스 분야에 취업하기를 원했다. 웹 기획, 웹 디자이너, 웹 애플리케이션 개발 등 IT전문학원이 하루에도 수십 개 생기고 없어지고 할 정도였다. 나도 웹 애플리케이션 개발을 생각하고 HTML, 자바스크립트, ASP, XML 등을 배웠고 아르바이트를 하고 3D Max를 배우면서 창업멤버로 소속되기도 했다.

그런데 군대에서 우연치 않게 잡지에서 보안 분야를 알게 됐고, 제대를 하고 잠시 영어 공부를 하다가 취업을 앞두고 보안학원을 찾았다. 거기서 모의해킹이 적성에 맞다는 것을 알고 모의해킹 컨설턴트로 취업한 뒤에 지금은 보안실무 관리자로 있지만 모의해킹을 포함해 기

---

38 참고: https://www.virustotal.com/en/documentation/public-api/

술적 진단에 집중하고 있다.

내가 보안 분야로 진출하기 전에 웹 애플리케이션 개발 경험이 없었다면 공부하는 데 큰 어려움이 있었을 거라 생각한다. 웹 서비스 진단은 프로세스의 결함을 알아내서 취약점을 도출하는 것인데, 웹 서비스의 원리를 알지 못한다면 다양하게 접근할 수 없다. 프로그램을 아는 만큼 해당 프로그램의 기능과 프로세스가 어떻게 동작하는가를 빨리 파악할 수 있고 더욱더 다양한 공격을 시도할 수 있다.

나는 항상 웹을 강조한다. 웹 프로그래밍을 공부하다 보면 시스템, 네트워크, 데이터베이스를 자연스럽게 접하게 된다. 그리고 UI를 통해 결과 화면을 바로 확인할 수 있기 때문에 공부하는 데 속도를 낼 수 있다.

그렇다면 공부할 때 웹과 관련된 것을 모두 공부해야 할까? 웹 서비스를 개발하는 데 대표적으로 사용되는 프로그래밍 언어만 해도 JSP/자바, PHP, ASP, ASP.NET이 있다. 그리고 프레임워크(스트러츠, 스프링 등)가 다르다. 이것들을 모두 공부하고 취업한다면 취업을 준비하는 기간이 매우 길어진다. 취업 준비 기간은 최대한 줄이면서 집중하는 게 좋다.

자신이 생각했을 때 가장 쉬운 언어부터 공부하기 바란다. 물론 앞에서도 언급했듯이 자바 환경을 우선적으로 고려해도 된다. 주류 언어의 문법은 대체로 비슷하고 대학생 때도 수업을 통해 많이 접하기 때문에 목표를 정해서 간단하게 개발해보기 바란다. 웹 프로그래밍 책은 시중에 너무 많기 때문에 하나 선택해서 게시판이나 로그인 인증과 관련된 부분을 만들어보기 바란다. 그리고 예제 코드를 활용해 가상으로 사이트를 운영해보자. 이렇게 하는 데 그렇게 오랜 시간은 소요되지 않는다.

그리고 다른 항목은 우선순위에서 내리고 바로 '보안'을 중심으로 보기 바란다. 이때부터는 어떤 것이든 '보안' 측면에서 바라본다. 웹 해킹과 관련된 책을 보고 공격을 하면서 "이걸 어떻게 하면 방어할 수 있을까?", " 웹 소스코드 보안뿐만 아니라 운영체제나 데이터베이스에서 신경 써야 할 보안 설정은 무엇일까?", "내가 보안관리자라면 나중에 침해사고가 발생할 때 어떤 로그를 봐야 하고, 어떤 공격들은 어떤 로그를 남길까?"라는 의문을 가지기 바란다. 이런 식으로 접근하다 보면 공부를 하면서도 목표가 생기고 좋은 성과를 얻을 수 있다.

관리실무와 프로그래밍의 필요성

기술적인 관리실무에서도 프로그래밍의 필요성은 많이 느낀다. 오히려 모의해킹 컨설팅을 할 때보다 더 많이 느낀다. 모의해킹 컨설팅을 할 때는 제한적인 대상 및 범위 안에서만 고민하면 된다. 목표가 정해진 대상과 거기에 연결돼 있는 부분만 고려해서 진단하면 되고, 진단 기간이 길면 모를까 대상 서비스에 맞는 도구를 제작할 시간은 많지 않다. 취약점을 도출한 뒤에 추가적인 데이터를 진단 기간 안에 뽑아내는 데 최적화된 도구를 개발하는 정도라고 할까? 그리고 진단이 마무리되고 연구 시간이 보장되면 나중에 진단할 때 동일한 프로젝트를 할 때 활용하기 위해 도구를 제작하곤 한다(원했던 공격 도구가 있다면 그대로 활용하는 경우가 대부분이지만).

관리실무를 할 때는 최대한 업무시간을 효율적으로 줄이려고 한다. 해마다 팀별/개인별로 달성해야 하는 목표치를 정할 때 인력 투입 기간/비용을 줄이면서 효율적인 업무를 할 수 있는 환경을 만드는 프로젝트를 선택한다. 법적 요건을 충족한다면 솔루션을 무조건 도입해야 하는 것은 아니기 때문에 필요한 기능만 제공하는 프로그램/사이트를 개발한다. 다른 개발팀에서 협업해줘서 함께 프로젝트를 진행한다면 금상첨화다(팀별끼리도 이익을 내는 것이 우선시되기 때문에 협업하기가 쉽지만은 않다).

실무에서는 침투 목적의 진단만 진행하는 것이 아니며, 주로 침투 시도에 대한 모니터링 및 침해사고 발생 시 빠른 대처에 중점을 둔다. 악성코드 분석, 포렌식 분석, 대외 서비스 침투 등 모든 영역에서 효율적인 방안을 생각해야 한다.

어떤 프로그래밍 언어를 배워야 하나요?

질문 안에서 세부 질문을 받는 경우가 있는데 "어떤 사람은 자바를 해야 한다고 하고, 어떤 사람은 C언어를 해야 한다고 하고, 어떤 사람은 모두 다 해야 해커가 될 수 있다고 하는데 어떻게 해야 하나요?"라는 질문이 바로 여기에 해당한다.

이런 질문을 받으면 어떻게 답변해야 할지 고민스럽다. 나도 개발을 잘하는 편이 아니고, 지금까지 업무를 하면서도 내가 필요한 부분에만 코드를 작성해서 적용했지, 개발을 주 업무로 한 적은 없기 때문이다. 대부분의 모의해킹 진단자도 마찬가지일 것이라 생각한다.

어떤 프로그래밍 언어를 선택하더라도 우선은 자신이 업무에 최대한 활용할 수 있을 정도로 꾸준히 관심을 가질 수밖에 없다. 프로그래밍 언어는 쓰이는 방식이 다를 뿐이지, 기본적인 문법은 비슷하기 때문에 어떤 한 프로그래밍 언어를 잘 배워두면 나중에 환경이 바뀌더라도 빠르게 적응할 수 있다.

모바일 시대가 이렇게 빨리 시장에 적용될지 누가 알았겠는가? 모바일 세상에서 안드로이드가 큰 비율을 차지하면서 이전에는 제대로 대우받지 못한 자바 개발자들의 몸값도 폭등한 사례를 많이 접했다. 물론 이런 기회를 잡은 사람들은 이제까지 자신의 영역을 잘 지킨 분들이다. 그렇다면 보안 진단 분야도 IT 환경의 변화에 영향을 받기 마련이기 때문에 평소에 자바를 많이 해본 분들은 분석하는 데 수월할 것이다. 리눅스 환경에 익숙하고 리눅스 커널까지 공부했던 분들은 깊이 있는 연구와 함께 다른 진단과 차별화가 이뤄진다.

더 지켜봐야겠지만 윈도우 모바일 시대가 각광을 받게 되거나, 또 다른 플랫폼의 등장으로 변화가 일어난다면 해당 플랫폼에서 사용되는 언어를 공부했던 분들의 비중이 커질 수밖에 없다.

그렇기 때문에 자신이 이 프로그래밍 언어를 왜 공부하는지, 매일 수행하는 업무에 도움이 되는지, 시장에서 해당 언어를 언제 필요로 할지를 고민하는 편이 도움될 것이다.

소스코드를 분석하려면 프로그래밍 언어를 모두 알아야 하나?

시큐어코딩 분석 업무를 하려면 모든 언어를 다 공부해야 할까? 소스코드 분석에서 지원하는 언어는 매우 다양하다. 자바, C/C++, ASP, .NET, PHP, VB 등은 기본적으로 지원하며, Python, Perl, Ruby 등 시큐어코딩과는 거리가 있을 것 같은 스크립트 언어도 시큐어코딩 가이드가 존재한다[39]. 또한 jQuery, Node.js 등 사용자 편의성을 제공하는 라이브러리나 프레임워크에도 관심을 가져야 한다. 어떤 환경에서 어떤 언어를 마주칠지 모른다. 해당 언어를 기반으로 개발 능력까지 있다면 매우 이상적이지만 각 언어별로 전문가(개발자)들이 있는데 너무 욕심을 부릴 필요는 없는 듯하다.

진단자 입장에서는 모든 언어를 다 아는 것보다는 어떻게 개발자들이 개발 단계에서부터 보안 개발 프로세스를 적용할지에 대한 절차를 만드는 게 중요하다. 그리고 각각 어떤 항목을 자사 서비스에 반영할지 판단하는 것이 중요하다. 시큐어코딩에 해당하는 예제는 각 언어의 레퍼런스 및 바이블 서적에서 보안 부문을 참고하면 된다. 물론 개발 능력까지 갖춰서 보안상 적절한 코드까지 제안한다면 가장 좋겠지만 업무가 많아져서 더 중요한 업무에 소홀하지 않도록 주의해야 한다.

---

39 ESAPI(OWASP Enterprise Security API): https://www.owasp.org/index.php/Category:OWASP_Enterprise_Security_API에서는 다양한 프로그래밍에 대한 보안 부분 가이드 및 API 모듈을 제공하고 있다. 제공되는 소스코드들을 실 환경에 반영하기 위해서 많은 노력을 해야 하지만, 소스코드에서 원천적으로 위험을 제거하기 때문에 검토해볼 필요성이 있다.

10 / 웹 서비스 분야 이외에 활성화돼 있는 분야?

Q 모의해킹이 웹 분야에 많이 치우쳐 있다고 들었는데 아직까지 다른 분야의 모의해킹은 활성화되지 않았나요?

A 내가 운영하고 보안 프로젝트에 참여하고 있는 멤버 중에는 취업준비생이 50% 정도 된다. 이 멤버들은 해킹기법이나 악성코드 분석에 많은 관심을 가지고 있지만, 어찌됐건 목표는 취업이다. 해킹 분야로 취업한다면 국내 시장에서는 컨설팅 업체나 모의해킹만을 전문으로 하는 회사에 들어가거나, 버그헌터를 포함해서 연구소에 들어가는 경우가 대부분이다. 악성코드 분석의 경우에는 백신업체 및 그와 협력하고 있는 업체로 취업하는 경우가 대부분이다. 물론 관제업무에서 취약점 분석팀이 별도로 있는 곳이 있지만 연구소로 칭하겠다.

참고로 여기서는 모의해킹 컨설턴트를 기준으로 설명하겠다. 카페나 페이스북을 통해 지인들의 모의해킹 인력 추천이 많이 들어온다. 회사의 정직원을 원하는 곳도 있지만 프리랜서를 많이 찾는 경우가 많다. 프리랜서를 찾는 경우에는 거의 100% 상주인력을 원한다. '게임 리버싱', '임베디드 리버싱'처럼 특화된 업무를 원하는 경우도 있지만, 대부분 대외적인 서비스 점검 인력을 찾는다. 대외 서비스라고 한다면 사용자들이 대표적으로 많이 사용하는 서비스를 의미한다.

우선 웹 애플리케이션에 집중돼 있는 이유를 보자. 어떤 회사의 정보를 얻을 때 대부분 웹을 통해 정보를 얻는다. 모바일을 사용한다고 하더라도 웹과 앱이 함께 구현돼 있는 방식의 애플리케이션에서 정보를 가져온다. 뷰(View)는 모바일이지만 실제 정보는 웹 서비스와 동일하게 사용하는 데이터베이스에서 정보를 가져와서 보여주는 것이다. 결국 우리는 항상 웹을 접할 수밖에 없다. 컨설팅의 대부분을 차지하는 공공기관이나 대기업을 보면 웹 서비스가 대부분이다.

그렇기 때문에 자연스럽게 웹 애플리케이션 진단에 치우칠 수밖에 없다. 그렇다고 웹만 하지는 않는다. 컨설팅 회사에 속해 있다면 비즈니스가 제일 많은 사업에 우선적으로 투입해야 해서 익숙한 환경을 계속 접하는 경우가 많다. 반면 프리랜서의 장점 중 하나는 프로젝트의 성격을 자신이 선택할 수 있다는 것이다. 도전을 통해 자신의 역량을 끌어내는 것을 좋아한다면 항상 다른 분야의 진단을 선택한다. 이번 프로젝트에는 '클라우스 서비스 클라이언트'를 진단했다면, 다음 프로젝트에는 '스마트TV 기반 시설'을 진단하고, 그다음에는 'HTS, MTS 진단'을 하는 식이다. 이처럼 프로젝트를 순환하면 그 순간순간은 어려움을 겪을지라도 남들과는 확연하게 다른 경험을 할 수 있고 역량을 최대한 끌어올릴 수 있다.

그렇기 때문에 취업을 위한 포트폴리오를 준비할 때 컨설팅(그와 비슷한 성격의 회사 포함)을 목표로 삼았다면 시장에서 많이 찾는 웹 서비스 진단을 준비하고 자신의 강점을 부각시킬 수 있는 다른 프로젝트를 추가적으로 준비하면 된다.

나도 커뮤니티에서 "취업 스터디 모임"을 몇 차례 진행한 적이 있다. 이때 멤버들에게 필수적으로 웹 서비스 취약점 진단을 실전처럼 해서 보고서(상세 보고서, 발표용 보고서)를 작성하게 하며, 두 번째로 자신이 흥미있고 강점이 되는 것을 하나 더 준비하라고 권고한다. 계획대로 프로젝트를 잘 준비해서 마친 멤버들은 높은 취업률을 기록하고 있다.

11 / 모바일 취약점 진단의 전망은 어떤가요?

Q 모바일 모의해킹 분야의 전망은 어떻게 생각하시나요?

A 모의해킹 분야는 IT 기술의 변화에 따라 진단하는 플랫폼이나 프레임워크들이 항상 달라진다. 모바일이 대중적으로 국내에 이용된 것은 2009년에서 2010년 사이다. 그전부터 외국에서는 벌써 안드로이드 모의해킹 기법들이 공개돼 있었다. 그 뒤로 국내에서도 앱 시장이 활성화되면서 그러한 기법들을 참고해서 프로세스를 만들기 시작했다. 국내는 아이폰을 통해 모바일 시장이 열렸고 초창기에는 안드로이드보다 아이폰이 더 이슈였다. 지금은 시장 점유율이 안드로이드 〉 아이폰 〉 윈도우(?)순으로 유지되고 있으며, 이를 고려해서 준비해야 한다. 윈도우에서는 태블릿에 승부를 걸고 있지만, 오히려 리눅스 기반이 부상할 수도 있지 않을까 생각한다.

당시에는 컨설팅 회사에서도 앱 분석에 익숙하지 않았고, 관련 책이나 사이트도 많지 않았기 때문에 어려움을 겪었다. 나도 마인드맵을 켜놓고 모바일에서 어떤 위협들이 발생할 수 있을지, 각 플랫폼의 API를 조사해서 악의적으로 사용할 수 있는 것이 무엇인지 연구했다. 이때 조사했던 것들이 이제는 악성코드에서 자주 볼 수 있는 시나리오가 됐다.

이제는 웹 서비스보다는 모바일이 먼저라고 할 정도다. 사용자들의 인터넷 사용이 PC보다 모바일에서 더 비중이 높아진 지 오래다. 그만큼 디바이스의 혁명기를 거치는 중이다. 개발업체에서도 사이트를 개발할 때 PC 버전보다는 모바일 버전을 먼저 기획하고 나중에 PC 버전을 고려할 정도로 모바일 시장을 잡지 못하면 비즈니스가 힘들 정도다. 공공기관에서도 이제는 웬만하면 모바일 앱을 통해 서비스하고 있다.

이전에는 모의해킹 사업에 웹 서비스 진단과 모바일 앱 진단이 별도의 사업으로 진행됐는데, 이제는 한데 묶어서 진단하는 경우가 많다. 서비스 진단에는 당연히 모바일 앱 진단이 들어간다고 생각할 정도이고, 그만큼 중요시하고 있다.

모바일 앱에서 처리하는 기능은 기존의 PC 프로그램과 프로세스를 비교해 보면 크게 다르진 않다. 어디에 데이터를 저장할 것인가, 어떤 인증 처리가 필요할 것인가, 콘텐츠는 어떤 방식을 이용해 제공할 것인지 기획 단계에서 보면 큰 차이는 없다. 어찌됐건 서버와 통신해서 사용자에게 데이터가 보여진다. 해당 플랫폼에 사용되는 환경들이 다를 뿐이고, 진단할 때도 이런 플랫폼과 서버에 반영된 웹 서비스 환경을 파악하면 된다.

모바일 서비스 진단 방법의 이해

모의해킹 업무에서 이제 모바일 서비스 진단은 필수다. 모든 분야에서 모바일에서 보여주는 서비스를 앱이나 반응형 웹 등으로 구축하지 않으면 사용자들은 다시 방문하는 것을 꺼린다. 그만큼 모바일을 통한 접근은 이제 일상화돼 있기 때문이다. 국내에서는 모바일 앱 플랫폼이 대체로 안드로이드이거나 iOS이고, 윈도우 기반은 종종 있지만 나도 진단하면서 아직까지 본 적은 없다.

모바일의 경우 디바이스별로 접근법은 기술적으로 다르더라도 진단 항목은 크게 다르지 않다. 지금은 딱히 어떤 방법론들이 표준이라고 말할 수 없으나 역시 포괄적으로 다루고 있는 OWASP를 많이 참고한다. 아래는 OWASP에서 웹 취약점 진단 항목과 동일한 포맷으로 모바일 서비스를 기준으로 내놓은 것이다. 이 항목들을 참고해서 진단업체에서 경험한 바를 바탕으로 보강해서 사용한다.

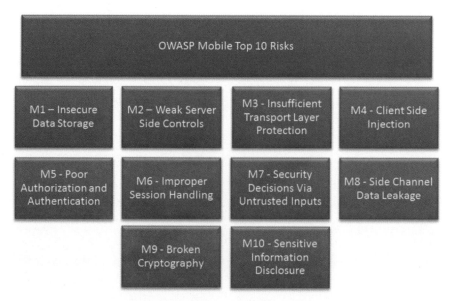

그림 2-32 OWASP TOP 10을 기준으로 한 모바일 보안 위협
출처: OWASP(https://www.owasp.org/index.php/File:Topten.png)

서비스에 따라 세부항목은 달라진다. 모바일 앱도 모든 분야에서 제공하는 추세다. 서비스에 따라 각각 사용하는 기능도 모두 다르다. 콘텐츠 서비스, 게임 서비스, SNS 서비스가 주를 이루고, 쇼핑, 금융 서비스도 많이 이용한다. 이 서비스들을 동일한 세부항목으로 진단할 수는 없다.

예를 들어, 콘텐츠 서비스는 앱에 저장되거나 다운로드되는 유료 콘텐츠를 무단으로 사용할 수 있는지, 원본 상태로 복사해서 무단배포가 가능한지를 중점적으로 본다. 유료 게임 서비스는 아이템 복제 및 금액 조작(캐시 조작)이 가능한지, 네트워크 게임에서 임의적으로 캐릭터의 능력을 조절할 수 있는가에 대한 이슈가 있다.

금융 서비스의 경우에는 개인정보 보호에 대한 이슈로 메모리 상의 중요 정보 저장, 자금 이체 시의 중요 정보 보호 및 이상 거래 탐지 등에 대한 이슈가 있다. 서비스 관점에서 보안 항목들을 개선하며 진단해야 한다.

구분	영문	한글
M1	Inecure Data Storage	안전하지 않은 데이터 저장소
M2	Weak Server Side Controls	취약한 서버 측 제어
M3	Insufficient Transport Layer Protection	불충분한 전송 계층 보호
M4	Client Side Injection	클라이언트 측 인젝션 공격
M5	Poor Authorization and Authentication	취약한 권한 및 인증 관리
M6	Improper Session Handling	부적절한 세션 처리
M7	Security Decisions Via Untrusted Inputs	신뢰할 수 없는 값에 대한 보안 결정
M8	Side Channel Data Leakage	주변 채널에 의한 데이터 누수
M9	Broken Cryptography	취약한 암호 사용
M10	Sensitive Information Disclosure	중요한 정보 노출

[참고자료]
https://www.owasp.org/index.php/OWASP_Mobile_Security_Project
http://www.slideshare.net/JackMannino/owasp-top-10-mobile-risks

모바일 시대에 오면서 기존 웹 서비스에서 확장될 수 있는 부분은 무궁무진한다. 웹 2.0 시대, 웹 3.0 시대, 모바일 2.0 시대라는 용어가 계속 나온다는 것은 아직은 모바일 시대가 지속된다는 의미다. 그 뒤에는 과연 어떤 시대가 올까?

아래 동영상을 보면 앞으로의 미래를 어느 정도 내다볼 수 있다. 현재 사용하고 있는 모바일 기능이긴 한데 모든 가전제품에 해당 기능을 접목시킨 부분이 많이 보이며, 이를 이동수단과 융합한 미래상을 보여준다.

에릭슈미트 '새로운 디지털 시대' http://www.youtube.com/watch?v=PfKHupOXRnc
유리와 함께하는 하루 http://www.youtube.com/watch?v=SvEW2CJMasQ
유리와 함께하는 하루2: http://www.youtube.com/watch?v=kgv3xbJv0xc

이 영상과 관련해서 이야기하자면 세계적으로 유명한 보안 콘퍼런스인 블랙햇[40]에서는 요즘 스마트기기와 관련된 주제를 많이 언급하고 있다. 안드로이드 해킹, iOS 해킹, NFC를 이용한 해킹, 모바일 악성코드, 스마트TV, 자동차 해킹 등 사용자 애플리케이션뿐만 아니라 하드웨어 해킹이 늘어나고 있다.

또한 이 영상에서 벌써 구축됐다고 하는 인프라 중에서는 국내에서도 보안 진단을 한 사례들이 많다. 몇 년 전에 공공사업을 통해 나왔던 연구주제들이 이 영상에서 나온 사물 인터넷(M2M), 유비쿼터스 환경, 자동차 제어시스템 등이었으며 이제 이런 주제의 해킹들이 대중들에게 시연을 통해 알려지곤 한다.

사물인터넷-M2M(Machine to Machine), 만물 인터넷-IoE(Internet of Everything) 등의 용어는 IT 트렌드에서 빠지지 않고 등장한다. M2M은 사람이 직접 제어하지 않는 상태에서 장비나 지능화된 사물들이 사람을 대신해서 통신을 담당하는 기술이다. 사용자들에게 익숙한 디바이스로는 '웨어러블 컴퓨팅'이 있다. 이 디바이스도 IoE의 범위에 포함되며, 이전부터 사용돼온 용어였지만 적합한 서비스를 구축하지 못하다가 근래에 구글의 '구글 글래스', 애플의 '아이워치'가 등장함으로써 관심을 받고 있다. 더불어 사물통신으로 인해 빅데이터에 대한 중요성과 이에 대한 보안이슈도 함께 이슈화되고 있다.

미래를 너무 빨리 예측해서 손해를 보는 경우도 있지만 미래를 대비하는 데 소홀한 나머지 기회를 놓치는 것은 더 어리석은 일이다. 미래 시대에는 어떤 보안 영역들을 고려해야 할지, 우리 보안인들은 항상 고민할 필요가 있다.

---

40 블랙햇(http://www.blackhat.com): 블랙햇은 세계적인 해킹 보안 콘퍼런스이며, 미국, 유럽, 아시아 등 여러 지역에서 개최되고 있다. 언더그라운드에서 활동하고 있는 보안전문가(화이트 해커)들이 모든 IT영역에서 도출될 수 있는 보안 위협들을 공유하고 즐기는 해커들의 축제라고 할 수 있다.

그림 2-33 유리와 함께하는 하루 중

국내 서비스 중에서 IT 트렌드 보고서를 빠르게 확인할 수 있는 곳은 DIGIECO 서비스 (http://www.digieco.co.kr)다. 이곳에서는 IT 전략 보고서, 이슈 및 트렌드 등에 관한 가치 있는 정보들이 제공되기 때문에 정기적으로 보고서들을 참고하면 보안과 관련된 시각도 넓어질 것이다.

구글 트렌드를 통한 IT 변화 예측

보안 커뮤니티 차세대 보안 포럼에서 개최한 "차세대 보안 토크"에 참여한 적이 있는데, 그때 받은 질문 중 하나는 "10년 후에는 어떤 기술이 보안에 중요할까요?"라는 것이었다. 어떻게 보면 제일 답하기 힘든 질문 인데, 한 예로 "모바일"이라는 단어가 대중적으로 알려진 것도 5년이 채 되지 않았고, 그것이 보안과 직결되 어 나타나리라는 것도 쉽게 예측할 수 없었다.

나는 "유비쿼터스 환경", "홈 스마트" 등의 이슈가 생기면서 기술적으로 [하드웨어 해킹]에 대해 언급했다. 그리고 빅데이터에 대한 이야기는 강의할 때 언급했었다. 이때는 명백하게 정리되지 않은 상태여서 다시 돌 아와서 관련 트렌드를 검색하기 시작했다.

정확한 근거가 될 수는 없지만 구글 트렌드(http://www.google.com/trends/)는 전 세계에서 검색되는 단 어와 상당히 객관적인 자료들을 이용해 트렌드를 예측할 수 있다.

관심 있는 주제의 트렌드를 직접 확인해 보자. "hacking"이라는 단어를 검색하니 근 8년 정도 하향곡선을 나타내며, 현재는 계속 비슷한 수준을 유지하고 있다고 보면 될 것 같다. 아울러 특별한 이슈가 발생할 때마 다 소폭 상승하는 것을 확인할 수 있다.

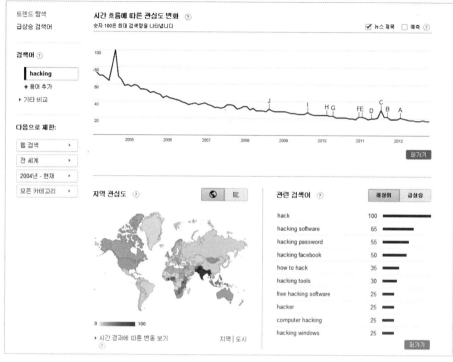

그림 2-34 구글 트렌드에서 hacking을 검색한 결과

그렇지만 모의해킹을 의미하는 'pentest'를 검색하면 매우 가파른 속도로 올라가는 모습을 볼 수 있다. 해킹이라는 포괄적인 의미 안에서 '모의해킹'이라는 이슈는 계속 상승세에 있기 때문에 보안 분야에서도 '모의해킹'은 매우 긍정적인 시장이 형성될 것으로 예측할 수 있다.

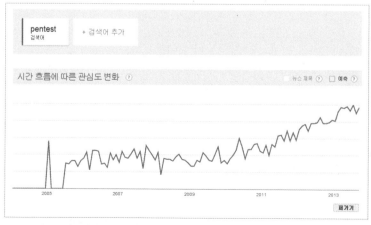

그림 2-35 구글 트렌드에서 Pentest를 검색한 결과

국내에서는 포렌식 분석의 중요성을 강조하고 있고 이제 입문자들에게도 흥미 있는 분야이지만, 전체적으로 검색해 보면 hacking이라는 단어와 비슷한 추세임을 알 수 있다. 하지만 2013년을 기점으로 그래프가 조금씩 올라가는 모습을 보인다. 즉, 그래프가 반등할 가능성도 보인다. 하지만 예측 버튼을 클릭하면 아직은 크게 반등할 그래프는 아니다. 그렇지만 국내 시장을 보면 2012년도에 비해 많은 업체에서 교육을 통해 인력을 양성하고 있고 좋은 인력들을 확보하고 있다.

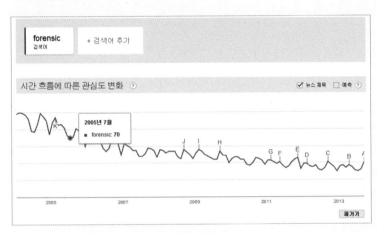

그림 2-36 **구글 트렌드에서 forensic을 검색한 결과**

자, 그럼 앞에서 강조한 "빅데이터(big data)"라는 단어를 검색해보자. 빅데이터 기술은 이미 오래 전부터 알려져 있었다. 하지만 모바일 서비스의 확대, 이로 인한 클라우드 서비스의 필요성, 소셜네트워크 서비스(SNS)의 데이터 처리 등 많은 이슈가 생기면서 이제는 빅데이터에서 차별화된 전략 경영을 많이 내세우고 있다. 각종 국내 IT 언론에서도 매일마다 빅데이터에 대한 기사/세미나 정보가 나올 정도로 데이터의 중요성을 많이 강조하기도 한다. 보안 분야에서도 '빅데이터와 개인정보', '빅데이터와 내부정보 유출' 등을 엮으면서 빅데이터에 대한 보안 문제를 언급하고 있다. 주식으로 보면 그래프가 상한가를 몇 번 달성한 모습이다.

그림 2-37 구글 트렌드에서 big data를 검색한 결과

이런 검색 결과를 통해 자신이 공부하는 영역을 조금이나마 예측해보자. 이 자료들은 검색을 통해 구한 객관적인 자료라서 참조할 뿐이지 그대로 따라야 할 이유는 없으며, 항상 자신의 결정이 중요하다는 것을 다시 한 번 강조하고 싶다.

12 / 책이나 문서에 해킹 기법이 포함된 것은 위험하지 않나요?

Q 모의해킹을 주제로 책을 쓰거나 쉽게 볼 수 있게 되면서 그에 대한 우려는 없나요? 예를 들어 누구나 쉽게 해킹을 연습한다거나 그런 것들도 걱정되지 않을까요?

책이 발간되고 난 뒤에 책 안의 내용을 악용할 경우 저자분들이나 출판사에 악영향이 있지는 않을지 궁금합니다.

A 두 질문이 사실은 같은 내용이라서 한꺼번에 답하겠다. 결과는 "아직까지는 아무 일이 없었다"다. 처음 집필한 책 안에도 수많은 공격 기법이 설명돼 있었다. 오히려 최근에 나온 책보다 더 자세히 언급한 것도 있었다. 책은 하나의 '수단'일 뿐이다.

개인적으로 책에 나오는 내용보다는 세미나에서 수백 명의 사람들 앞에서 강연하는 내용에 더 위험한 내용이 포함돼 있지 않을까? 세미나에서는 기술적으로 대응하기가 불가능한 주제까지 언급하는 경우도 봤다. 그러면 그러한 내용을 강연하는 발표자가 모두 위험해 보일까? 오히려 청중들에게 박수를 받지 않는가? 발표자는 세미나를 통해 공개를 하는 것이고, 집필자는 책을 통해 공개하는 것일 뿐, 결국 수단의 문제인 셈이다.

집필을 통해 어느 정도까지 공개하느냐는 집필자 마음이다. 분명 세미나를 통해 발표한 사람들은 자신만의 노하우를 많이 공유하고 있다. 단지 그분들이 저자로서의 활동이 적은 이유는 집필하는 데 어마어마한 시간이 들어서 쉽게 투자하지 못하기 때문이다.

그렇지만 대부분 언젠가는 책을 집필하겠다는 마음은 있다. 내 주위만 하더라도 정말 좋은 주제를 생각하고 내용도 생각해둔 분들이 많다. 그렇지만 그것을 이행하기가 힘들 뿐이다.

내가 책을 집필하거나 발표를 할 때 주의하는 몇 가지 사항이 있다.

첫째, 발표를 할 때나 책을 집필할 때 꼭 아래와 같은 경고 문구를 넣는다. 위험성에 대해서는 충분히 알리고, 허가받지 않은 사이트에는 절대 공격하지 않도록 당부한다. 어떤 경우든 다른 사이트를 공격하는 행위는 불법이다. 우리나라에서는 스캔 도구 및 크롤링을 하는 것도 법적으로 일정 한도 내에서 제한하고 있다.

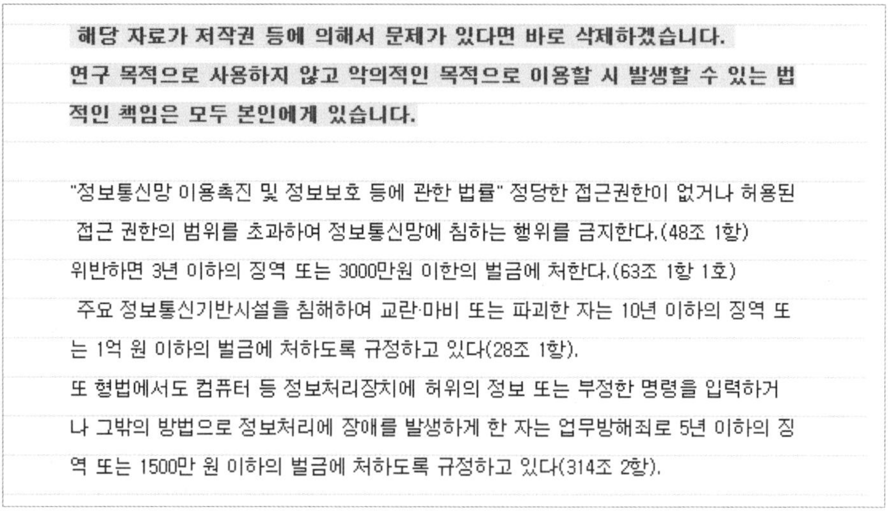

해당 자료가 저작권 등에 의해서 문제가 있다면 바로 삭제하겠습니다.
연구 목적으로 사용하지 않고 악의적인 목적으로 이용할 시 발생할 수 있는 법
적인 책임은 모두 본인에게 있습니다.

"정보통신망 이용촉진 및 정보보호 등에 관한 법률" 정당한 접근권한이 없거나 허용된
접근 권한의 범위를 초과하여 정보통신망에 침하는 행위를 금지한다.(48조 1항)
위반하면 3년 이하의 징역 또는 3000만원 이하의 벌금에 처한다.(63조 1항 1호)
주요 정보통신기반시설을 침해하여 교란·마비 또는 파괴한 자는 10년 이하의 징역 또
는 1억 원 이하의 벌금에 처하도록 규정하고 있다(28조 1항).
또 형법에서도 컴퓨터 등 정보처리장치에 허위의 정보 또는 부정한 명령을 입력하거
나 그밖의 방법으로 정보처리에 장애를 발생하게 한 자는 업무방해죄로 5년 이하의 징
역 또는 1500만 원 이하의 벌금에 처하도록 규정하고 있다(314조 2항).

그림 2-38 보안 프로젝트 리서치센터장 김남현 님 블로그의 경고 문구

둘째, DDoS를 포함해서 사회적으로 이슈가 될 만한 공격 도구를 기재하거나 공유하는 것을 제한한다. 세미나 발표를 보면 주제에 맞게 이슈가 되는 내용을 많이 기재하지만 입문자를 대상으로 집필하거나 강의를 하다 보니 이슈보다는 입문자들이 접근하기 쉽게 주제를 선택한다. 이 같은 상황에서 입문자들이 어떤 도구나 공격 코드를 확실하게 이해시키기 전까지는 공유하는 것을 고민하고, 항상 교육을 목적으로 다가간다고 생각하면 된다.

셋째, 공격에 대한 대응 방안을 제시한다. 집필 큰 주제가 '해킹'에 관한 것이라도 소주제에 맞게 대응 방안을 제시하는 편이다. 공격자 입장뿐만 아니라 이런 공격에 대해 관리자들은 어떤 입장에 서야 할지에 대해서도 많이 표현하곤 한다. 이전에 모의해킹 컨설팅을 하다가 이제 관리자 입장이 되니 글을 쓸 때도 이러한 입장이 자연스럽게 반영된다. 예를 들면, 메타스플로잇을 이용해 자바의 취약점을 이용해 공격하는 코드를 설명한다면 이 취약점을 사용자 입장 또는 관리자 입장에서 어떻게 대응할지 방안이 있으면 이를 제시하는 것이다.

나는 항상 이런 의문이 든다. 보안이라는 분야에서는 무료로 지식이 공유돼야 한다는 것이 당연시되지 않는 것 같다. 무료로 배포하는 문서에는 온갖 해킹 기법이나 신규 취약점과 관

련된 내용이 다 들어가 있는데, 책으로는 그런 내용이 포함되지 않을 이유가 있을까? 그러한 내용의 위험성만 생각한다면 오히려 무료로 문서를 배포하는 것이 더 많은 사람들에게 더 큰 위험성을 가져다 주지 않을까? (물론 무료로 배포된다고 해서 모두 보는 것은 아니다. 오히려 직접 구입한 책을 더 보기도 한다.)

책은 단지 지식을 전하는 하나의 수단으로만 보기 바란다. 잘 정리된 지식을 많은 입문자와 공유하고 이 분야에서 활동하게 하는 데 의미를 두는 게 좋다.

한 권의 책이 출판되기까지

주위에서 연구를 하는 사람들을 보면 책을 출판하고 싶은데 프로세스를 잘 이해하지 못해서 중간에 포기하거나 시도하지 않는 경우를 보기도 한다. 여기서는 간단하게나마 경험을 토대로 출판 프로세스를 설명하겠다.

집필을 하는 최종 목표는 자신의 이름으로 한 권의 책이 '출판'되는 것이다. 하루에 몇 페이지씩라도 계속 쓰면서 많은 콘텐츠를 보유하고 있다면 집필하는 데 크게 어려움이 없겠지만 실제로 책이 출판되기까지는 많은 부분이 남아 있다. 여기서는 IT 기술을 다룬 책을 집필하면서 경험한 프로세스를 이야기해보겠다.

아이템 선택	기획서 작성	출판사 계약	집필	교정/교열	인쇄/출판

그림 2-39 출판 프로세스

첫 번째는 아이템 선택이다. "어떤 주제나 콘셉트로 쓸지" 결정하는 단계다. 똑같은 사물이 있더라도 콘셉트가 다르면 아이템을 쓰는 방법도 달라진다. 단어는 하나지만 이 단어에서 어떻게 파생시킬지는 가지고 있는 기술과 경험에 따라 모두 다르기 때문이다. 즉, 한 아이템을 두고 "나는 이것을 써야지"로 끝나는 것이 아니라 "나는 이 단어를 이런 식으로 접근해 봐야지"까지 나오는 것이다.

두 번째는 기획서 작성이다. 기획서에는 **제목(가제목), 기획 의도, 책의 특징, 주요 독자층, 경쟁 도서 분석, 목차와 챕터별 소개**가 들어간다. 기획서가 완성되면 책을 쓸 때 목표까지 다가갈 수 있다. 그렇지만 처음으로 책을 쓰는 분들에게는 기획서를 작성하는 데 어려움이 많다. 내가 처음 책을 썼을 때 목차를 임의로 잡았다가 중간에 변수가 너무 많아서 6개월 동안 쓴 콘텐츠를 모두 버린 적이 있다. 그만큼 심사숙고해서 결정해야 이후에 흔들리지 않고 '출판'이라는 목표까지 다가갈 수 있다. 기획서가 부담스럽다면 콘텐츠를 어느 정도 채워놓고 작성해보는 방법도 있다. 50% 정도의 분량을 미리 써두면 나중에 부족한 목차와 흐름을 생각하는 것은 어렵지 않다.

나는 여러 개의 책을 동시에 기획하다 보니 이런 방법에 익숙해졌다. 그래서 출판사와 계약을 위해 만날 때 60% 이상은 이미 글이 작성된 상태라서 계약 여부를 결정하는 단계까지 빠르게 진행된다.

기획서를 작성하기 전이나 작성하고 난 후에 출판사와 접촉한다. 입문자라면 기획서를 어느 정도 작성해야 출판사와 접촉할 기회를 더 가질 수 있을 것이고, 집필 경험이 있다면 주제와 흐름 정도만 이야기하면 출판사에서 약속을 잡아준다. 이때 주제에 대해 서로 의논해보고 독자에게 반응이 어떨지도 예측해본다.

출판사에서는 기획서를 토대로 시장조사를 할 것이고, 해당 주제의 전문가에게 조언을 얻어 시장성이 어떤지 판단한다. 반응이 좋을 것이라 생각하면 바로 계약할 수 있다. 계약서는 꼼꼼히 살펴봐야 한다. 집필은 봉사활동이 아니기 때문에 **나에게 인세가 얼마나 주어지는지, 출판까지의 계약 일정이 제대로 적혀 있는지, 원고가 완료된 후에 언제까지 출판돼야 하는지**(평균적으로 1년 내에 출판되도록 명시돼 있다), **공동저자일 경우에는 인세 분배 비율/금액**이 잘 명시돼 있는지 확인한다. 잘못된 내용이 없다면 도장을 찍고 계약서를 저자와 출판사가 한 부씩 가져간다. 계약서는 항상 행복감을 준다. 그렇지만 계약 이후에는 이제 마감 시한까지 최종 원고가 나와야 하기 때문에 집중해야 한다. 지인들과의 약속도 줄이고, 불필요한 일들은 없어야 한다. 그리고 체력관리는 필수다.

상기 표시된 저작물(이하 '본 저작물'이라 한다)을 저술하고 출판함에 있어서 저작권자 '**조정원**'을 '갑'이라 하고 출판권자 위키북스를 '을'이라 하여 다음 사항을 약정한다.

제1조(저술 작업)

 (1) 저작물에 대한 저술기간은 2013년 10월 22일부터 2013년 12월 31일까지로 한다. 단, '갑'과 '을'은 상호 협의하여 저술기간을 연장할 수 있다.

 (2) '갑'은 MS-Word로 저술 작업을 하여야 하며, 다른 프로그램을 사용하는 경우에는 '을'과 협의해야 한다.

 (3) '갑'은 '을'에게 저작된 원고를 장별로 보내야 하며, 최소 한 달에 한번씩 간단한 집필 진행 상황 리포트를 보내야 한다.

 (4) '갑'은 저자 서문과 더불어 인터넷 판매를 위한 마케팅 요약문을 작성해야 한다.

제2조(출판 허락)

 (1) '갑'은 저술 완료된 도서(이하 '본 저작물'이라 한다)을 본 계약에 따라 출판할 것을 '을'에게 허락하며 '을'은 제1조에 따라 저술 작업이 완료된 날로부터 2개월 안에 출판하여야 한다.

 (2) 다만, 부득이한 사정이 있을 때에는 최대 1개월을 넘지 않는 범위 내에서 상호 협의하여 제1항의 기한을 변경할 수 있다.

제3조(정가, 부수, 장정 등)

 (1) 본 계약의 유효기간 중 제1항의 발행 부수를 증감하고자 할 경우에는 상호 협의하여 결정한다.

 (2) '을'은 본 계약에 의한 출판물(이하 '본 출판물'이라 한다)을 선전함에 있어서 '갑'의 명예를 훼손하여서는 아니 된다.

그림 2-40 출판 계약서 예제(많이 써놓아서 집필 기간이 짧다.)

계약이 완료되면 이제 집필을 해야 한다. 집필은 기획 단계대로 진행하는 편이 좋겠지만 생각나는 소재가 있다면 하루하루 작성해두는 것이 좋다. 집필 방법에 대해서는 이 책에서 상세하게 다루기 때문에 자세한 설명은 생략하겠다.

다음은 편집 단계. 편집 단계도 집필의 한 과정이다. 작가의 역할은 이 편집 단계까지 하는 것이고 교정/교열은 출판사 편집자의 몫이다. 편집은 디자인이나 국어 문법에 대한 세세한 수정을 의미하지 않는다. (IT 기술책을 집필하는 사람이 국어 문법까지 고려해야 한다면 집필 기간은 2, 3배 정도 길어질 것이라 판단된다.)

그래도 출판사 편집자가 봤을 때 문장의 흐름과 단어가 최대한 이해할 수 있는 수준이어야 하며, 소스코드의 자세한 설명 표시, 그림과 표의 레벨 표시 등이 필요하다.

가장 중요한 것은 문장을 수십 번에 걸쳐 수정하는 과정이다. 글은 한 번에 완성되지 않는다. 선택한 소재가 떠오를 때 집중적으로 많은 분량을 써놓고 문장들을 하나씩 수정해나가면서 완성해야 한다. 이때 제대로 수정 과정을 거치지 않고 초안을 작성해서 출판사에 건네면 출판사의 리뷰가 끝나고 다시 작업하는 편집 단계에서 지금까지 원고를 쓰기까지 걸린 시간보다 더 오랜 시간이 걸릴 수도 있을 만큼 문장을 거듭 고치는 것은 매우 중요한 일이다.

집필하는 동안 해당 분야의 지식이 멈추는 것이 아니라 계속 연구를 하면서 집필이 진행되기 때문에 추가로 들어온 지식과 융합하면 더 좋은 방향으로 책을 쓸 수 있고, 다양한 소재를 발견함으로써 내용이 풍부해질 수 있다. 그렇기 때문에 문서는 날짜별로 버전관리를 하면서 매일매일 반복 수정하기를 권장한다.

집필 중간중간 출판 편집자에게 자주 문의하는 것은 좋다. 모두 다 쓰고 난 뒤에 계약에 명시된 탈고 날짜가 다가왔을 때 출판사에서 생각한 내용(기획서 기준)과 전혀 다르거나, 편집자가 생각하기에 최종 원고라고 생각할 수 없을 정도의 원고라면 모두 수정해야 하기 때문이다. 이렇게 되면 시간에 쫓기게 되어 제대로 된 원고가 나오지 않는다. 그리고 초안을 작성한만큼의 기간은 아니더라도 상당히 긴 시간을 투자하게 되면서 부담감과 불만으로 계약이 파기됨으로써 출판까지 도달하지 못하는 경우도 있다.

이제 최종 원고가 완성되어 출판사에 전달하면 출판사의 일정에 맞춰 움직이면 된다. 출판사에서도 진행 중인 책들이 많기 때문에 원고를 넘겨줬다고 해서 바로 교정/교열이 시작되지는 않는다. 출판사도 비즈니스를 고려해서 우선순위를 정해둔다. 그러한 우선순위에 해당하면 출판사에서 연락이 온다. 편집자가 이해하지 못하는 부분이나 흐름상/문맥상 맞지 않다고 생각하면 계속 지적하게 된다. 편집자도 작품을 만드는 동료와 같기 때문에 즉시 확인해서 답해주고 신속히 진행되도록 협력해야 한다. 교정/교열이 모두 완료되면 이제 디자인 작업 및 인쇄용으로 제작된다. 이 작업은 한달 이내에 완료될 만큼 시간이 오래 걸리지 않는다. 이제 전 과정이 끝나고 완성물을 저자가 최종적으로 검토한다. 그리고 전국 서점에 책이 출판된다!

그림 2-41 **프로젝트를 통한 결과물이 책으로 출판되다**

집필 10년 경력이 필요한 것은 아니다

만나는 사람마다 빼놓지 않고 이야기하는 것은 '집필'에 대한 생각이다. 집필에 너무 집중해서 그런 것 같다. 지식도 많고 말도 잘하는 분들을 만나면 꼭 집필해보라고 말씀드린다. 하지만 대부분 '10년 정도 경력을 쌓아야 집필할 수준이 되는 거지…"라고 답한다. 정말 10년 정도가 지나야 집필할 수준이 되는 걸까? 그리고 10년의 경력을 쌓는다고 집필할 수 있을까?

취업하기 전 학생일 때, 그리고 취업하고 난 직후의 신입사원일 때를 생각해보자. 그때 자신에게 조언해준 사람 가운데 어떤 사람의 이야기가 제일 귀에 잘 들어왔는가?

후배들을 제일 많이 돌보고 신경 써주는 사람은 이제 막 취업한 1, 2년차 선배다. 그들은 자신의 업무 경험담을 깊이와 생각없이 무엇이든지 자랑스럽게 말하고 싶어 한다. 군대 이야기를 하듯이 조금은(?) 거짓말도 더해가면서 공부할 때와 일할 때와의 엄청난 차이점들을 이야기해준다.

회사 입장에서 보자. 대표님의 말씀은 존경스럽지만 아직은 나와 머나먼 이야기인 것처럼 들린다. 팀장님의 말씀은 긴장을 하고 잘 들어야 하지만 업무적인 이야기가 더 많은 것 같다. 자신과 가장 가까이 지내고 제일 많은 이야기를 나누는 사람은 대부분 바로 위에 있는 선임이나 프로젝트를 함께 하고 있는 리더(프로젝트 매니저)다.

책을 쓰는 것도 똑같다. 집필은 자신이 생각하는 바와 이 책을 읽는 독자와의 소통 수단이다. 그러자면 독자가 글을 읽었을 때 공감할 수 있어야 한다. 자신이 몰랐던 새로운 내용만 가득 있다면 공감을 얻을 수 없다. 창조를 앞세워 성공한 기업에서도 80%는 기존 것에서 공감을 일으키는 부분이고, 20%만 새로운 것을 내세운다. 특히, 대부분의 기술책은 입문자를 대상으로 쓰여진다. 가뜩이나 팔리지 않는 시장에서 높은 수준의 기술책을 집필하면 더욱 반응이 없다. 자칫하면 '그들만의 리그'가 될 수 있다.

그래서 집필은 처음 실무를 배우면서 혈기가 왕성할 때 쓰기 시작해야 한다. 사원일 때 새로 들어온 후임에게 하고 싶은 말, 대리일 때 사원들에게 하고 싶은 말, 책임급일 때 팀원들에게 하고 싶은 말, 대표일 때 직원들에게 하고 싶은 말, 은퇴할 시점에는 자신이 종사했던 분야에서 일어난 많은 노하우를 전달해야 한다. 해마다 바뀐 관점들을 채워나가면서 이전에 썼던 내용과 비교하는 재미도 느껴보자.

QA. 보고서 작성 및 집필 관련 팁

집필과 보고서는 같은 맥락에서 작성된다. 둘 다 다른 사람들에게 자신이 주장하고 싶은 내용을 채워가고 설명한다. 집필을 처음 시도하다 보면 많은 어려움을 겪게 되는데, 기술적인 내용을 채워가는 데는 큰 어려움이 없지만 탈고하기 전에 편집할 때 양식을 제대로 잡지 않으면 몇 개월의 시간을 더 소비할 수 있다. 나도 처음 책을 쓸 때 8개월 동안 작성한 내용을 모두 버린 경험이 있다. 하지만 여기서 제시한 내용을 미리 알아두면 상당한 시간을 단축할 수 있으리라 생각한다. 내가 책을 집필하면서 개선한 방법이기 때문에 이런 양식을 만들어 두면 집필 시간을 크게 단축할 수 있다.

집필하는 사람마다 사용하는 편집 도구는 다르지만 이 책에서는 마이크로소프트 워드를 기준으로 보고서에 필요한 양식을 어떻게 만드는지 살펴보겠다.

이 책에서 언급한 내용 말고도 수많은 노하우가 있지만 몇 가지만 살펴보고 기회가 된다면 '집필'만을 주제로 다룬 다른 책을 통해 공유하겠다.

보고서 스타일 적용하기

실무에서도 많이 사용되지만 집필에서도 제일 필요한 것은 워드에 자신만의 스타일을 적용해야 한다는 것이다. 스타일을 한번 적용하고 나면 문서에 통일성을 유지할 수 있고, 특히 개요 번호를 자동으로 적용할 수 있기 때문에 나중에 편집 과정에서 시간 낭비를 줄일 수 있다. 그리고 보고서에서 제일 중요한 "스타일 적용"에 대해 모르는 분들이 많다. 그래서 이번에는 마이크로소프트 워드에서 제공하는 기능만을 이용해 간단한 스타일을 적용하는 방법을 알아보겠다.

워드를 처음 실행하면 빈 화면이 나타난다. 보고서를 보면 처음 개요가 나오고 본문으로 이어진다. 예제에서도 개요, 상세내역으로 나눴다고 가정하고 상단 리본메뉴에서 1) [스타일 변경]을 클릭하고 2) [스타일 모임] > 3) [현대식]을 클릭하자. 현대식이 맑은고딕 형식으로 제일 무난한 형태라 생각한다. 그러면 위의 항목들의 형태가 바뀌는 것을 확인할 수 있다.

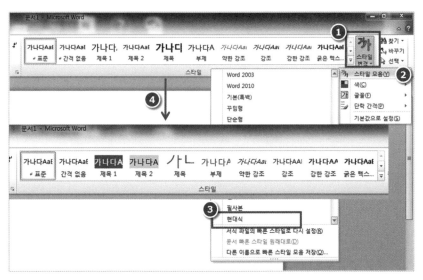

그림 2-42 스타일 변경

본문에서 작성한 내용에 마우스를 올려놓고 '제목 1'이라고 표시된 항목을 클릭한다. 그럼 자동으로 제목 단계에 맞게 스타일이 적용된다.

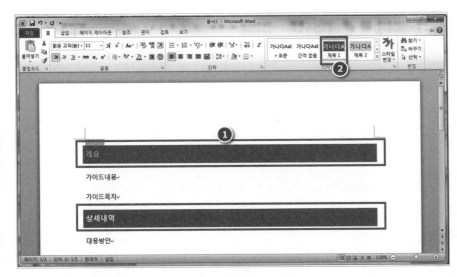

그림 2-43 개요번호를 적용(1)

다음으로 하위 항목들은 제목 2로 적용하면 된다. 이렇게 각 항목 단계에 따라 스타일을 적용한다.

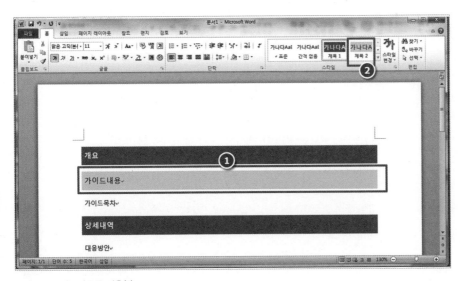

그림 2-44 개요번호를 적용(2)

목차로 사용될 항목에 스타일을 적용한 뒤에 앞에 "1. ", "1.1. "이라고 입력하면 자동으로 개요 번호가 적용된다. 개요 번호는 각 항목에 번호를 지정하는 것으로서 "1. 개요, 1.1. 정의, 1.2. 일정…"과 같은 형태다. 이 개요 번호를 문서를 만들 때 잘 지정해야 나중에 수정작업을 최소화할 수 있다. 여기까지 스타일을 적용하면 기본적인 문서 작업 준비가 완료된다. 다음 시간에는 표 캡션과 그림 캡션 삽입에 대해 알아보겠다.

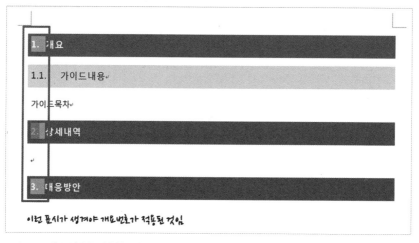

그림 2-45 개요 번호를 적용한 모습

그림/표 캡션 적용하기

보고서 템플릿에서 중요한 것 중 하나는 표와 그림에 캡션을 삽입하는 것이다. 특히, 기술 보고서나 기술 서적을 작성할 때 가장 많이 차지하는 것은 표와 그림이다. 그래서 표나 그림마다 설명이 들어가게 된다. 설명은 표나 그림마다 모두 다르기 때문에 그때마다 하나씩 설명해야 하지만, 캡션 번호는 반복적이라서 자동으로 업데이트되도록 설정할 필요가 있다. 그렇게 하지 않으면 100장의 그림이 있을 때 중간에 1개의 그림이라도 추가되면 모든 그림의 레이블을 다 수정해야 한다.

우선 표에 캡션을 추가하는 방법을 알아보자. 표를 추가한 후 마우스 오른쪽 버튼을 클릭하면 [캡션 삽입]이 나타난다. 이를 클릭한 후 레이블 종류를 선택한다. 표라면 "표"를, 그림이라면 "Figure"를 선택하면 된다. 하단에 [번호 매기기]를 클릭하면 "장 번호 포함"이 있다. 이 옵션을 체크해야 장 번호에 맞게 표 1-1, 표 1-2와 같은 형태로 삽입된다.

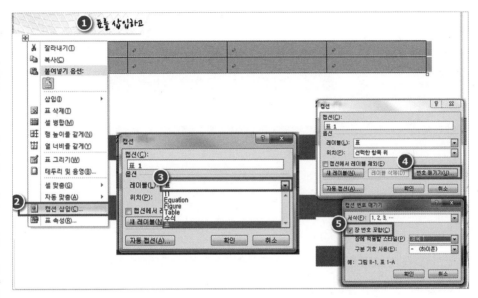

그림 2-46 표 캡션을 적용

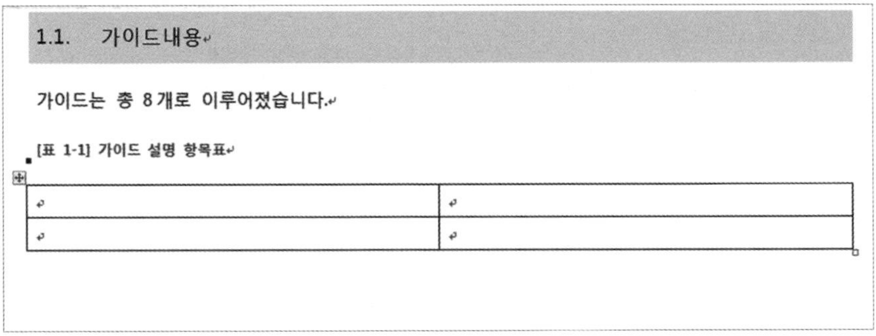

1.1.   가이드내용

가이드는 총 8개로 이루어졌습니다.

[표 1-1] 가이드 설명 항목표

그림 2-47 표 캡션이 적용됨

다음으로 그림에 캡션을 적용하는 방법을 알아보자. 그림의 경우도 위에서 표에 캡션을 삽입하는 방법과 같다. 레벨 형식에서 "Figure"로 선택하면 된다. "figure"는 적용한 후에 "그림"으로 수정하면 된다.

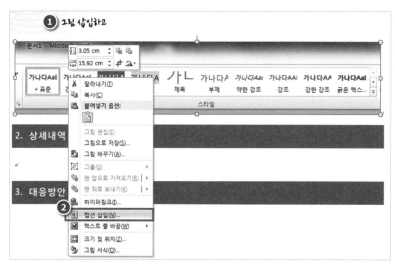

그림 2-48 그림에 캡션 삽입하기

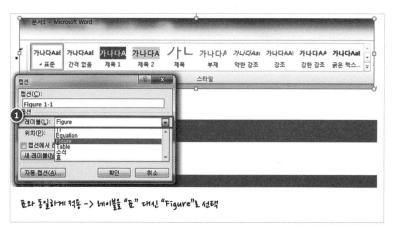

그림 2-49 그림(Figure)에 대한 레이블 선택

이처럼 표나 그림에 캡션을 추가하고 나면 이후에 추가되는 표나 그림에는 이 캡션들을 상단이나 하단에 복사해서 사용하면 된다. 복사할 때는 자동으로 업데이트되지 않지만 캡션마다 설명을 모두 추가한 뒤에 전체 선택(Ctrl + A)를 한 뒤 마우스 오른쪽 버튼을 클릭한 후 [필드 업데이트]를 선택하면 각 번호가 장에 따라 수정되는 것을 확인할 수 있다. 이렇게 하면 표나 그림이 문서에 수백 수천 장 삽입되더라도 걱정할 필요가 없다.

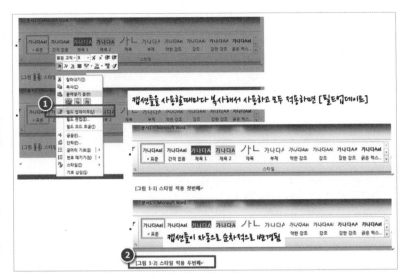

그림 2-50 그림에 캡션을 적용한 모습

상호참조를 이용한 레이블 적용

보고서를 작성할 때, 특히 기술 서적을 쓸 때 실습 화면이 많이 사용된다. 저자가 집필한 책을 기준으로 하면 600페이지를 기준으로 그림이 250개~300개 정도 포함돼 있었다. 앞에서 설명한 "캡션 적용하기"에서는 각 그림의 캡션에 대한 업데이트만 고려했다. 하지만 본문에서는 그림을 참고해서 설명해야 할 때가 많다. 예를 들어 "[그림 1-12]에서 볼 수 있듯이 결과가 아주 자세하다"라는 문장이 있다고 하자. 이처럼 본문에서 그림을 참조하고 있는데, 만약 중간에 그림들이 추가된다면 그림에 적용한 캡션이 모두 업데이트된다. 하지만 본문에 사용된 문구에 대한 그림 캡션은 바뀌지 않아서 하나하나 본문을 찾아가며 다시 수정해야 한다는 문제가 있다. 이런 작업을 하는 데 보통 2~3시간 이상 소비가 된다.

마이크로소프트 워드에서는 이런 문제를 해결해주는 기능이 있다. 바로 "상호 참조" 기능이다. 이는 개요 번호, 본문 문구, 표, 그림 등을 참조하게 해서 업데이트된 정보까지 연결성을 부여하게 된다.

상단 메뉴에서 [참조] 〉 [상호참조]를 차례로 클릭하면 창이 하나 나타나고 [참조할 대상], [삽입할 참조 내용], [사용할 캡션]을 순서대로 선택한다.

그림 2-51 상호 참조

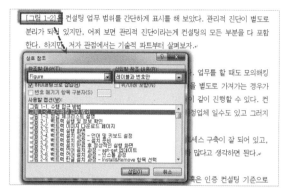

그림 2-52 그림에 대한 상호 참조 적용

그림 본문에 참조된 것을 바로 확인할 수 있으며, 중간에 그림을 많이 삽입하더라도 자동으로 업데이트되기 때문에 본문에 신경 쓰지 않아도 된다. 단, 이를 업데이트하려면 문서 전체를 선택하고 [필드 업데이트]를 먼저 해야 한다.

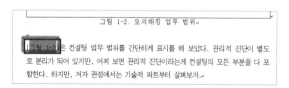

그림 2-53 그림에 대한 상호 참조 적용

그림 2-54 필드 업데이트

소스코드에 문법 강조 적용하기

IT 분야에 종사하는 분들(특히 개발자분들)은 블로그 및 카페에 게시물을 올릴 때 소스코드 예제를 많이 올리곤 한다. 하지만 개발 도구에 있던 소스코드를 복사해서 바로 DOC 파일이 나 웹에 붙여넣으면 텍스트 형식으로 바뀌기 때문에 다시 원래대로 문법 강조를 위한 스타 일을 입히는 것은 꽤나 큰 문제다. 그래서 이를 단번에 해결하는 것 중 하나가 바로 소스에 맞게 문법 강조(Syntax Hightlight)를 적용하는 사이트를 이용하는 방법이다. 이러한 대표 적인 사이트 중 하나로 Pygments 프로젝트(http://pygments.org/demo/)가 있다.

다음은 서브라임 텍스트 2(Sublime Text 2)에서 펄(Perl) 스크립트를 작성한 것이다(개인적 으로 이 텍스트 편집기를 적극 추천한다). 이 코드를 문서에 적용할 때도 동일한 색깔을 입 히고 싶다고 해보자.

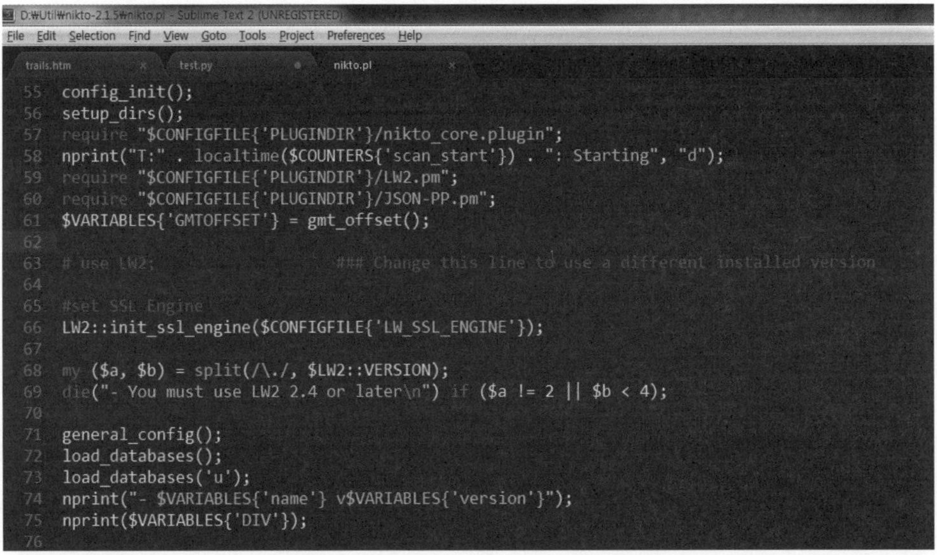

그림 2-55 서브라임 텍스트 2에서 작성한 펄 스크립트

이 코드를 그대로 복사해서 워드에 붙여넣으면 아래 화면처럼 일반 텍스트 형식으로 바뀌어 서 보기가 좋지 않다(이전에 카페 멤버 중에서 각 문장마다 워드에서 색깔을 입히는 분도 있 었다).

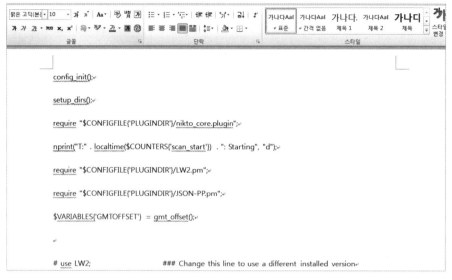

그림 2-56 워드에 소스코드를 그대로 복사했을 때

위에서 소개한 사이트로 들어가면 페이지 하단에 "Submit a piece of code to highlight!" 라는 문구가 있다. 여기에 코드에 대한 설명, 언어 설정(대부분의 프로그래밍 언어를 지원), 본문을 입력하면 된다. 파일 크기가 큰 경우에는 파일을 직접 올려도 된다(물론 혹시 모르니 중요한 소스라면 올리는 것을 자제하는 게 보안상 좋겠다). 이렇게 세 가지를 설정한 뒤에 아래의 [Hightlight] 버튼을 클릭하면 된다.

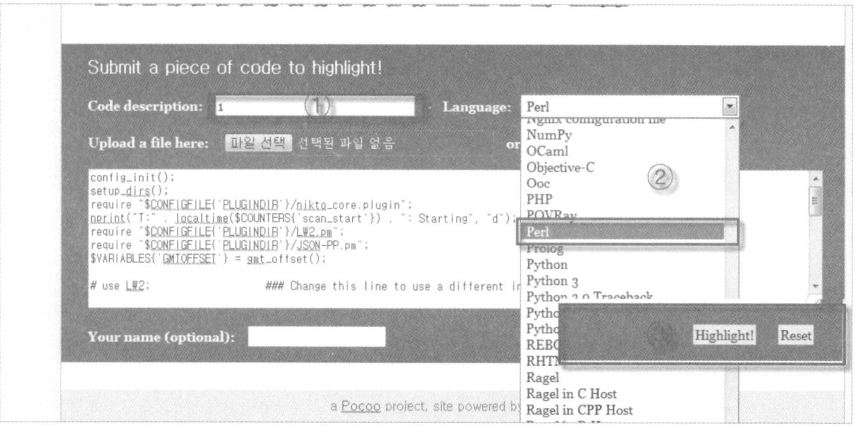

그림 2-57 코드 문법 강조 사이트

그러면 다음 페이지에 다양한 스타일을 적용할 수 있는 페이지가 나타난다. 여기서는 서브라임 텍스트 2에서 사용한 스타일과 최대한 비슷한 "native"를 적용했다.

그림 2-58 코드에 문법 강조를 적용한 모습

이제 워드에 복사하면 된다. 이때 가급적 [표]를 추가한 뒤에 그 안에 코드를 복사하는 방법을 권장한다. 그래야 표의 배경 색상을 동일하게 지정해서 앞에서 보여준 예제를 좀 더 깔끔하게 보여줄 수 있기 때문이다.

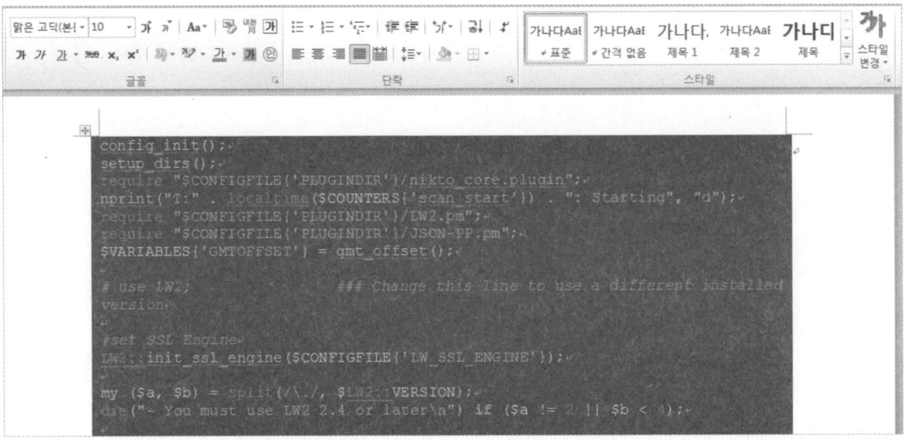

그림 2-59 워드 문서에 문법 강조가 적용된 코드를 복사

지금까지 설명한 내용만 잘 지켜도 보고서를 작성하거나 책을 집필할 때 처음부터 끝나는 시점까지 어려움이 없을 것이다.

발표자료용 이미지 활용

보고서를 작성하는 과정이나 고객들에게 교육자료를 만들 때는 내용도 중요하지만 시각적인 효과를 위해 이미지를 활용하면 가독성과 함께 더욱 좋은 결과물로 평가될 수 있다. 이미지 하나하나를 그리거나 사진을 직접 찍어서 만든다면 가장 좋겠지만 이미 너무나 좋은 이미지들이 많기 때문에 이를 최대한 활용하면 좋다.

먼저 아이콘을 활용하는 방법을 알아보자. 특히, 구성도나 시나리오를 작성할 때 아이콘을 많이 사용하게 된다.

고객사 발표자료를 작성할 때는 별다른 문제가 없으면 마이크로소프트 오피스 계열의 제품을 많이 사용하게 된다(발표자료를 작성할 때만 애플의 맥을 사용하는 경우가 있는데 나중에 고객사에 전달할 때 호환성 때문에 문제가 발생할 수 있다.) 마이크로소프트 오피스에서는 온라인 클립아트를 기본으로 제공한다. 그 중에서 1540, 1541, 1562 등의 숫자로 검색하면 투명 PNG 파일 형태의 다양한 아이콘을 활용할 수 있다. 이러한 아이콘은 시나리오 형식의 내용을 작성할 때 특히 유용하다.

그림 2-60 마이크로소프트 오피스 클립아트에서 1540, 1541, 1562 검색

또 다른 방법으로 무료 아이콘을 제공하는 아이콘 파인더 서비스[41]를 활용하는 방법이 있다. 원하는 주제를 입력하면 입력한 주제에 해당하는 아이콘이 모두 나타난다. 가령 'web'으로 검색하면 다양한 분야에서 활용할 수 있는 아이콘이 많이 나오는 것을 확인할 수 있다. 이미지는 크게 세 가지 종류(PNG, ICO, ICNS)로 다운로드 가능하며, PNG 파일을 받으면 발표자료에서 바로 활용할 수 있다.

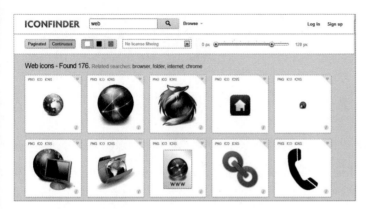

그림 2-61 아이콘 파인더 서비스

다음으로 배경이나 자료와 연관된 이미지를 제공하는 곳을 활용할 수 있다. 사진 공유/편집 서비스로 유명한 플리커(Flickr, http://www.flickr.com/creativecommons/)에서는 저작권자만 밝히면 자유롭게 이용할 수 있는 고품질 이미지가 많다. 요즘에는 발표자료의 배경을 꽉 채우는 형태를 선호하기 때문에 이러한 이미지가 내용과 부합하다면 활용하기에 좋다.

---

41 아이콘 파인더 서비스(www.iconfinder.com) 말고도 비슷하게 활용할 수 있는 사이트로 weloveicons.com, www.iconarchive.com, iconlet.com, thenounproject.com 등이 있다.

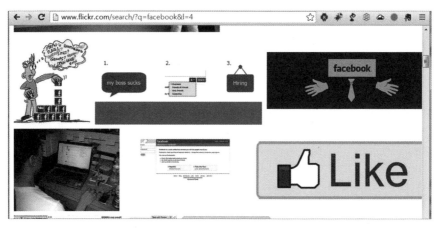

그림 2-62 플리커의 이미지 공유 서비스

이와 비슷하게 구글 이미지 검색을 활용해도 좋다. 검색할 때 저작권 사용 권한(라이선스)을 설정하려면 고급 설정(https://www.google.com/advanced_image_search)을 통해 지정할 수 있다.

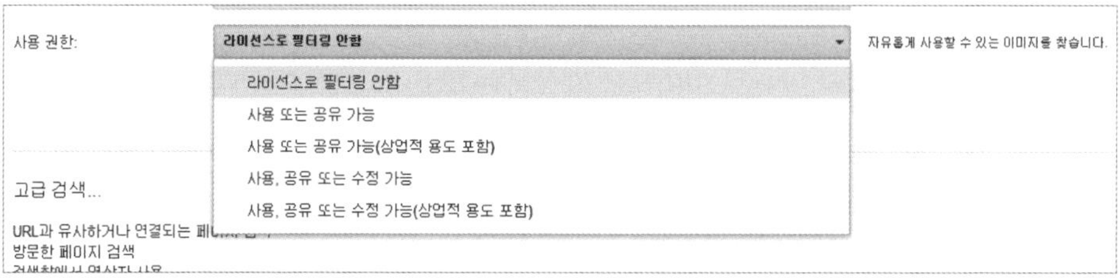

사용 권한:	라이선스로 필터링 안함	▼	자유롭게 사용할 수 있는 이미지를 찾습니다.
	라이선스로 필터링 안함		
	사용 또는 공유 가능		
	사용 또는 공유 가능(상업적 용도 포함)		
고급 검색...	사용, 공유 또는 수정 가능		
URL과 유사하거나 연결되는 페이지 검색	사용, 공유 또는 수정 가능(상업적 용도 포함)		
방문한 페이지 검색			
검색창에서 이미지 사용			

그림 2-63 구글 이미지 검색에서 사용 권한 설정

[참고자료]

http://issuu.com/jinhojung/docs/impressivepresentation
파워포인트 블루스 (한빛미디어)

03
—
입시와 관련된
질문

3장에서는 학생들이 가장 궁금해하는 입사에 대한 질문/답변을 모아봤다. 학생들의 가장 큰 고민거리는 바로 취업의 문제다. 취업에는 왕도가 없다. 자신이 원하는 직종, 일하고 싶은 회사를 선택하고 목표를 위해 열심히 달려야 한다. 그렇지만 자신이 진로로 정한 직종의 업무에 경험이 있는 선배들의 말을 조금이나마 들어두면 목표를 잡는 데 좀 더 도움될 것이다. 여기서 다루는 내용은 후배들과 만나면서 가볍게 이야기했던 내용을 정리한 것이다. 편하게 읽었으면 좋겠다.

01 / 보안 직종은 어떤 순서로 옮겨가야 하나요?

Q 이야기를 들어보니 바로 컨설턴트가 되기는 힘드니 관제 업무 → 서트 업무 → 컨설팅 업무로 옮겨가는 게 좋다고 하는데, 어떤가요?

A 보안 세미나에 참석할 때마다 나를 가장 갸우뚱하게 만드는 것 중 하나는 '직업을 어떤 순서로 바꿔야 좋으냐'라는 질문이다. 아마 이런 질문을 하는 분들은 학원 영업사원의 상담을 그대로 받아들였거나 선배들이 이야기한 것을 잘못 이해했을 가능성이 높다.

그리고 또 다른 이유는 "3.2. 경력만 원하고 신입사원은 **뽑지 않는다고** 하는데?"라는 질문과 연관이 있다. 모의해킹과 컨설턴트 분야로 신입사원이 많지 않을 것이라 생각해서 수요가 많은 곳으로 자꾸 몰리는 현상이 발생한다.

취업생들을 대상으로 보안 직군을 설명할 때 가장 많이 듣는 관제 업무, 서트 업무, 컨설팅 업무는 서로 업무의 연관성은 있지만 분명히 업무 영역은 확연하게 다르다. 어떤 것이 우위에 있는 것이 아니라 서로 협력을 통해 이상적인 보안체계/프로세스를 만들어가는 것이 중요하다. 어느 누가 빠져도 그 빈자리를 채우기는 힘들다. 기회가 되어 모든 영역을 경험할 수 있을 수도 있지만 업무 영역을 옮겨가더라도 각 영역을 확실하게 경험한 후에 옮겨가는 것이 좋지 않을까 싶다.

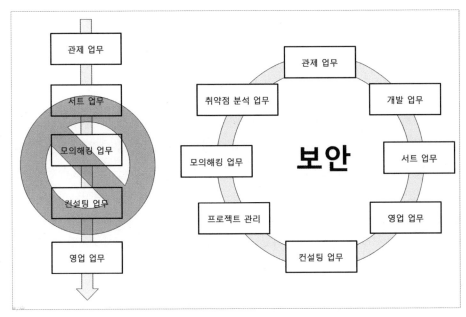

그림 3-1 보안 분야의 협력 관계

내가 아끼는 한 후배도 관제 업무(장비 운영 부서)를 1년 6개월 동안 하고 있다 보니 이제 슬슬 주위의 조언이 들리기 시작한 모양이다. 평소에는 생각하지 않았던 분야인데 좋은 조건이라면 한번 면접을 보기도 하고, 주위에서 추천해 준다고 하면 바로 승낙하는 경우가 있었다고 한다. 사회생활을 평균보다 조금 늦게 시작해서 그런지 미래에 대한 불안감도 있는 것 같기도 했다. 그렇지만 나는 단호하게 말했다. "주위의 말대로 어떤 분야가 좋고 나쁘다고 평가할 수 있다면, 그리고 거기에 어떤 순서가 있는 것처럼 말한다면 우리가 모두 공무원이나 대통령이 돼야 하나? 그리고 그게 평생 안전한 자리냐? 지금 이 상태에서 다른 분야로 간다면 아마 거기서 또 후회하고 몇 년 가지 않아서 또 다른 분야를 선택하는 생활을 반복하게 될 거다. 이 분야의 프로세스와 노하우를 만들기 위해 선배들이 10년 넘게 노력한 결과가 있다. 그럼 그걸 받은 후배들이 그 프로세스를 더 효율적으로 운영할 방법을 생각해봐야 한다. 그 분들이 만들어놓은 길을 똑같이 따라가려고만 하지 말고, 기술과 경험을 쌓아서 너만의 방법론, 네가 만드는 길을 가는 게 좋지 않을까? 그 길을 만들려면 새로운 시각으로 바라보고, 이 영역에서 내가 더는 할 수 있는 게 없다고 느껴질 때 선택해도 그 노력이 헛되지는 않을 것이다."

어떤 업무를 하든 경력이 늘수록 책임져야 하는 영역은 넓어진다. 예를 들어, 관제 업무에서 신입사원일 때는 한두 가지의 장비를 가지고 모니터링하고 보고서를 작성한다면 선임일 때는 패턴 업데이트, 동향 파악, 가이드 제시 등의 업무를 하고, 책임일 때는 프로세스 개선, 인력 관리, 고객 대응 등 업무를 바라보는 관점이 넓어진다.

관제 업무를 하다가 컨설팅 업무를 하게 되면 완전히 새로운 업무를 하는 것이고 신입사원 보다는 시야는 넓어지더라도 자신의 능력을 제대로 발휘할 수 없다. 말 그대로 자신이 받는 몸값에 비해 작은 범위의 업무를 맡게 되는 것이다. 직장을 바꾸는 것은 "여자친구와 헤어지는 것"과 동일한 수준의 스트레스를 준다고 하는데, "업무"가 바뀌어도 이와 비슷한 스트레스를 받을 것이다. 아무리 경력이 많아도 몇 개월은 신입사원과 동일한 조건에서 일하게 된다. 조직이 어떻게 구성돼 있는지 파악하고, 업무 프로세스를 이해하는 데 최소한 몇 개월은 걸리기 때문이다.

자신에게 맞는 분야, 자신이 하고 싶은 분야가 무엇인지 명확하게 정하고 그것을 목표로 삼기 바란다. '직장'은 바뀌어도 '직업'을 바꿀 때는 정말 신중해야 한다. 사람은 모든 영역을 다 전문적으로 할 수 없다.

나는 모의해킹 컨설팅 업무를 할 때 최고 선임자 역할을 하면서 내 영역에서 어떤 뭔가가 부족하다는 느낌을 받았다. 컨설팅은 계속 하고 있지만 고객들이 겪는 어려움을 채우기 위한 공감은 하지 못했다. 공감대와 부족한 영역을 넓히고 채울 수 있는 방안을 고민했고 한 회사의 보안담당자에서 기존의 컨설팅 업무와 협력할 수 있는 방향으로 나가고 싶었다. 지금은 관리실무를 하지만 주요 업무는 기술적 진단을 포함한 모의해킹이다. 이런 것이 좋은 방향이었는지는 이 책에서 컨설턴트 관점뿐만 아니라 실무 관점에서 바라본 내용들을 읽으면서 독자들도 느낄 것이라 생각한다. 각 팀에 맞는 프로세스를 기술과 함께 발전시켜 나갈 수 있는 이런 방향이 분명히 맞다고 생각한다.

같은 회사에서 직무를 바꾸기는 쉬운가?

신입사원으로 입사해서 일을 하다 보면 많은 이야기를 간접적으로 듣게 된다. 2년 정도 지나면 자신의 길을 명확하게 선택하지 않은 상태에서는 다른 업무가 더 좋게 보일 때도 있다. 모의해킹도 마찬가지다. 모의해킹을 하다 보면 취약점 분석 업무나 악성코드 분석 업무가 더 깊이 있는 연구를 하는 것처럼 보이고 관제 업무를 하다 보면 다른 시스템에 침투하는 모의해킹 업무가 더 좋게 보인다.

그러다 보니 회사 내에서 직무 전환을 요청하는 사례가 많다. 그렇지만 경영자 입장에서는 회사 내에서 직무 전환을 시키기가 쉽지 않다. 2년이라는 기간은 이제 해당 업무에 익숙해지는 시점이다. 신입사원과는 확연하게 다른 시점이고 내부 조직이 원하는 인재로 발전하는 시기다. 그만큼 회사에서는 많이 투자해온 셈이다. 많은 업무 경험과 기회를 주고 교육도 시켰을 것이다. 그런 투자를 통해 이제 회사에서 이 인력을 통해 업무 시너지를 높일 차례다. 쉽게 말하면 신입사원 2명이 처리할 일을 이 인원이 더 빠르게 할 수 있는 경우에는 회사에서는 그만큼 투자에 성공한 셈이다.

그런데 이 인원이 직무를 바꿔서 다른 업무를 한다면 신입사원과 다를 바 없다. 신입사원에 비해서는 새로운 업무에 더 빠르게 적응할 테지만 그 직무를 더 잘할 수 있다는 보장도 없다. 그래서 회사에서는 매우 신중할 수밖에 없다. 그러다 보니 이 인원은 다른 회사에서 경력직 제안이 왔을 때 고민하게 된다. 내가 본 사례들도 대부분 회사 내에서 직무를 바꾸는 경우는 없고, 다른 회사로 이직하면서 바꾼 경우가 많다. 대기업은 일부러 직무를 바꾸는 경우가 있다. 특히 보안 분야의 경력자를 뽑고 싶어도 회사에서 TO(table of organization)가 없어서 기획팀이나 시스템 팀에 있던 인원들이 보안 담당자를 맡는 경우가 많다.

02 / 경력만 원하고 신입사원은 뽑지 않는다고 하는데?

Q 모의해킹 컨설턴트는 경력자만 뽑는다고 들었습니다. 신입사원은 관제 업무부터 시작하거나 장비 시스템을 다루는 곳부터 시작해야 하나요?

A 특강을 하면서 제일 많이 들은 질문 중 하나다. 취업을 준비하는 분들 입장에서는 모두 신입사원으로 취업하는 경우가 많기 때문에 당연히 제일 궁금한 부분이기도 하다. 그런데 나는 이렇게 대답해 주고 싶다.

"뜬소문에 휘둘리지 말고 자신이 종사하고 싶은 분야의 선배들을 직접 만나보고 이야기를 들어보자."

내가 모의해킹 컨설턴트를 할 때 내가 속한 팀에서 5년을 지냈다. 그 5년 동안 팀원들이 약 30명 이상 바뀌는 것을 경험했다. 그런데 그 중에서 신입사원이 95% 이상이었고, 경력직은 1년에 한두 번씩 가끔 들어왔다. 경력자는 몇번 지원하긴 하는데 "되면 하고 안 되면 말지"라는 무성의한 태도를 많이 보였다. 지금도 컨설팅 업체는 상당히 높은 이직율로 인해 신입사원으로 계속 채워지는 현상이 발생하고 있다.

여기에는 명확한 답이 있다. 한국 사회의 특성상 "을"이라고 칭하는 컨설턴트 회사에 있다가 대부분 "갑"에 해당하는 기업으로 이직하는 게 대부분이다. 어떻게 보면 이게 자신의 커리어를 지키는 일이기 때문에 현명한 방법이라고 볼 수 있다. 나도 이와 동일한 경우다. 물론 자신의 목표에 따라 컨설턴트로 장기간 근속하는 분들도 많다. 커리어는 개인마다 다르기 때문에 더는 논하지 않겠다. 하지만 내 경험상 컨설팅 회사에서는 경력자의 이직률이 높은 편이다.

모의해킹 업무에서 지속적인 인력이 필요한 이유는 뭘까? 컨설팅 비즈니스의 성격상 기존에 프로젝트를 함께 수행했던 고객과는 계속 사업을 하는 경우가 많으며 컨설팅 성수기라고 할 수 있는 6월에서 10월 정도는 일이 2배~3배 많아진다. 이런 이유로 3년차 이상의 프로젝트 매니저(PM)가 모든 진단 업무까지 다 맡으려고 하면 업무상 문제가 발생한다. 비즈니스 상으로도 좋지 않다. 프로젝트 매니저의 역할은 인력관리, 일정관리 등 프로젝트가 원활하게 진행될 수 있게 하는 역할이 첫 번째 우선순위이기 때문이다.

그럼 이러한 진단 부분을 계속 담당해줄 인원이 필요하다. 시장에서는 경력자가 모의해킹 컨설팅 업무로 오려는 경우가 많지 않다. 따라서 인력들이 계속 채워지지 않기 때문에 '프리랜서' 인력으로 대신 채워진다. '프리랜서' 인력은 모든 업무에 대해 책임감이 강하고 많은 경험을 바탕으로 고객이 원하는 서비스를 개선해 나간다는 특징이 있다. 그렇지만 금전적인 부분만 바라보면 나중에 좋지 않은 결과가 나타나기도 한다.

결론적으로 회사에서는 신입사원을 많이 뽑게 된다. 그렇지만 이제는 특정 분야의 기술을 보유한 신입사원들을 더 선호하는 경우가 많이 생기고 있다. '모바일 진단', '리눅스 기반 역공학 분석' 등 해마다 이슈가 된 분야에 대한 진단 인력을 필요로 한다. 하지만 이러한 이슈는 해마다 달라지기 때문에 비즈니스상으로 비중을 많이 차지하는 주제를 중심으로 준비해 나가야 한다.

뜬소문에 하고 싶은 진로를 뒤로하고 선을 긋지 말자. 그리고 선배들의 말에 귀를 기울이고 관계를 유지하기 바란다. 그러면 준비하는 과정에서 좋은 기회가 온다.

선배를 만나기 좋은 곳은 커뮤니티나 카페다. 인터넷 카페는 관심분야가 동일한 사람들끼리 모이는 곳이라서 보안 직종에 있는 사람들이 많이 모인 곳에는 모든 분야의 선배들이 모여 있다. 그곳에서 적극적으로 활동하다 보면 눈에 띄게 되고, 나중에 오프라인 모임에서 만날 기회가 있다면 좋은 조언자로서, 회사 추천인으로서 만날 수 있다. 또한 소셜 네트워크 서비스(대표적으로 페이스북, 트위터 등)를 이용하면 좋다. 페이스북은 네트워크가 많은 선배 한 명만 친구가 돼도 그와 연결된 친구가 많기 때문에 집중적으로 네트워크를 형성할 수 있다.

그렇지만 한 가지 주의할 점은 보는 눈이 많아질수록 행실도 올바르게 해야 한다는 것이다. 좋은 의견을 제시할 목적으로 거침없이 말을 하더라도 그 안에서 개인적인 감정으로 접근해서는 안 된다. 보안 분야에서, 그것도 모의해킹이라는 분야는 정말 작은 부분을 차지하고 있고 한 다리만 건너면 웬만해서는 다들 아는 사이라서 인터넷 네트워크의 장단점을 잘 이용하자.

03 / 취업공지에 보안 관련 구직이 보이지 않는데요?

Q 보안 분야는 인적 네트워크가 정말 중요합니다. 인적 네트워크를 위해서는 자기 PR이 우선해야 합니다.

A 시장은 항상 수요와 공급에 의해 움직인다. 필요로 하는 사람들이 많을수록 시장의 규모가 커지면서 새로운 비즈니스가 만들어진다. 보안 시장도 해마다 10% 이상 성장하고 있다. 하지만 외부에서 이슈가 되는 만큼 아직은 큰 시장이 아니다. 돈을 투자해야 하는 회사들도 계획 대비 적은 금액을 투자하고 있다. 그래도 IT 업계에서는 보안 분야가 인기 업종이 되면서 많은 취업생들의 관심을 받고 있다. 교육 시장을 보면 회사에 취업하려는 사람들이 급격하게 증가하는 것을 확인할 수 있다. 오히려 이처럼 각 부처에서 무료 교육들이 추진되고 있는 모습을 보면 지난 2000년 초에 나타난 '개발자 양성을 위한 IT 교육' 붐과 비슷해서 우려될 정도다.

취업생들의 이야기를 들어 보면 취업의 벽을 너무 높게 생각하는 듯하다. 주위에 돌아다니는 소문만 듣다 보니 당연하게 벌어지는 현상이다. '보안 분야에서는 신입사원을 뽑지 않는다', '보안 업무를 하려면 이것도 할 줄 알고 저것도 할 줄 알아야 하는데, 자기 자신은 아무 것도 준비돼 있지 않다'는 식의 이유로 학원을 1년 넘게 다니고 이후에도 어려운 문턱만을 골라 다니며 벽을 쌓는 모습을 볼 수 있다. 그 벽을 넘기 힘들어서 자신이 진출하고 싶었던 보안 분야를 포기하고 다른 길을 선택하는 사람들도 많이 봤다.

반대로 현업에 있는 사람들의 이야기를 들어보자. 사람도 없고, 사람을 구하려고 해도 마땅한 인력이 없다고 한다. 모든 이력서가 다 똑같고, 나온 학원들도 비슷해서 누구를 뽑아야 할지도 모르겠다고 한다. 혹은 며칠 전에 신입사원을 많이 뽑은 곳도 있다고 한다.

분명 인력이 필요한 회사와 직업이 필요한 취업생의 수요와 공급은 맞다. 그런데 서로 뭔가가 맞지가 않다.

이것은 분명 회사에서 원하는 인재와 취업준비생의 관점이 매우 다르기 때문이다. 회사 측면에서 보면 특별하지 않는 이상 신입사원을 지원하는 사람들은 대체로 비슷해 보인다. 똑같은 학원에서 수료한 사람이 면접을 봤다면 심지어 포트폴리오 자체도 똑같은 경우가 많다.

이런 상황에서 특별한 실력 차이가 나지 않는 이상 개개인을 판가름하는 것은 바로 지인의 추천이다. 지인의 추천을 통해 온 사람은 당연히 한번 더 보기 마련이다. 혹은 지금까지의 대외적인 활동을 통해 알고 지냈던 사람이라면 더욱더 눈여겨보게 된다. 앞에서 보안 시장은 다른 업종에 비해 매우 규모가 작은 편이라고 했다. 그렇기 때문에 한 사람만 건너면 모두 아는 사람이라고 생각해도 무방할 정도다.

집에서 혼자 고민하거나, 혹은 학원에서 동기들과 머리를 맞대고 고민하지 말고, 밖으로 나가서 현업에 있는 사람들에게 조언을 얻자. 그리고 이런 선배들에게 자신이 할 수 있는 것을 많이 보여주자. 그러면 자연스럽게 네트워크가 형성된다.

경력자가 취업할 때는 더욱 이 부분이 중요하다. 신입사원은 그나마 모집 공고라도 많이 나온다. 하지만 경력자가 이직할 때는 정말 어려움이 많다. 경력자는 이런 네트워크가 90% 이상 차지하는 경우가 많다. 기존에 먼저 입사한 사람들이 대부분 추천하는 경우가 많다. 그래서 그런지 보안 업계에 종사하는 사람들은 모두 착해 보인다. 한번 소문나면 제대로 나기 때문에. :)

나도 인적 네트워크의 혜택을 많이 본 편이다. 처음으로 회사에 들어갈 때도 그렇고, 두 번째, 세 번째로 들어간 회사도 그렇다. 하지만 무조건 관계만을 내세워 입사할 수 있었다는 의미가 아니고, 대외적으로도 성실한 태도를 보여야 한다는 것을 강조하고 싶다. 그런 행동들이 쌓여 자신도 모르게 많은 분들에게 소문이 난다.

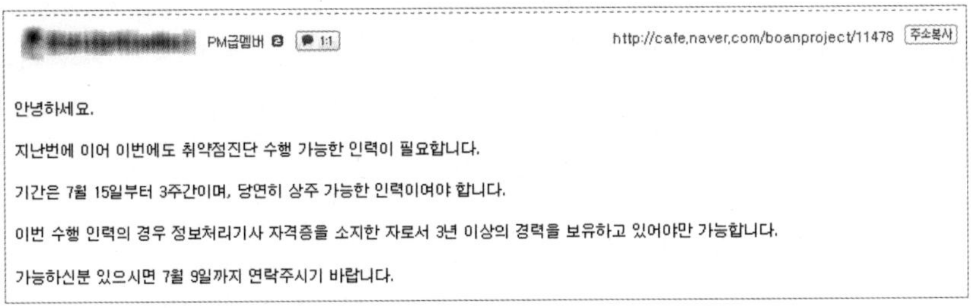

PM금멤버 🔒 💬 1:1   http://cafe.naver.com/boanproject/11478 [주소복사]

안녕하세요.
지난번에 이어 이번에도 취약점진단 수행 가능한 인력이 필요합니다.
기간은 7월 15일부터 3주간이며, 당연히 상주 가능한 인력이여야 합니다.
이번 수행 인력의 경우 정보처리기사 자격증을 소지한 자로서 3년 이상의 경력을 보유하고 있어야만 가능합니다.
가능하신분 있으시면 7월 9일까지 연락주시기 바랍니다.

그림 3-2 **카페에 올라온 취업 공지 내용**

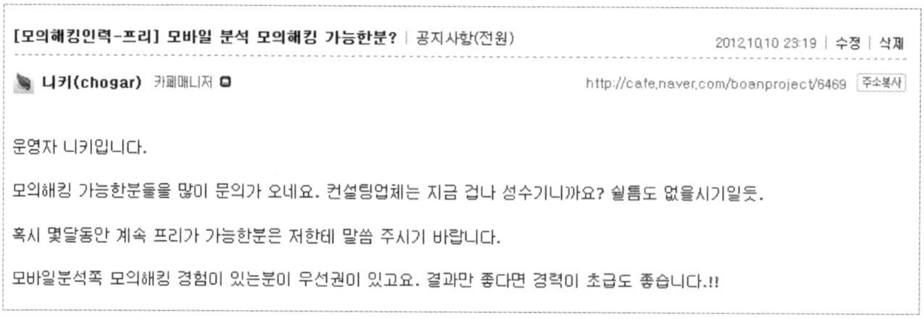

[모의해킹인력-프리] 모바일 분석 모의해킹 가능한분? | 공지사항(전원)   2012.10.10 23:19 | 수정 | 삭제

니키(chogar) 카페매니저   http://cafe.naver.com/boanproject/6469 주소복사

운영자 니키입니다.

모의해킹 가능한분들을 많이 문의가 오네요. 컨설팅업체는 지금 겁나 성수기니까요? 쉴틈도 없을시기일듯.

혹시 몇달동안 계속 프리가 가능한분은 저한테 말씀 주시기 바랍니다.

모바일분석쪽 모의해킹 경험이 있는분이 우선권이 있고요. 결과만 좋다면 경력이 초급도 좋습니다.!!

그림 3-3 카페에 올라온 취업 공지 내용(2)

특정 분야에 취업하고자 하는 분들은 해당 분야에 종사하는 많은 분들에게 자신을 홍보하는 것이 중요하다. 홍보를 위해 크게 부담 갖지 않고 할 수 있는 방법은 블로그에 관련 정보나 지식을 올려 사람들과 공유하는 것이며, 내가 제일 중요시하는 것은 '다른 사람들을 통해 알려지게 하라'는 것이다.

자신의 글은 다른 사람들을 통해 알려진다

인터넷에 항상 연결돼 있는 시대에 모든 사람들은 정보를 제공받는 사람임과 동시에 정보를 생산하는 사람이다. 블로그를 운영하거나, 소셜 네트워크 서비스를 이용하거나, 카페활동을 조금이라도 한다면 이미 정보생산자라고 할 수 있다. 여기에는 분명한 목적이 있다. 지식을 다른 사람과 공유하고 싶거나 다른 사람이 공개한 지식에 의견을 제시하는 것이다. 온라인이 오프라인보다 의견을 주고받기 편한 곳이라고 할지라도 모든 사람들이 쉽사리 글을 통해 표현하기란 쉬운 일이 아니다.

지식을 공유한다면 대부분 자신이 관심을 가지고 있는 분야의 글을 공유하게 된다. 업무를 통해 배운 경험이거나 공부를 하면서 얻은 정보를 공유하는 등 다양한 내용을 정리해서 누군가에게 설명해주기 위한 것이다. 이러한 활동을 즐겨하는 분들은 매우 빠른 속도로 내용을 정리하고 개인 블로그 및 페이스북에 지속적으로 정리해 나간다. 외부에서 볼 때 잘 정리된 글은 꾸준히 관심을 받고, 이런 정보는 지인들과 공유되기 마련이다.

하지만 여기서 지식 공유의 딜레마가 발생한다. 분명히 '공유'를 내세우지만, 글 작성 기능 중에서 '퍼가기 방지'를 설정하는 경우가 많다. 이는 자신의 블로그 내에서만 지식 습득을 허용한다는 의미다. 그렇다면 블로그 방문자가 100명이라고 했을 때 자신의 글이 다른 사람에 의해 보여지는 것은 하루에 100번뿐이다. 그 숫자는 '공유'라는 단어를 쓰기에는 부족함이 느껴진다. 물론 스스로 100명이면 만족한다면 더는 할말이 없다.

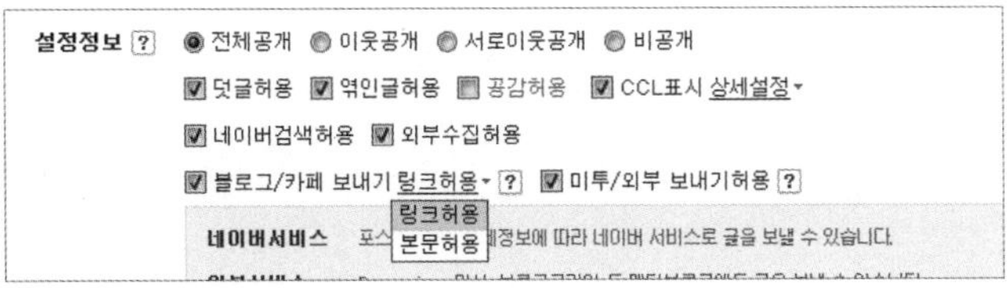

그림 3-4 블로그 게시물 공유

자신의 글을 더욱더 많은 사람들과 공유하고 싶다면 다른 사람들에 의해 소문이 나야 한다. 그 소문은 지인을 통해, 사람들의 입을 통해 이뤄지는 경우도 있지만 대부분 퍼간 글에 의해 소문이 난다. 이처럼 '퍼가기' 기능을 활성화한다면 글을 작성한 사람은 자신이 공개한 공간이 2~3군데에 불과하지만 이 글을 스크랩하고 퍼나르게 된 것은 수십 수백 개에 이를 수 있다. 그렇게 함으로써 자연스럽게 블로그 방문자는 많아지고 해당 분야에서 인지도가 높아진다.

바로 출판을 위해 작성한 것이라면 어느 정도 퍼가기 방지를 하는 것이 맞겠지만 기획 단계에서 작성해서 정리된 글들은 스크랩을 두려워할 필요가 없다. 오히려 많은 사람들의 의견을 듣고 수정해 나가는 과정에서 스스로 많은 경험을 하게 될 것이다.

[참고도서]
스파크(송익현 저, 생각정원)

04 / 여성이 접근하기에는 힘든 직업인가요?

Q&A

A 아니요. 환영합니다!

나는 졸업한 학원에 매 기수마다 찾아가서 1시간에서 2시간 정도 후배들과 이야기한다. 보통 모의해킹 업무를 이해할 수 있게 안내하고 질문과 답변의 시간을 갖는다. 평균적으로 기수분들이 10명 정도 되는데, 꼭 여성분들이 한두 명씩 있다(여성분이 있는 기수만 찾아가는 것은 절대 아니다).

그리고 여성분들이 하는 질문은 대부분 "여성들이 종사하기에는 어떤가요?"다. 나는 생각도 하지 않고 바로 이야기한다. "아주 좋은 직업이고, 꼭 하십시오"라고 말이다. 이렇게 말하는 이유는 내가 근무했던 컨설팅 회사에서도 여성 인력들이 다수 있었고, 어떤 남성 인력들보다 업무를 잘 진행해 나가는 모습을 봐왔기 때문이다. 아직도 나는 팀 내에서는 50%는 여성이 차지해야 한다고 주장하고 있으며, 여성분들을 지닌 강점을 정리하면 다음과 같다.

첫째, 커뮤케이션이나 발표를 할 때 정말 조리있게 말한다.

여성분들은 평소에도 말씀을 너무 잘한다. 이것은 남성과 확연히 구분된다. 일상생활에서도 말빨로 여성분들을 이기는 남성분들을 거의 본 적이 없다. 말빨의 사전적 의미는 '듣는 이로 하여금 그 말을 따르게 할 수 있는 말의 힘(네이버 사전)'이다. 혹시 여러분 가운데 여자친구나 와이프를 말빨로 이기는 분들이 계신가?

이는 업무를 할 때도 확연히 차이가 나는 부분이다. 남성들은 기술만 앞세워 억지를 쓰는 경우가 많고, 상대방을 이해시키는 것보다 우선은 밀어부치는 경우가 많다. 대화의 기술이나 경청, 논리적으로 말하기 등의 주제로 많은 책들이 나오고 있는 데는 다 이유가 있다.

반면 여성분들은 우선 상대방과 공감대를 형성한 뒤에 이야기가 이어진다. 여성분들이 기술만 꾸준히 습득한다면 어떤 조건에서든 스페셜리스트가 될 수 있는 조건을 자연스럽게 갖추고 있는 셈이다. 한국사회의 구조상 회사 생활을 오래 할 수 없는 상황 때문에 잘 안 보이는 것뿐이지, 어떤 조직을 가든 여성분들은 강해보인다. 그리고 IT담당자분들도 대부분 남성분들이라 여성분들을 많이 배려하는 편이기도 하다.

둘째, 보고서에 섬세함과 꼼꼼함이 묻어난다.

여성분들은 'Why'를 많이 던진다. 같은 조직원들이 내놓은 가이드에도 상당한 의문을 가지고 접근한다. 대충 넘어가는 경우가 많지 않다. 그래서 나중에 윗분들이 논리가 아닌 자신의 지위로 누르려는 경우가 많이 생긴다. 고객 담당자가 여성분일 경우 프로젝트를 대충 하고 넘어가려고 하면 큰일난다. 나도 예전에 기술사를 보유한 여성담당자를 만난 적이 있는데, 그분의 지식과 꼼꼼함 앞에서 내가 작성한 보고서는 수많은 난도질을 당했다. 그 덕분에 보고서 작성에 대해 많이 배우게 됐고, 보고서를 작성하는 데 'Why'를 많이 던지는 습관이 생겼다.

'Why'를 많이' 표현하는 것은 업무뿐만 아니라 모든 생활에서도 매우 중요하다. 'Why'라는 단어를 말하다 보니 영국 작가인 사이먼스넥이 TED에서 발표한 '위대한 리더들이 행동을 이끌어내는 법[42]'이 생각난다. 평범한 사람과 기업은 '무엇(What)'을 하는지, '무엇(What)'을 만드는지 먼저 이야기하지만 영감을 주는 리더와 아주 놀라운 성과를 올리는 기업은 그 일을 '왜(Why)' 하는지를 먼저 말한다. 그래서 '"왜"라는 질문부터 시작하라'라고 주장한다.

여성분들이 모의해킹 업무에 관심이 있다면 꼭 도전하라고 말씀드리고 싶다. 조직생활이 힘든 것은 어떤 회사든 동일하다. 자신이 매일 배움의 자세로 관심을 두고 열정을 쏟을 수 있다면 어떤 남성보다 더 특별해질 수 있다.

아래는 나와 함께 일했던 여성 보안담당자가 보안뉴스에서 인터뷰한 내용의 일부다. 장점과 달리 단점도 어느 정도 나타나는 내용이다. 이분은 내가 옆에서 지켜본 바로는 어떤 남성분들보다 열정이 넘쳤고 기술도 매우 훌륭했다. 하지만 우리 사회의 전반적인 인식 문제가 아직까지 남아 있는 것은 사실이다.

---

42 사이먼스넥의 "위대한 리더들이 행동을 이끌어내는 법": http://www.youtube.com/watch?v=1YBzDZEr_GE

여성으로서 관련 업무를 수행하는 데 어려운 점이 있나요?

업무상 '여성으로서' 힘든 점은 딱히 없었습니다. 오히려 '여자이기 때문에' 배려를 많이 받는 편이었는데, 밤 샘 근무나 지방출장 같은 일에서 제외될 때 그만큼 새로운 경험을 할 수 있는 기회가 적어지는 것 같아 아 쉬움도 있었습니다.

또 한번은 여성 멤버로만 모의해킹 프로젝트 팀이 구성됐다가 고객사 요청으로 팀원 구성이 변경된 적이 있었습니다. 보통 해커라고 하면 '남성적인' 이미지를 많이들 떠올리시는데, 여자들로만 구성된 것에 대해 부담을 느끼셨던 걸까요. 이런 경우가 흔한 것은 아니었지만 이럴 때 사회적 인식에 대한 섭섭함 같 은 걸 느꼈던 것 같아요.

[출처: 보안뉴스]
http://www.boannews.com/media/view.asp?idx=37183&kind=1&search=title&find=%BF%A9%BC%BA (
단축 URL: http://goo.gl/vC3hs3)

번외로 여성분과 함께 일하면서 겪은 에피소드가 생각난다. 모회사에 컨설팅을 정기적으로 가게 됐는데, 평소 매우 까칠하고 작은 취약점이 도출되면 모든 팀들이 바로 그날 달려와서 하나하나 따지는 곳이었다. 그쪽도 워낙 여성분들이 없는 조직이니 남성으로만 구성된 컨설 턴트들이 좋게는 보이지 않았을 터. 그런데 어느날 여성분과 함께 컨설팅 업무를 하러 간 적 이 있다. 그날은 인사를 나눌 때부터 담당자의 얼굴에 웃음이 지어지는 모습을 봤다. 그리고 진단할 때도 회의실에 별도의 공간을 두고, 취약점이 도출될 때만 담당자와 이야기하곤 했 는데, 그 주에는 유독 담당자들이 자주 방문해서 업무와 관련 없는 이야기도 많이 하고 차도 마시고 자주 휴식을 취하는 모습을 보였다. 지금은 실무 담당자인 내 입장에서도 여성분이 있다면 까칠한 모습을 한 번이라도 덜 보이지 않을까 싶다.

05 / 모의해킹 업무의 근무 환경은 어떤가요?

Q 모의해킹 전문가는 어떤 환경에서 근무하는지 알고 싶어요.

모의해킹 전문가는 고객사에 파견된 후 그곳에서 프로젝트 형식으로 업무를 진행한다고 알고 있는데 한번 진행되는 프로젝트는 보통 프로젝트 기간이 어느 정도이고 그동안 주야간 교대근무처럼 온종일 투입되나요?

A 두 질문의 답을 한번에 드리겠다.

근무 형태는 IT 분야마다 조금씩 차이가 있지만 모의해킹 분야는 다음과 같은 근무 형태가 복합적으로 존재한다. 즉, 근무형태가 1. 외부에서 주간근무, 2. 외부에서 야간근무, 3. 내부 대역(고객사)에서 주간근무, 4. 내부(고객사)에서 야간근무, 5. 내부(고객사)에서 상주근무 중 하나에 해당한다. 한마디로 고객이 원하는 형태로 근무하면 된다.

여기서 '외부'는 컨설턴트가 다니는 회사 내에 배치된 취약점 진단실(모의해킹실)에서 외부 IP대역으로 공격자처럼 서비스에 침투하는 형태다. 고객사에서 볼 때는 실제 공격자와 동일한 환경에서 이뤄지기 때문에 현실감 있다는 특징이 있다. 이전에는 대부분 이런 외부에서 침투하는 진단이었다.

요즘은 고객사에 직접 들어가서 모의해킹을 진행하는 방식이 많아지고 있다. 고객사에서 진단하는 과정을 궁금해하는 경우도 있고, 진단 과정에서 문제가 발생했을 때 바로 대응할 수 있기 때문이다. 또한 실시간 커뮤니케이션을 통해 결과의 품질을 높일 수 있다.

야간근무는 서비스에 장애가 발생할 경우 너무 큰 문제가 생길 수 있을 때 그것을 최소화하기 위해 야간에 진단을 한다. 금융권(은행, 증권회사), 쇼핑몰, 게임회사 등 10초라도 장애가 발생하면 매출에 큰 영향을 미치는 업종이 여기에 해당한다. 컨설턴트가 아무리 조심한다고 하더라도 장애가 발생할 가능성은 항상 열어두는 게 좋다.

진단하는 과정에서 테스트를 위해 문구를 남기곤 한다. 게시판이나 관리자 문의에 악의적인 스크립트를 입력했을 경우 해당 스크립트가 실행되는 과정에서 사용자들이 인지하고 고객사에 문의하는 경우가 많다. 또한 콜센터(문의 게시판에 의한)에서 스크립트 실행으로 인해 게시판이 망가지는 경우가 종종 발생한다. 이러한 경우에는 업무에 차질이 발생한다. 그래서 담당자와 미리 아래와 같은 문구를 약속하고 진행하는 경우가 있다. 장애를 몇 번 경험한 컨설턴트는 진단을 진행하기 전에 문구에 대해 서로 합의하는 과정을 밟기도 한다.

안녕하세요. 정보보보팀 OOO입니다.

지금은 보안 서비스 진단 중입니다.

문제가 발생했을 경우 정보보호팀 OOO – 전화번호 OOOO 로 연락주시기 바랍니다.

```
<script>alert(document.cookie);</script>
```

모의해킹의 야간근무는 관제업무처럼 교대근무가 아니고 저녁 7시에서 새벽 4시까지(시간은 변동 가능) 진행한 후 퇴근하고 다음날 저녁 7시에 다시 출근해서 근무하는 형태다. 이런 근무형태가 단기간으로 1, 2주 정도면 오히려 개인시간이 많이 확보되는 느낌이 들겠지만, 1달 이상이면 체력관리에 들어가야 한다. 나도 이런 식으로 2달 이상 근무해본 적이 있는데, 다른 사람들과는 다른 세상에 사는 사람처럼 느껴지고 우울증 같은 증상이 오기도 했다.

참고로 고객과 합의해서 교대근무로 근무하는 방식도 좋다고 생각한다.

고객사 상주근무는 단기간(2주~한달)이지만 장기간(6개월 이상)으로 근무하는 경우도 있다. 이는 전사 서비스를 대상으로 정기점검을 위한 경우다. 새로 오픈되는 서비스와 정기적으로 수정되어 발생되는 페이지가 많은 경우에는 내부 인원으로 모든 서비스를 진단하는 데 어려움이 있기 때문에 컨설팅 업체의 인원을 상주시키는 형태로 계약하고 맡긴다. 이 경우 전문적인 모의해커가 들어와서 진단하면서 내부관리자들도 기술을 배울 수 있고 교육도 받을 수 있다는 장점이 있다.

컨설턴트 입장에서도 고객사에 상주하면서 큰 기업의 조직문화를 경험할 수 있다는 장점이 있다. 조직에서는 문제만 제기하는 것이 아니라 해당 문제를 각 팀의 협업을 통해 서비스에 맞게 방안을 찾아가기 때문에 이런 프로세스를 직간접적으로 경험하면 이후에 다른 업체를 컨설팅할 때도 가이드 자체가 달라진다.

06 / 연구를 위해 모의해커를 선택해야 할까요?

Q&A

"모의해커로 진로를 선택한 이유가 무엇이냐?"라고 문의했을 때 많은 후배님들은 "연구를 많이 하기 때문에"라고 답한다.

우선 기사의 일부 내용에 내 의견을 덧붙이고 다시 이야기하겠다.

> 데일리시큐 http://www.dailysecu.com/news_view.php?article_id=4352
>
> 구 대표는 "계속 사이트에 나가 일만 하다 보면 실력이 늘지 않는다. 자기개발할 수 있는 충분한 시간을 줘야 개인도 발전하고 회사도 발전할 수 있다"며 "실전에서는 다양한 환경을 접할 수는 있지만 실력이 늘지는 않는다. 계속 자신의 한정된 실력으로만 모의해킹을 하기 때문에 지식의 한계를 느끼게 된다. 꾸준한 연구 개발을 통해 새로운 것을 공부해야만 새로운 방식의 침투테스팅을 할 수 있다"고 강조했다.

이 이야기를 하는 이유가 있다. 지금 대부분의 회사에서는 연구할 시간을 많이 주지 않는다. 특히, 2013년에 정보관리체계인증(ISMS)이 의무화되면서 진단 인력들이 많이 부족해졌다. 회사 입장에서는 보안시장과 컨설팅 사업이 확대되어 대환영이지만 진단자 입장에서는 일이 넘친다. 자신에게 주어진 휴가도 제날짜에 갈 수 없는 경우가 허다하다. 요즘 모의해킹 분야의 후배들을 만나면 비수기라고 할 수 있는 1월 ~ 3월에도 일만 하느라 정신이 없다고 한다. 이런 비수기 때 연구시간을 갖거나 휴식시간을 가져야 성수기에 집중할 수 있는데 이 시간을 활용하지 못하는 것이다.

모의해킹 컨설턴트는 특히 기술 변화에 민감해야 한다. 어떤 환경을 만날지도 모르고, 해마다 이슈에 따라 플랫폼의 변화가 빠르기 때문이다. 미국에서 1년 이내로 이슈가 된 것은 항상 국내에도 영향을 미친다. 외국 세미나 및 자료를 보면서 미리 선행연구가 돼야 진단도 제대로 이뤄지고 고객에게도 컨설팅할 수 있다.

해마다 동일한 환경을 돌아다니는 경우라면 **경험보다는 경력만 쌓이게 된다**. 즉, 업무와 연계해서 연구할 때 새로운 환경을 많이 경험해봐야 창의적인 경험을 쌓을 수 있다.

그래서 근래에 신생업체의 대표님들을 인터뷰한 내용을 보면 "연구시간"이라는 표현을 많이 쓴다. 그분들은 그러한 시간이 필요하다는 사실을 알기 때문이다. 이런 연구를 통해 새로운 비즈니스를 개척할 수 있는 것도 중요하다고 생각한다.

나는 아직도 모의해킹(여기서는 컨설팅 업무) 분야를 선택했을 때 "진정 자신이 원하는 연구를 할 수 있느냐?"라는 질문에 다시 답변한다면 "그렇기도 하고 그렇지 않기도 하다"라고 답변한다. 즉, 업무 환경 자체에 연구할 수 있는 환경이 갖춰져야 한다.

분명 모의해킹 업무의 장점은 다양한 환경을 경험할 수 있다는 것이다. 웹 애플리케이션 서비스, 모바일 서비스, 게임 리버싱, 무선 네트워크 진단, 한국인터넷진흥원 연구과제가 대표적이다. 그리고 해마다 이슈가 되는 영역들이 있다. 2012년에는 자동차 해킹(임베디스 시스템), 2013년도에는 스마트 TV 분야가 슬슬 중요해지고 있다. 이런 연구과제들을 비즈니스 모델의 하나로 가져온다면 진단하는 멤버들도 좋은 경험을 할 수 있다. 이러한 업무에서 연구하면 된다. 그렇지만 준비된 사람들만 기회를 얻을 수 있다. 준비가 전혀 되지 않은 상태라면 이러한 업무를 맡길 수 없고, 회사 입장에서도 위험성을 각오하면서까지 이런 사업을 가져오지 않는다.

팀 내에서 연구성 과제에 도전하는 것을 두려워하지 않아야 한다. 하지만 대부분의 회사에서는 이런 과제에 도전하기보다는 익숙한 것들을 따라가기 마련이다. 앞에서도 강조한 비즈니스가 우선시되기 때문에 해마다 기존 고객들과의 관계를 유지하려 하고, 이전에 진단했던 대상을 다시 전수 검사하는 경우가 많다. 회사 입장에서는 프로젝트에 장기간 투입되는 것이 안정적인 회사 운영에 도움되기 때문이다.

모의해커를 선택했다가 자신이 원하는 연구를 제대로 할 수 없다는 공허함과 지루함에 빠져서 생각보다 빨리 회사를 떠나는 친구들을 많이 봤다. 그런데 컨설팅 업체에서는 어떤 곳을 가든 환경이 비슷하다. 자신의 시간을 투자해서 연구하지 않는 이상 회사에서는 모든 연구시간을 채워주지 못한다.

솔루션 개발이나 장비 소프트웨어 개발 등을 주 사업으로 이익을 내고 있는 회사 내의 연구소에서는 많은 연구들이 진행되고 있다. 모의해커라는 타이틀보다는 연구를 목적으로 한다면 이런 업체에 들어가서 자신이 원하는 분야에 집중적으로 연구해보는 것도 좋은 방향이다.

07 / 모의해킹 면접에서는 어떤 것들을 물어보나요?

취업할 때 가장 중요하게 보는 것은 면접이다. 서류도 간신히 통과했는데, 이제 입사 결정권을 가진 부서 실무자들이나 임원진들과의 면접이 남았다.

특히 공채에서는 굉장히 까다로운 질문들을 많이 한다. 그리고 정해진 질문들이 많다. 대기업 같은 경우에는 부서에서 계획한 인원을 뽑은 다음에 해당 부서에서 자리가 빈 업무를 주는 경우도 있다. 그러다 보면 자신이 원하지 않은 분야로 가는 경우도 많이 생긴다.

하지만 아직 이런 프로세스는 많지 않다. 대기업/금융권에서 뽑는 인원들은 대부분 경력자를 대상으로 하기 때문에 업무가 명확하게 제시된다. 다른 보안회사도 동일하다. 관제 업무/솔루션 개발/영업/컨설팅-관리, 기술/모의해킹처럼 명확하게 제시하는 편이다. 그렇지만 어떤 그룹에서는 전혀 보안 업무에 경험이 없는 인원들이 그 자리를 채우는 상황도 발생한다. 그렇게 1, 2년 일하다 보면 업무를 배우게 되지만, 그만큼 어려움을 호소하기도 한다.

면접을 볼 때 이런 특화된 업무에 관해 중점적으로 물어보게 되고, 기타 질문은 보편적인 영역에 관한 것이 많다. 혹은 면접관들끼리 공유하는 질문지도 있다. 이런 항목은 기술 면접의 50% 내외를 차지한다. 예를 들면 "OSI 7 계층이 무엇이냐?", "IDS/IPS의 차이점이 무엇이냐?", "방화벽을 테스트한 경험이 있느냐?" 등이다. 이것도 어느 정도 영역별로 나눠져 있지만 어떤 지원자가 와도 이런 질문을 하는 데는 이유가 있다. 질문자 입장에서 마땅히 물어볼게 없으니 준비한 질문지 내에서 물어보는 것이다. 그것은 이력서에 해당 지원자만의 특색이 없기 때문이다.

특색이라고 한다면 해당 지원자가 이 회사를 위해 어떤 준비를 했는지, 그래서 어떤 것들을 경험했는지 나와야 하는데. 그게 아니라 모든 지원자의 이력서가 별다른 차이가 없다 보니 면접자 입장에서도 기준을 정하게 되고 이런 질문지를 통해 평가하는 것이다.

내 경험상 이력서에 업무와 관련된 다양한 경험이 있다면 이런 공통적인 질문은 하지 않는다. 지원자별로 30분 내외로 정해져 있는데, 해당 지원자에 관해 궁금한 게 너무 많기 때문에 앞에서 말한 질문들을 할 이유가 없다. 그만큼 자신이 어떤 업무를 하고 싶은지, 어떤 회사를 생각하고 준비했는지 고민하면서 취업을 준비할 필요가 있다.

면접에 임하는 태도 중 가장 중요한 것은 어떤 회사에서 공채가 났을 때 개발, 관제, 컨설팅, 솔루션 판매 등등 자신이 정말 종사하고 싶은 분야가 어떤 것인지 선택하라는 것이다. 그 분야의 인력을 뽑지 않는다면 그 회사에 갈 이유가 없다. 자신이 종사하고 싶은 분야가 우선이어야 한다. 그래야 면접을 하더라도 이야기할 거리가 풍부해진다.

그림 3-5 면접관의 모습

참고로 내가 면접관으로 참여해서 물어본 질문들은 아래와 같다. 하지만 결론적으로 "이력서에 자신을 어필할 수 있는 내용을 표현해야 하고, 면접관은 지원자를 가르치려는 것이 아니라 지원자와 대화하고 싶어하는 상대이고 함께 일하고 싶어 하는 사람이라는 점"을 알았으면 좋겠다.

[웹 애플리케이션 취약점 프로젝트를 해왔다면]

1. 실제 업무에서 그런 힘든 일이 발생하면 팀원들과 어떻게 해결해나갈 건가요?

2. 고객이 OWASP TOP 10이 무엇이냐라고 물어본다면 어떻게 답변해주실 건가요?

3. 웹 서비스 취약점 진단에서 자신이 제일 잘 할 수 있는 공격은 어떤 것이라 생각하는가? 그리고 그 공격 기법을 어느 정도까지 수행해봤나요?

4. 프로젝트에 보니 XSS 취약점(SQL Injection, 파일 업로드 등)을 잘 설명했는데, 어떤 위협들이 있을까요?

5. XSS 취약점 위협별로 잘 설명했는데, 이 위협별로 대응 방안은 어떤 것이 있을까요?

6. 파일 업로드 취약점이 있는데, 파일 업로드 취약점을 이용해 어떤 시나리오까지 구성해봤나요? 경험한 것 중에서 재미있었던 시나리오를 소개해보세요.

7. 웹 분야의 최신 동향 한두 가지만 설명해줄 수 있나요?

[리버싱 취약점/모바일 등]

1. MS취약점에 대해 분석해왔는데, 이 취약점에 대해 간단하게 소개해 주세요.

2. MS취약점 분석을 하면서 소프트웨어를 보호하기 위한 방법들이 있을 텐데요, 보호기법과 이를 우회하는 기법에 대해 말씀해보세요.

3. 이 취약점으로 인해 실무에서는 어떤 시나리오를 구성할 수 있을까요?

4. 보고서를 보니 크랙미 중심으로 크래킹을 학습했는데, 크래킹이 실무에서는 어떻게 활용될까요?

5. 패킹 기법 가운데 대표적인 몇 가지를 설명하고, 이를 풀 수 있는 방법을 말씀해보세요.

6. 소프트웨어를 보호하기 위한 기법(안티리버싱 등)에 대해 말씀해보세요.

7. 교육을 통한 리버싱과 실무에서 하는 리버싱 관점이 다를 텐데, 어떻게 학습하실 건가요?

8. 안드로이드 모바일 분석을 잘 하시는 것 같은데, iOS 쪽도 분석하실 수 있나요?

[공통 질문]

1. 이력서에 기재한 프로젝트에서 자신이 투입한 M/M는 어느 정도이고 어떤 부분을 주로 담당했나요?

2. 프로젝트를 진행하면서 가장 힘들었던 일은 어떤 것이었나요? 그 일을 어떻게 해결했나요?

3. 앞으로 회사에서 지낸다면 어떤 계획을 가지고 있나요? 1년, 3년, 5년으로 나눠서 말해줄 수 있나요? (자신의 포부를 묻는 질문)

4. 최근에 발생한 국내 해킹사고의 대응 방안을 어떻게 생각하는가?

5. 개발 경험은 있나요? 언어별도 어느 정도 다룰 수 있나요? 혹시 개발 프로젝트를 경험한 적이 있나요?

6. 고객사 서비스를 대상으로 모의해킹을 했는데, 취약점이 하나도 도출되지 않았어요. 어떻게 설명할 건가요?

면접을 볼 때 기본적으로 이것만은 알고 가자

면접관으로 많이 참여하면서 지원자들이 답변하는 내용을 하나하나 자세히 들어본다. 기술은 매우 좋은 것 같은데, 면접 태도 및 자신의 이야기를 이끌어가는 부분이 아쉬울 때가 많다. 이 경우 "다르게 이야기했으면 좋은 결과가 나왔을 텐데…"라는 생각을 하게 된다.

첫째, 자신이 지원하는 회사와 앞으로 하게 될 업무에 대해 미리 파악하자. 면접을 보는 사람 가운데 학부나 학원에서 단체로 소개해서 면접 기회를 잡아서 오는 경우가 있다. 이 중에는 회사 홈페이지를 한번도 확인하지 않고, 그 회사가 어떤 사업을 하고 있는지도 파악하지 않는 사람이 많다. 단지 '모의해킹 업무를 했으면…'하는 바램으로, 혹은 모의해킹 분야의 인력을 구한다고 알고 왔는데 실제 면접을 하는 과정에서 다른 업무를 할 사람을 뽑는다는 사실을 알게 되는 사람도 있다. 이것은 면접을 보는 사람의 기본자세가 아니다. 기술만 잔뜩 들고 와서 그 회사가 어떤 사업으로 돈을 벌고 있는지, 자신이 지원한 부서에서 어떤 업무를 하고 있는데, 이 중에서 자신이 능력을 보여줄 수 있는 것이 어떤 것인지 알고 가야 한다. 내가 경험한 한 팀원은 회사의 대외적인 소개 페이지와 회사가 원하는 인재상, 그리고 각 조직도를 외워가지고 하나씩 이야기를 꺼내기도 했다. 그러면서 자신이 생각한 업무가 지원한 조직에서 하고 있는 것이 맞는지 재확인하는 질문도 서슴없이 했다.

둘째, 육하원칙으로 구성해서 이야기하자. 면접자가 질문했을 때는 누가, 언제, 어디서, 무엇을, 어떻게, 왜를 지키는 게 좋다. 질문의 답변을 한두 단어로 끝내는 사람들을 많이 봤다. "예", "아니오", "MS취약점 OO입니다"라고 끊어서 이야기하는데, 이런 대답에 면접관들은 추가적인 질문을 하게 된다. 질문해야 할 항목들은 많이 쌓여 있고 시간은 정해져 있다. 그동안 면접관은 지원자를 채용할지 여부를 결정해야 한다. 시간이 지체되면 질문하다가 생략하게 되고 좋은 평가로 이어지지 않는다.

그렇기 때문에 질문을 받으면 그 기술이 무엇이고, 어떻게 진행하게 됐는지, 연구를 하는 데 얼마나 많은 시간을 투자했는지 공격/보안 측면에서 자신의 의견을 조리있게 말해서 면접관들의 궁금증을 해소해야 한다. 만약 긴장한 나머지 정리가 안 되고 있다면 잠시 양해를 구하고 몇 초 동안 정리하고 말하는 것도 좋다. 그 정도는 면접관도 기다려준다.

다음은 내가 면접을 본 경험을 바탕으로 후배들에게 취업 가이드를 해주면서 질문했던 내용과 답변들이다. 두 내용을 보면 B지원자의 경우가 면접관이 봤을 때 지원자에 관해 많이 알 수 있는 기회가 되리라 판단할 수 있다.

A지원자의 질문과 답변

면접관: "XSS 취약점에 대해 설명해 보세요"

A지원자: "게시판에 악성 스크립트를 삽입하는 것입니다"

면접관: "왜 삽입하는 거죠?"

A지원자: "사용자의 세션 정보를 획득하기 위해서라고 알고 있습니다"

B지원자의 질문과 답변

면접관: XSS 취약점에 대해 설명해 보세요"

B지원자: XSS 취약점은 클라이언트 스크립트를 사용해 사용자에게 특정 액션을 발생하게 하는 것입니다. 이는 웜이나 바이러스 배포, 사용자의 세션 정보를 재사용해서 권한을 획득하기 위한 세션 재사용 공격, 의도되지 않는 액션을 발생시켜 관리자로 하여금 권한을 부여하거나, 댓글을 이용한 스팸성 글을 작성하도록 유도하기 위한 CSRF 공격, 그 밖의 피싱 및 파밍 공격 등 다양한 공격들이 이뤄질 수 있습니다. 이상입니다.

면접관: 그럼 해당 기술들을 다 적용할 수 있나요?

B지원자: 예! 테스트 쇼핑몰 환경을 구성해 기술을 익혔고, 제시한 프로젝트 중에서 XSS 취약점 부문을 보면 제가 적용할 수 있는 부분들을 시나리오별로 자세히 언급했습니다.

두 번째 사례는 부족한 역량을 어떻게 보완할지 문의한 내용이다.

A지원자의 질문과 답변

면접관: A라는 기술은 좋은데, B라는 기술은 많이 부족하네요. 이 부분은 어떻게 하실래요?

A지원자: 그 부분은 제가 공부를 하지 못했습니다. 하지만 회사에 들어오면 열심히 하도록 하겠습니다.

면접관: 무엇을 어떻게 하신다는 건가요? 회사에 들어와서 공부를 하신다고요?

A지원자: 아니요. 개인 시간을 이용해서 열심히 하도록 하겠습니다.

B지원자의 질문과 답변

면접관: A라는 기술은 좋은데, B라는 기술은 많이 부족하네요. 이 부분은 어떻게 하실래요?

B지원자: 공부하는 과정에서 그 기술을 익히기 위한 환경을 만드는 데 어려움이 있었습니다. 실무에서는 그 환경을 접할 수 있을 거라 판단됩니다. 그런 부분은 업무를 통해 계속 역량을 강화하겠습니다.

면접관: 어떻게 역량을 강화한다는 의미죠?

B지원자: 저는 단기적/중기적/장기적으로 계획을 세워 접근하려고 합니다. 그 기술을 강화하려면 OO 부분은 1주~2주 정도로 단기적으로 해결할 수 있기 때문에 개인 시간을 최대한 활용할 것이고, OO 부분은 한 달 이상 소요되는 것으로 판단해서 팀원들과의 스터디를 통해 연구할 수 있도록 제안할 예정입니다. 이런 연구는 이 회사에서도 업무 프로세스를 개선하는 데 도움될 것이라 생각합니다.

면접을 볼 때 너무 긴장이 된다면?

면접을 볼 때 긴장이 되는 것은 당연하다. 자신이 알고 있는 내용이라면 잘 대답하겠지만 모르는 내용이라도 하나 나오면 이후의 답변들이 연달아 꼬이기 때문이다. 그런데 한번 이렇게 생각해보자. 우리가 걱정하는 건 "이 면접에서 떨어지면 어떡하지?"라는 것이다. "내가 붙으면 어떡하지?"라는 생각 때문에 걱정하지는 않는다. 면접을 보고 떨어진다면 그 면접관들은 자신한테 누구일까? 물론 한번 떨어지더라도 다음에 다시 지원해서 합격할 수도 있지만 그런 경우는 드물다. 그렇다면 면접관들은 일차적으로 취업될 때까지는 금방 잊어버릴 사람들이다. 내가 자주 가는 커피숍 사장님들보다 기억에 남지 않을 사람들이다.

만약 커피숍 사장님이 '해킹'이 무엇이냐고 나한테 물어봤다면 30분이고, 1시간이고 대답할 수 있을 것이다. 그만큼 사장님은 그 분야에 관해 전혀 모를 것이라고 전제하고 말하기 때문이다. 그러니 면접을 볼 때도 그만큼 편안하게 생각하자.

08 / 신입사원에게는 어떤 교육이 진행되나요?

Q 어느 정도 규모가 있는 보안회사의 경우에는 신입사원이 들어왔을 때 일정 기간 교육을 하는 것으로 알고 있다. 이때 배우는 지식은 어느 정도 수준인지, 그리고 이러한 보안회사에 인턴으로 들어간 경우에도 모의해킹에 대한 지식과 경험을 쌓을 수 있는지 알고 싶습니다.

A 질문에 나온 '어느 정도 규모가 있는 보안회사'를 내 경험을 기준으로 두 회사를 가지고 설명하겠다.

컨설팅 회사에서 모의해킹 업무로 처음 입사했을 때 전사적으로 교육은 공통적인 조직 프로세스에 대해서만 진행됐다. 팀 내에서의 전체적인 업무 프로세스, 보고 프로세스, 내부 인프라 서비스의 사용법 등에 대한 교육은 선임이나 팀장들에 의해 이뤄진다. 이것은 어떤 회사든 당연히 이뤄져야 하는 부분이다.

그렇지만 기술적인 부분에 대해서는 하나씩 가르쳐주지 않는다. 특히 프로젝트에 빠르게 투입되다 보면 입사한 지 얼마 지나지 않아 혼자 업체에 가서 진단하는 경우도 있다. 어떻게 그렇게 할 수 있느냐라고 묻기도 하는데, 이런 기술적인 부분의 검증은 면접 때 어느 정도 파악을 한다. 그리고 신입사원을 혼자 업체에 보내는 팀장님 역시 해당 프로젝트를 맡겨도 될 것이라 판단하기 때문에 투입한 것이리라.

신입사원들은 보통 선임과 함께 다니면서 업무를 배우게 된다. 그렇지만 선임들도 프로젝트의 결과를 우선적으로 생각해야 하기 때문에 신입사원을 붙잡고 자신이 담당했던 기술을 단계적(Step by Step)으로 가르칠 수는 없다. 그 기술을 배우기 위해서는 선임보다는 후임이 먼저 다가가야 한다. 먼저 후임들을 찾아 다니면서 가르치려고 하는 사람은 많지 않다. 그렇지만 후임이 물어보면 기분이 좋아져서 많이 가르쳐주려는 것은 사람들의 공통적인 심리인 것 같다. 궁금한 것이 있다면 적극적으로 물어봐야 해당 업무에 빨리 다가갈 수 있고 이어서 다른 업무들도 배워나갈 수 있다.

모의해킹의 범위는 워낙 넓어서 사람마다 기술의 수준이 서로 다르다. 신입사원이라 할지라도 업무 경험이 부족해서 다양한 각도로 진단 방법을 생각해내지 못하는 것이지, 자신이 내세울 수 있는 기술은 언제나 가지고 있다. 웹 서비스 모의해킹은 이해를 잘 못해서 진단하는 데 어려움을 느끼는 반면, 코드 리버싱 분석은 독보적으로 잘 해나가는 경우가 있다. 기술적으로는 힘들어 하는데, 발표 능력이 너무 뛰어나서 어떤 사람들 안에서든 수행한 기술을 잘 이해시키고, 교육도 끝내주게 하는 신입사원이 있다. 이런 팀원들의 장단점을 잘 파악해서 다양한 색이 뭉쳐져서 아름다운 무지개가 만들어지게끔 구성하는 것도 팀장의 역할이다.

그럼 신입사원은 계속 혼자 헤쳐나가야 하나? 그렇지는 않다. 컨설팅 비성수기나 업무시간 이외에 내부적으로 기술 세미나를 많이 한다. 프로젝트에서 발생한 이슈를 공유함으로써 앞으로 어떻게 해결해나가면 더 좋을지, 혹은 이런 프로젝트에서 새로 도출된 취약점들을 앞으로 다른 프로젝트에서도 진단 항목으로 활용할 수 있을지, 팀 내에서 풀지 못했던 기술들이 등장하면 앞으로 이런 기술들을 어떻게 풀어나갈지 신규 연구과제로 선정하게 된다.

그리고 각자 독학을 통해 얻은 지식은 정기적으로 온/오프라인을 통해 공유함으로써 팀원들의 상향평준화가 이뤄져야 한다.

대기업에서 신입사원을 뽑을 때는 상황이 다르다. 대기업에서 모의해킹 업무를 맡을 사람을 인턴이나 신입사원으로 뽑는 경우는 드물다. 내 주위를 봐도 그런 사례는 많지 않았다. 각 영역의 부서와 협력업체 간의 기술적인 커뮤니케이션을 원활하게 하고 문제가 발생했을 때 빠르게 해결해나가야 하는 자리이다 보니 신입사원이 맡기에는 부담이 있다.

대기업은 컨설턴트와 달리 업무 분배(R&R)가 확실히 정해져 있다. 규모가 큰 조직인 경우에는 보안정책/기획/장비 운영/진단 업무/개인정보보호 등을 비롯해 그 안에 수많은 업무가 있다. 인원을 뽑는다면 이런 세부적인 업무 중에서 맡을 수 있는 것들을 먼저 분배하고 점차 업무 영역을 넓혀갈 것이다.

대기업에는 각 부서에서 필수적으로 진행돼야 할 교육이 많다. 그래서 신입사원 교육을 2주 이상, 한달 이상 진행하는 곳이 많다. 각 팀에서 신입사원들에게 필수적으로 해야 하는 교육들이 정해져 있다. 보안교육도 영역은 많지 않지만 필수 항목으로 포함돼 있다. 기술적인 지식은 스스로 쌓으려고 노력해야 한다. 컨설팅 조직에서는 모의해킹 팀원들이 비슷한 기술에 관심을 가지고, 또한 기술을 서로 채워줄 수 있는 분위기지만, 실무 조직에서는 기술만 전담하는 인원이 많지 않다. 기술 전담 인원이 한두 명인 경우도 많다. 그렇기 때문에 자사 서비스에 관심을 가지고 이 서비스 안에서 연구를 하거나 진단 프로세스를 만들어가는 데 관심을 두고 노력해야 한다.

09 / 컴퓨터 전공이 아닌데 취업하는 데 문제는 없을까요?

Q&A

A 컴퓨터 전공이 아닌 사람이 더 많고, 더 오래 하고 있다.

세미나에 참석한 분들은 당연히 보안에 관심 있는 분들일 것이다. 관심이 없다면 참석할 이유가 없다. 그런데 이분들 가운데 많게는 반절이 비전공자다. 우선 IT와는 관련이 없을 것 같은 전공이 많다. 컴퓨터, 정보통신, 보안 분야가 아닌 전공이 여기에 해당한다. 이분들이 주로 걱정하는 부분은 공부를 어떻게 하느냐보다는 전공자가 아닌데 취업이 가능하느냐.

이 질문의 답은 당연히 "그렇다"이다. 내가 팀의 리더라면 다양한 전공자를 함께 두고 싶다. 경영학과, 경제학과, 산업디자인, 인문문학과 등 다양한 전공자를 팀원으로 둔다면 최고의 컨설팅 조직을 만들 수 있으리라 생각한다. 고객사의 모든 인원들이 활용할 수 있는 가이드를 제작하는 데 인문학적인 요소가 포함된다면 더 반응이 좋지 않을까? 아니면 컨설턴트의 새로운 시장을 개척해 나갈 수 있지 않을까?

국내 대기업에서도 IT 분야를 전공한 개발자를 키우기보다는 디자인학과, 국문학과 전공자를 개발자로 키우는 사례가 많다. 신입사원이라면 조금 더 시간을 투자하더라도 나중에 분명히 서로 다른 두 영역에서 시너지를 기대할 수 있기 때문이다. 개발 업무도 순조롭게 따라오는데 여기에 디자인 감각까지 있다? 혼자 1인 창업을 해도 될 충분한 능력을 갖춘 인력이다.

여담으로 모의해킹 업무에서 사회공학적 기법의 시나리오를 제작할 때 기술적인 요소보다는 사람들의 심리를 이용할 수 있는 부분을 더 고려해야 한다. 이런 업무를 할 때 소설을 쓰듯이 시나리오를 제작한다면 다른 회사와 차별화될 것이라 생각한다. 또 해킹 시연을 하는데, 세미나에서 보여주는 정적인 느낌을 들게 하는 동영상이 아니라 회사의 이미지가 반영되면서 청중들에게 감동을 주는 전문적인 영상을 제작한다면 효과가 배가될 것이다. 나도 업무를 하면서 항상 이런 다양한 분야의 전문가가 필요하다는 점을 절실히 느낄 때가 많았다.

모의해킹은 분명히 보안 분야 내에서도 기술적으로 승부를 걸어야 하는 곳이다. 그렇지만 선임 컨설턴트가 되고, 책임 컨설턴트가 되면서 신경 쓸 영역이 많아지고 포괄적인 지식이 필요해진다. 이때는 IT에만 집중하기보다는 경영학적으로, 인문학적으로, 혹은 사람을 대하는 철학이나 심리학 쪽으로 더 생각하게 된다. 기본적인 기술을 향상시키는 데 집중해야겠지만 다른 분야에도 계속 관심을 두고 미리 그러한 분야에 정통해지면 컨설팅하는 데 큰 도움을 얻을 수 있다.

실제 컨설턴트들을 보면 생각보다 전공자가 많지 않다. 오히려 전공자는 장기적으로 버티지 못하기도 한다. 이는 기술적인 영역의 자부심이 앞서기 때문에 일어나는 현상이다.

우리는 120살까지 살아야 할 운명이다. 재미있게 자신이 관심을 두고 있는 분야에 도전하는 것은 행복한 고민이다. 다른 IT 분야에 종사하는 사람들보다 뒤늦게 시작했다고 생각하지 말자. 열정만 조금 더 불태우면 그분들보다 앞선 자신을 발견할 것이다.

10 / 나이가 많은데 모의해킹 초년생으로 일할 수 있을까요?

Q&A

후배들과 대화하다 보면 후배들 중에서 꼭 나이가 많은 사람이 있다. 많다고 해도 30살~32 살 정도로 다른 분야의 평균 연령에 비해 높은 편이지 사회적으로는 결코 많지 않은 나이다.

우선 질문의 답으로 "모의해킹 컨설팅 분야의 신입사원으로 들어가기에는 나이가 많은 편이 다"라고 대답한다. 절대로 들어가지 못하는 것은 아니지만 분명히 나이 때문에 발생하는 어 려움은 있다. 이것은 컨설턴트에 국한된 문제만은 아니다.

회사는 조직생활이다. 일부 회사에서는 '수평조직'이라는 표현을 쓰고 있긴 하지만 여기서 '수평'은 커뮤니케이션과 의사결정권의 문제이지, 나이를 수평적으로 본다는 의미는 아니다. 경력직은 나이와 직책이 뒤바뀌는 경우도 많지만, 신입사원(초년생)은 대부분 비슷한 또래 다. 그리고 대리급은 대부분 신입사원보다 나이가 많다. 대리급까지는 특별한 조직이 아닌 이상은 최소 연차를 채우고 자동으로 승진되는 경우가 많기 때문이다.

그렇기 때문에 신입사원이 대리급보다 나이가 많아지면 선임 입장에서는 지시를 내릴 때 불 편함이 생긴다. 이것은 한국문화에서 어떻게 할 수 없는 현상이다. 업무에서까지 동방예의 지국을 외치는 경우가 많다. 업무뿐 아니라 모든 조직생활에서 이런 불편함이 계속 생기면 선임 입장에서든 신입사원 입장에서든 문제가 발생한다. 그렇기 때문에 인사결정권을 가지 고 있는 부서장도 나이를 고려할 수밖에 없다.

모의해킹 컨설턴트 이야기를 해보자. 모의해킹 컨설턴트는 기술적인 업무를 주로 하기 때문 에 다른 보안 업종보다 평균 나이가 적은 편이다. 학교를 졸업하지 않은 학생들도 상당히 많 은 비율을 차지하고 있다. 해킹대회, 소프트웨어 경진 대회 등에서 우수한 성적을 낸 학생들 은 발빠른 회사에서 선점하고 있는 경우가 많다. 신입사원을 보거나 프리랜서를 하는 후배 들을 보면 20대 초반인 경우도 많다.

이런 조직에서 나이차가 많은 사람들이 들어와서 적응하기란 쉽지 않다. 나도 면접관 입장에서 수많은 이력서를 봤다. 객관적으로 이력서의 내용이 동일한 수준일 때는 나도 모르게 팀원들의 평균 나이를 생각해 보게 된다. 물론, 나이만 가지고 판단하는 것은 잘못된 습관이지만 나이차가 너무 많이 나면 서로 일을 하는 데 안 맞는 부분이 많이 생기는 것 같다. 또한 나이가 차게 되면 기술적인 영역보다는 관리 영역으로 업무를 전환하려는 사람들이 많다 보니 오랫동안 함께 일할 수 있을지 의구심도 들기도 한다.

그렇다고 길이 없는 것은 아니다. 자신 있는 영역에 집중하기 바란다. 한 영역에서 자신만의 **특화된 기술을 지녀야 한다.** 자신이 종사하는 분야에서 다른 사람과의 격차가 크다는 점을 확실히 보여줄 정도로 준비해야 한다. 내가 지켜본 지인 중에도 30대 중반에 시작해서 몇 년 사이에 자신의 영역을 찾아 꾸준히 나아가는 사람들이 있다. 전혀 다른 분야에 도전하는 와중에서도 취미로 연구했던 모바일 분야가 IT의 변화에 맞춰 자신도 모르게 해당 분야에 특화된 기술을 갖게 된 사람도 있다. 처음 들어갈 때만 다른 나이가 어린 친구들에 비해 벽이 높을 뿐이지, 취업을 준비하면서 기울였던 노력만큼 업무에 임한다면 다른 사람들보다 훨씬 높게 날아오를 수 있다.

11 / 모의해킹 업무에 석사 이상의 학위가 필요한가요?

Q&A

주위의 모의해킹 업무를 하고 있는 친구들을 보면 학위에 대해 크게 고민하지 않는 것 같다. 오히려 학위의 필요성을 거부하는 경우도 많다. 나는 후배들에게 아래와 같은 이유로 '학사'에 대한 필요성을 강조한 적이 있다.

컨설팅 업무를 할 때 '소프트웨어 기술자 신고'가 법으로 시행됐다. 이는 학력과 자격증 기준으로 해서 경력에 따라 등급을 정해 진단을 수행하는 인력단가를 객관적으로 정해주자는 목적으로 만들어졌다. 아래 기술등급 인정표에 따라 기술등급이 정해지기 때문에 단기 계약직으로 업무를 했던 인력들은 경력증명을 할 수 없는 상황들이 많아서 경력에 비해 굉장히 낮은 등급을 받게 됐다. 또한, 학사 자격증이나 기사자격증 중 하나 이상을 만족하지 않으면 또한 등급이 올라가는 데 한계가 있었다.

그래서 이때 프로젝트 매니저(PM)를 투입할 때, 구인을 할 때 기술등급에 대한 신경을 많이 썼다. 학사와 기사자격증을 갖추고 있다면 우선적으로 다 취업을 했던 시기도 있을 정도였다.

[기술등급 인정표]
http://career.sw.or.kr/hrdict/front/guide/renew/sub1-4_popup.jsp

기술등급	기술자격자	학력 · 경력자
기술사	• 기술사	
특급 기술자	• 고급기술자 자격 취득 후 3년 이상 소프트웨어 기술 분야의 업무를 수행한 자	
고급 기술자	• 중급기술자 자격 취득 후 3년 이상 소프트웨어 기술 분야의 업무를 수행한 자 • 박사학위를 가진 자로서 기사자격 또는 지식경제부장관이 고시하는 해당 등급의 공인민간자격을 취득한자	

기술등급	기술자격자	학력 · 경력자
중급 기술자	• 기사의 자격을 취득한 자로서 3년 이상 소프트웨어 기술 분야의 업무를 수행한 자 • 산업기사의 자격을 취득한 자로서 7년 이상 소프트웨어 기술 분야의 업무를 수행한 자 • 지식경제부장관이 고시하는 해당 등급의 공인민간자격을 취득한 자로서 3년 이상 소프트웨어 기술 분야의 업무를 수행한자 • 기사자격 또는 지식경제부장관이 고시하는 해당 등급의 공인민간자격을 취득한 자로서 석사학위 취득 후 2년 이상 소프트웨어 기술 분야의 업무를 수행한자	
초급 기술자	• 기사 자격을 취득한 자 • 산업기사 이상의 자격을 취득한 자 • 지식경제부장관이 고시하는 해당 등급의 공인민간자격을 취득한 자	• 전문학사 이상의 학위를 가진 자 • 고등학교를 졸업한 후 3년 이상 소프트웨어 기술 분야의 업무를 수행한 자
고급 기능사	• 산업기사의 자격을 취득한 자로서 4년 이상 소프트웨어 기능 분야의 업무를 수행한 자 • 기능사의 자격을 취득한 자로서 7년 이상 소프트웨어 기능 분야의 업무를 수행한 자	
중급 기능사	• 산업기사의 자격을 취득한 자 • 기능사의 자격을 취득한 자로서 3년 이상 소프트웨어 기능 분야의 업무를 수행한 자	
초급 기능사	• 기능사의 자격을 취득한 자	

지금은 소프트웨어 기술자의 기술등급이 일시적으로 폐지됐지만 경력증명서는 소프트웨어 기술자신고 시스템에 등록된 것으로 증명되고 있으며, 이 증명서를 요구하는 기관이 아직도 많다. 100% 적용하는 것은 아니지만 보안 분야에서도 등급을 산정할 때 별도 기준을 두고 산정하고 있다. 컨설팅 지정업체 및 관제업체에서 심사할 때도 학력 및 자격증 보유 여부에 관한 인력 평가가 이뤄진다. 나한테도 인력 추천과 관련된 문의가 많이 오는데 대부분 초급 기준인 '학사' 이상의 학위소지자를 원하는 경우가 많다. 또한 학사 다음으로 석사 학위를 요구하는 사례도 많이 보인다.

여기서 내가 말하고 싶은 것은 바로 왜 그렇게 하느냐다. 우리가 어딘가에 투자할 때는 분명히 적절한 '이유'가 있다. 즉, '이유'가 있어야 투자를 한다. 어떤 것에 투자하든 거기에는 시간과 돈이 항상 들어가기 마련이다. 아무 이유도 없이 다른 사람들이 한다고 해서 따라 하는 것은 어리석은 짓이다. 그럼 사람들은 어떤 '이유'로 석사 학위 이상을 취득하기 위해 대학원에 갈까? 이것부터 고민해봐야 하지 않을까?

사람마다 이유는 다르겠지만 어떤 사람은 정말 못다한 '연구'를 위해 진학하기도 하고, 어떤 사람들은 '인적 네트워크'를 위해, 어떤 사람들은 '직업상 필수 요건'이라서 진학한다. 아니면 '미래에 대한 불확실성'을 없애기 위해 진학하기도 한다. 이유는 너무나도 많다.

이전까지는 대학원에 진학하는 것은 교수가 되기 위해서였다. 교수가 되려면 석사과정과 박사과정을 필수적으로 거쳐야 하기 때문이다. 그런데 이제는 석사 학위까지 반드시 있어야 한다고 주위에서 이야기한다. 정말 그럴까? 왜 이런 이야기가 나오는지 생각해봐야 할 것 같다. 경쟁사회에서 모두 동일한 모습으로 살아가는 것이 과연 바람직한지 생각해보자. 적절한 이유가 없는 상태에서 뭔가를 선택한다는 것은 그게 무엇이든 바람직하지 않다.

이제 금전적인 측면에서 한번 살펴보자. 석사 학위를 위해서는 생활비까지 포함해서 3000만원 전후, 박사 학위까지는 5000만원 이상이 기본적으로 들어간다. 매달 급여를 받아본 분이라면 이 정도 금액을 모으는 것이 쉽지 않다는 것을 안다. 학위 대출을 받는다고 하더라도 10년, 15년 이상 원금과 이자를 갚아나가야 한다. 이자율이 낮다곤 하지만 계산해보면 원금의 30%~40%는 더 소요된다고 생각하면 된다.

"이 정도 금액과 시간을 투자해서 얻는 게 뭘까?"를 고민해봐야 할 거 같다. 이 학위를 통해 다른 사람들보다 더 많은 기회를 얻고 투자한 것 이상으로 얻을 수 있다면 도전해야 한다. 고민 없이 접근하는 것은 "학위 자격증을 장롱에 쌓고, 기회가 오기만을 바라는 것뿐"이다.

학위를 취득하려는 합당한 이유도 없고, 학위를 취득하기 위해 달렸는데도 불안함은 그대로일 것이라 생각한다면 내가 잘할 수 있는 종목에서 이거나가면 된다.

재미있는 사례가 있다. 주위에 큰 건축사업을 하시는 대표님의 이야기가 생각난다. "나는 고등학교밖에 나오지 않았지만, 건축 사업에는 누구보다 자신이 있다. 내 사무실에 가면 SKY 대학을 나온 직원이 10명 이상이다. 나는 이 사람들을 사용하면 되는 것이다". 이분은 대학교 생활이 궁금하다는 이유로 근래에 대학교에 진학했다. 대학교에 가니 젊은 친구들도 많아서 좋다고 한다. 교수님들은 자신에게 강의해달라고 부탁하기도 한다고 한다.

모의해킹 업무는 기술에 특화된 업무다. 컨설팅 업무를 할 때는 위에서 말한 등급 제한이 없다면 석사 학위의 필요성은 느끼지 못할 정도다. 단지, 주위에서 "언제까지 모의해킹 할래, 언젠가는 관리로 들어가야지"라는 의견을 받을 뿐이다. 정말 모의해킹을 평생 할 수는 없는 걸까? 업무 영역에 불필요한 벽을 쌓지는 않았으면 하는 바램이다. 어떤 업무든 정해진 것은 없다. 새로운 시장을 개척해나가는 것도 재미있지 않을까?

그렇다면 학위는 생각하지 않아도 된다는 의미인가? 그렇지 않다. 자신이 갈 길에 맞춰 학위의 필요성을 다시 한번 고민해보라는 것이며, 아래에서 설명하는 중요한 내용 두 가지와 관련해서 이런 상황에 마주쳤을 때는 학위의 필요성을 고민해야 한다. 지금은 당장 모의해킹만을 생각하고 있을지라도 사회의 변화 및 주위 환경에 따라 어떻게 변화될지 모른다. 그래서 여러 정보들을 많이 접해보고 열심히 고민해보길 바란다.

지식정보보안 컨설팅 전문업체의 지정 등에 관한 고시란?

모의해킹 인력을 많이 뽑는 곳은 지정 컨설팅 업체거나, 혹은 지정 컨설팅 업체가 되기 위해 기반을 잡고 있는 회사다. 그러면 인력 공급이 가능한 컨설팅 전문업체 지정을 위해 필요한 항목을 살펴볼 필요가 있다. 컨설팅 전문업체를 지정할 때 평가되는 항목을 보면 고급 기술을 갖춘 인력(고급기술자로 인정된 인력)에 대해 큰 점수를 주고 있다. 이러한 조건을 갖춘 인력이란 학력을 비롯해 제시하고 있는 자격증을 기준으로 하며, 해당 업무를 수행한 경력이 얼마나 되는지를 평가한다.

II. 기술 인력의 수 (예제)

(1) 최근 3년간 평균 기술인력: 명

(2) 최근 3년간 신청업체에서 컨설팅 수행실적이 3회 이상 있는 기술인력: 명

(3) 중급 이상의 기술인력: 명

(4) 3년 이상 재직 중인 기술인력: 명

(5) 연 평균 40시간 이상의 교육을 받은 기술인력: 명

출처: 지식정보보안 컨설팅전문업체의 지정절차(미래창조과학부)

그래서 회사에서는 고급/특급 기술자를 많이 보유하기를 바라며, 기존 인력들을 고급 기술자로 키우기 위한 인력관리를 해야 한다. 고급기술인력들이 충족되지 않는다면 기존에 지정업체였다가 재평가를 통해 지정업체에서 제외되면 비즈니스에 큰 영향을 받기 때문이다. 해마다 이 항목들과 관련해서 인사평가를 할 수 있으며, 연봉협상을 할 때 기준으로 활용할 수 있다. 모의해킹 인력도 이 기준이 동일하게 적용된다. 기술이 탁월한 인력도 선호하겠지만 상위 등급으로 가기 위한 컨설턴트의 조건을 충족해 나가는 것이 나중에 기회를 잡는 데 분명 도움될 것이다.

번호	업체명	전화번호	홈페이지
1	(주)시큐아이	02-3783-6600	http://www.secui.com
2	(주)안랩	031-722-8000	http://www.ahnlab.com
3	에스티지시큐리티(주)	02-2027-4300	http://www.stgsecurity.co.kr
4	(주)에이쓰리	02-6292-3001	http://www.a3security.co.kr
5	롯데정보통신(주)	02-2626-4000	http://www.ldcc.co.kr
6	(주)싸이버원	02-3475-4955	http://www.cyberone.kr
7	에스케이인포섹(주)	02-6361-9114	http://www.skinfosec.co.kr
8	(주)비트러스트	02-3411-2250	http://www.btrust.co.kr
9	(주)소만사	02-2636-8300	http://www.somansa.com
10	(주)씨에이에스	02-786-3815	http://www.casit.co.kr
11	(주)에스에스알	02-6959-8039	http://www.ssrinc.co.kr
12	(주)파수닷컴	02-300-9300	http://www.fasoo.com
13	(주)엘지씨엔에스	02-2099-0114	http://www.lgcns.co.kr
14	(주)윈스	031-622-8600	http://www.wins21.co.kr
15	(주)이글루시큐리티	02-3452-8814	http://www.igloosec.co.kr
16	(주)시큐어원	02-6090-7690	http://www.secureone.co.kr
17	한영회계법인	02-3787-6600	http://www.ey.com/kr
18	한전KDN(주)	061-931-7114	http://www.kdn.com

그림 3-6 지식정보보안 컨설팅 전문업체 지정 현황(2011년 11월 기준)
출처: https://www.kisa.or.kr/business/protect/protect1_sub4.jsp

소프트웨어 인력 노임단가를 살펴보자

업체에서는 노임단가에 할인율과 장기고객 추가 할인율이라는 명목을 반영해서 단가를 제시한다. 그렇기 때문에 재대로된 단가라고 할 수 없다. 그렇지만 초급과 고급 그리고 특급의 단가 차이는 확실히 난다. 그렇기 때문에 이 기준에서 원하는 최소한의 학력은 보유하고 있어야 자신의 경력과 비례하는 임금을 받을 수 있다.

지금 당장은 모의해킹 업무와는 상관이 없는 것처럼 느끼겠지만 내가 아무리 자신만의 길을 만들어 보라고 해도 그게 쉬운 일은 아니다. 현실을 따라가다 보면 관리 부문으로 업무를 전환하게 되며 심사원에 눈길을 두게 된다. 보안 이슈가 계속 불거지다 보니 다양한 심사원 및 전문 인력이 생기고 해마다 교육을 통해 인력들을 발굴하고 있다. ISMS, PIMS, G-ISMS, PIPL 심사원 등은 교육을 받는 것보다는 그 교육을 받기 위한 신청 과정부터 엄청난 경쟁률을 자랑한다. 경쟁률이 높다 보니 자연스럽게 객관적인 지표로 사용할 수 있는 학력과 경력을 보게 된다. 그리고 이 기준들도 해마다 상향조정되고 있다. 그만큼 보안 인력들의 평균 학위와 경력이 점차 높아지고 있다는 의미다. 이런 시장에서 경쟁을 하기 위해서는 객관적인 지표로 활용될 수 있는 것을 채워나가는 것도 중요하다.

【SW기술자 평균임금】

(단위: 명, 원)

구 분	2016년 조사인원	평균임금(M/D)		평균임금 (M/M)	평균임금 (M/H)
		2015년	2016년		
기술사	328	411,642	437,227	9,181,767	54,653
특급기술자	17,983	373,593	381,502	8,011,542	47,688
고급기술자	10,285	276,160	284,440	5,973,240	35,555
중급기술자	10,871	221,375	226,537	4,757,277	28,317
초급기술자	13,270	190,787	190,790	4,006,590	23,849
고급기능사	162	177,337	187,093	3,928,953	23,387
중급기능사	311	141,168	147,483	3,097,143	18,435
초급기능사	232	118,732	119,232	2,503,872	14,904
자료입력원	148	112,570	117,078	2,458,638	14,635

그림 3-7 2016년도 적용 SW기술자 평균임금 공표

출처: https://www.sw.or.kr/biz/b_nos_view.jsp?articleNo=33991&page=1&pageSize=10

12 / 모의해커에게 적합한 성격은 어때야 하나요?

Q&A

Q 모의해킹 업무에 적합한 성격은 어떤 것이라 생각하나요?

A 국내에서 모의해커라고 한다면 대부분 컨설팅 업무를 하는 분들이 많다. 모의해커라는 표현에는 '취약점 진단', '버그 헌터'라는 기술적인 의미가 내포돼 있지만 직업적인 면에서 봤을 때는 대부분 '컨설턴트'라는 의미로 받아들인다. 어떤 업체의 서비스를 진단하고 미리 평가하는 것은 어떤 타이틀을 걸더라도 고객에게 자산이 받을 수 있는 위험성을 파악하고 가이드하는 것이기 때문에 컨설턴트라는 단어가 적합하다.

'컨설턴트'는 상담자다. 자산설계에 가이드가 필요할 때는 '보험설계사'를 만나 상담하고, 정신적 치료가 필요할 때는 '심리 상담사'를 만나는 것과 같다. IT 인프라에 외부/내부적으로 침투 가능성을 점검받으면서 실제로 보안 문제가 발생하기 전에 이를 미리 인지하고 패치할 수 있도록 가이드를 제시하는 것은 IT 자산에 대한 상담이다.

모의해킹 업무는 기술 기반으로 접근한다. 흥미로운 부분이 있다면 한 가지 주제를 파고드는 성격의 업무가 많다는 것이다. 주로 컴퓨터와 씨름하는 경우가 많은데, 뭔가를 하나 정해서 끝까지 파고드는 성격이라면 해커가 되기에 적합하다. 궁금증을 현실적이고 논리적으로 풀어나가는 과정을 좋아한다면 이 분야에 어울린다고 할 수 있다.

하지만 컴퓨터하고만 친해져서는 안 된다. 서론에서 나는 상담가라는 말을 많이 사용했다. 그만큼 사람들을 대상으로 상담해주는 것이 중요하다. 어떤 기술로 침투했든, 어떤 문제로 인해 취약점이 발견됐든, 우선은 상대방(담당자)을 이해시켜야 한다. 그리고 최종적으로 보고를 받는 임원진을 이해시키고 더 큰 비즈니스 기회를 가져오려고 노력해야 한다. 모의해킹 업무를 한다고 해서 진단만 하고 나오는 것은 아니고 자신들이 판매하고 있는 솔루션이 있다면 각 취약점과 해당 솔루션의 연계성을 강조해서 설명할 줄 아는 것이 영업이고 선임들의 역할이기도 하다.

종합해 보면 "자신의 기술을 다른 사람들에게 잘 이해시킬 수 있는 사람"이 바로 내가 보는 모의해커의 자질이라고 말하고 싶다. 기술적으로 실력이 매우 뛰어나더라도 최종승인권자인 사람을 이해시키지 못하거나, 혹은 이해시킬 수 있을 정도의 기술을 보여주지 못하는 경우에는 모의해커가 되기에 부족하다고 볼 수 있으며, 자신에게 부족한 부분이 있다면 노력을 통해 메꿔나가야 한다.

취업하기 전 학원에서 공부할 때 나에게도 부족했던 부분 역시 사람들 앞에서 발표하는 능력이었다. 사람들을 가르치는 것은 좋아하는데, 무거운 분위기에서 이야기하는 것에 스트레스를 많이 받았다. 과정을 수료할 때쯤 면접 제의가 왔는데, 이때 PPT 발표 능력도 평가 항목에 포함돼 있었다. 그래서 1주일 동안 옥상에 올라가서 발표 시간인 10분을 정확하게 맞추기 위해 준비했다. 주위에서 '어떤 미친놈이야'라는 말을 할 정도로 큰소리로, 정확한 스토리를 만들어가며 연습했다. 지금도 어떤 교육을 가든 시간을 체크하면서 발표자료로 연습을 반복한다. 그뿐만 아니라 발표자료(PPT)를 보지 않아도 몇 시간 동안 이야기할 수 있게 준비한다.

직접 경험하지 못한 기술을 남들 앞에서 장황하게 말하는 것도 바람직하지 않지만 남에게 자신이 알고 있는 지식을 이해시키지 못하는 것도 바람직하지 않다. 기술 기반이 갖춰진 수다쟁이가 되는 것이야말로 어떤 상황에서 발표하든 필요한 역량이 아닐까 싶다.

다음은 이전에 내가 모의해킹 컨설턴트에게 필요한 자질 중에서 제일 강조하는 "커뮤니케이션의 중요성"에 대해 언급한 내용이다.

모의해킹 업무를 하는 사람은 대부분 컨설팅 업무를 하게 된다. 근래에는 전문적인 기술연구원들이 모여서 많은 분야를 대상으로 연구하고 있지만, 대부분 고객 시스템을 대상으로 이뤄지는 컨설팅이 대부분이다. 컨설턴트는 말 그대로 '상담'을 통해 개선해야 할 환경에 대해 조언하는 역할이다. 진행 중인 프로젝트에 대해 고객이 원하는 방향이 무엇이고, 결과에 만족하고 있는지, 결과에 대해 궁금한 점이나 대응방안 등 고객과의 꾸준한 커뮤니케이션이 필요하다.

모의해킹 컨설턴트가 고객과 커뮤니케이션하는 경우는 제안서 발표, 결과 보고서 발표, 교육 발표, 기타 업무 과정의 고객 대응 등이라고 할 수 있다. 하나씩 살펴보자.

❶ **제안서 발표**: 프로젝트를 수주하기 위해 입찰을 하고(자세한 내용은 1장 '모의해킹의 정의'를 참고) 해당 프로젝트의 PM을 담당할 컨설턴트가 제안서를 발표한다. 앞으로 진행할 프로젝트의 프로세스, 방법론, 투입 인력 등 업체가 프로젝트를 수주하기 위해 경쟁하는 단계인만큼 중요한 순간이고, 고객들 앞에서 업체의 장점을 어필해야 한다. 발표를 모두 마치고, 고객들이 프로젝트 수행 방법에 대해 궁금한 점, 프로젝트 수행과 관련해서 다른 업체와 어떤 차별성을 보여줄 수 있는지 등에 관한 질문을 하기 때문에 고객이 납득할 만한 답변을 미리 준비해 가는 것이 좋다.

❷ **결과 보고서 발표**: 프로젝트가 완료되면 언제나 결과 보고를 해야 한다. 운영자를 대상으로 간단하게 발표할 때도 있지만 대부분 임원을 대상으로 발표한다. 기술적인 설명뿐만 아니라 점검을 통해 도출된 이슈가 무엇이고, 어떤 기대효과를 얻었는지에 대한 자세한 설명이 필요하다. 임원들이 알기 쉬운 용어로 설명하는 것도 필요하다.

❸ **교육 발표**: 점검 결과를 가지고 교육을 진행할 때도 있고, 특정 주제를 정해서 심화교육을 진행할 때도 있다. 특히 모의해킹 분야는 담당자들이 관심이 많아서 항상 최신 주제로 준비해둘 필요가 있다. 교육 발표는 청중에서 많은 지식을 전달하는 것이 목적이기 때문에 흥미롭고 쉽게 설명하는 능력이 필요하다. 나도 딱딱한 제안서 발표와 결과 보고보다는 교육을 할 때 더 자신감이 생기는 것 같다.

발표 능력을 키울 수 있는 방법 중 하나를 더 소개하면 "동영상 강의"를 한번 만들어 보는 것이다. 자신이 학습한 내용을 잘 정리해서 다른 사람들을 가르친다고 가정하고 강의를 만든 뒤에 다시 들어오면서 자신의 발표 능력을 가늠해보기 바란다.

❹ **고객 대응**: 프로젝트가 완료됐다고 해서 모두 끝나는 것이 아니다. 고객과의 관계를 지속적으로 유지해야 하고, 관련 운영자 및 개발자들의 궁금증을 풀어줘야 한다. 전화나 메일을 통해 자세하게 설명해줄 때가 있을 것이고, 모르고 있는 내용이라 할지라도 검색을 통해 해결 방안을 찾기 위해 최선을 다해야 한다. 또한 현재 추진하려고 하는 고객들을 설득해서 프로젝트를 수주하는 것도 컨설턴트의 업무다.

이런 커뮤니케이션 능력은 경험과 노력을 통해 발전한다. 나도 학원에서 취업을 준비할 때 동기들 앞에서 연구했던 주제를 가지고 발표 연습을 했고, 아는 지식에 대해 강사의 입장에서 설명하면서 준비했다. 지금도 발표를 하기 전날에는 반복적인 연습을 통해 실수를 줄이거나 흥미를 이끌어낼 수 있는 방법을 고민하곤 한다. 서점에 가보면 프레젠테이션 발표 기법을 다룬 책이 많기 때문에 꼭 구입해서 읽어보기 바란다.

13 / 모의해킹 업종의 초봉(연봉)은 어느 정도인가요?

모의해킹 컨설턴트의 연봉을 언급하기 전에 연봉에 대해 한번 이야기해보겠다. 연봉은 1년에 실제로 내가 받는 금액이다. 그 안에는 세금이 포함돼 있으며, 일부 회사에서는 식사비, 교통비를 모두 포함시키기도 한다. 그뿐만 아니라 퇴직금이 포함되는 경우도 있는데 실제로 퇴직금은 법적으로 연봉에서 분리해야 하지만, 신생기업에서는 연봉을 더 높이고 이를 포함시키는 경우가 있다.

연봉은 내 자신의 몸값을 측정하는 지표다. 그만큼 내가 일한 가치에 대해 받는 합당한 금액이다. 그런데 막상 월급을 받아보면 생각보다 적은 금액이라는 생각이 든다. 어떻게 이 돈으로 생활을 하고, 언제 돈을 모아서 내 집을 마련할 수 있을지, 결혼할 자금은 언제 모을지 고민이 많이 생긴다. 어디까지나 이것은 받는 사람의 입장이다.

그럼 급여를 주는 사람의 입장도 생각해보자. 연봉이 3000만 원이라고 했을 때 실제로 그 직원에게 들어가는 돈이 정확히 3000만 원일까? 그 직원을 위해 들어주는 4대보험, 교통비, 식사비, 퇴직금, 회식비, 장비 구입비, 교육비 등등 정말 만만치 않은 금액이 들어간다. 복지가 잘 돼 있는 곳은 연봉만큼 더 들기도 한다(이전에 내가 받는 월급의 2배에 가까운 비용이 든다고 들었을 때는 몰랐는데 이제 생각해보니 그럴 수도 있겠구나 싶다).

회사가 어려우면 임원진들이 부가비용을 줄이려고 한다. 종이에 뭔가를 출력할 때도 이면지를 최대한 활용하라고 권하고, 종이컵 사용을 줄이라고 한다. 접대비도 낭비하지 말라고 하고, 저녁식사 비용까지 지원을 제한하게 된다. 이런 복지를 받았던 직원들은 이제 줄어드는 복지를 보며 짜증내기 마련이다. 하지만 임원들 입장에서는 이런 비용도 만만치 않다는 사실을 알고 있으며, 어찌보면 이것들을 모두 포함한 금액이 임원들이 생각하는 직원들의 연봉일 것이다.

직원들은 계속 연봉을 올려달라고 요구하고, 회사에서는 연봉을 인상하면 다른 비용(국민연금, 건강보험비용 등)까지 올라가기 때문에 최대한 포상 금액의 형식으로 제안하기도 한다.

연봉은 자신이 소속된 회사에서 자신의 가치에 맞는 금액이라고 했다. 여기서 '자신이 소속된 회사'라는 말은 다른 회사와의 비교가 아니라 자신의 회사를 생각해야 한다는 것을 의미한다. 한명당 한달에 회사에 주는 이익이 1천만 원인 경우와 2천만 원인 경우가 있을 때 두 회사에서 받는 직원의 연봉은 당연히 달라야 한다. 똑같은 능력을 가지고 있더라도 직원 한 명이 회사에서 발휘할 수 있는 가치가 더 크다면 더 받아야 한다. 반대로 그 이하의 가치를 내고 있다면 연봉 인상을 요구했을 때 회사에서는 받아주기 힘들다. 그럴 때는 회사를 위해 더 열심히 일하거나 다른 회사로 이직해서 자신의 가치를 높여야 한다. 그런데 보안 업계에서는 오히려 가격 경쟁을 해서 그런지 일부 회사를 제외하고는 보안 인력들의 연봉 수준이 높아지지 않고 있다.

사회 생활에서 연봉은 대단히 중요하다. 돈이 전부는 아니지만 분명 경제생활을 영위하는 데 필수적인 요소다. 어떤 회사에 가든 신입사원은 연봉을 고민해야 한다.

회사에 지원하는 신입사원은 분명히 자신이 다른 사람들보다 뛰어나다고 생각해야 하고 그렇게 해야 경쟁에서 이길 수 있다. 이런 능력을 최대한 인정받고, 또 어필해야 한다. 그런데 다시 한번 생각해보자. 신입사원 연봉을 다르게 주는 곳은 거의 없다. 즉, 대부분 연봉 테이블에 신입사원 초봉이 정해져 있다.

이러한 상황에서 신입사원이 선택할 수 있는 것은 다음과 같다.

첫째, 제시한 연봉이 너무 터무니없다고 생각되면 입사하지 않으면 된다.

둘째, 자신이 생각하는 수준의 연봉을 주는 회사를 찾으면 된다. 물론 자신이 하고 싶었던 업무, 할 수 있는 업무에 대해 인정을 받아야 한다.

초봉은 분명 중요하다. 연봉 인상률이 같더라도 초봉에 따라 복리 효과가 날 수 있다. 즉, 연봉 인상률이 같더라도 5년 이상 지나면 연봉의 격차가 크게 벌어지는 것이다. 모의해킹 컨설턴트의 초봉은 2000만 원에서 2800만 원까지 다양하다. 그리고 연봉만 중요한 것이 아니라 복지가 다른 어떤 혜택보다 더 좋은 조건이 될 수 있으니 이 부분도 잘 살펴보고 챙기기 바란다.

하지만 더 중요한 것은 자신의 능력을 통한 연봉 상승이다. 성공한 사람들의 이야기를 들어보면 "최고의 재테크는 자신의 분야에서 최고가 되어 몸값을 높이는 것"이라고 한다. 이 분야에 대해 자부심을 느끼고 자신의 영역에서 인정받으려면 회사 업무가 자신과 맞아야 하고, 즐거움과 열정이 있어야 한다. 하루하루 뭔가를 배울 수 있는 환경이 돼야 한다. 자신이 목표한 대로 포기하지 않고 길을 만들어간다면 자신의 몸값은 경력과 경험에 맞춰 자연스럽게 올라갈 것이라 믿는다.

04
—
마무리하며

대외 활동을 처음 할 때가 생각난다. 보안 커뮤니티 카페를 찾아서 내가 원하는 답을 얻기 위해 기존 멤버들에게 많이 물어보고, 오프라인 모임에 가서 현업에 있는 사람들의 말에 귀 기울었다. 선배들의 많은 조언을 들으면서 내가 갈길을 찾았고 운이 좋아 선배의 추천을 받아 회사에 취업하기도 했다. 어떤 분야든 먼저 길을 만들어준 사람들과 관계를 맺으면서 자신의 경험을 잘 쌓아서 후배들과 또 다른 관계를 맺는 것은 중요하다.

보안 분야에 늦깍이로 들어와 8년이 되어가는 이 시점에 그 관계가 더욱 중요하다는 것을 느끼게 됐다. 많은 커뮤니티를 통해 후배들에게 들려주고 싶은 말을 전달하려 했지만 이런 조언들을 한곳에서 확인할 수 없어 모두 잊혀지고 또 동일한 질문들이 반복해서 올라오는 모습을 봤다. 그래서 나와 같은 길을 가고 싶은 사람들에게 질문을 받고, 내 경험을 바탕으로 들려주고 싶은 이야기를 정리해서 차곡차곡 쌓았다.

이 책은 이런 궁금증에서 탄생한 것이라서 마지막 글을 쓰는 이 순간까지도 마음이 벅차오르고 뿌듯하다. 이 책은 여기서 끝나는 것이 아니라 앞으로도 많은 질문과 그에 대한 답변들이 내 경험에 따라 점점 바뀔 것이다. 후배들에게는 좋은 조언으로, 나에게는 내 경험의 자취로 남게 될 것이다.

보안 분야, 특히 모의해킹 분야로 진출하는 후배들에게 마지막으로 꼭 하고 싶은 말을 하고 마무리하겠다. 바로 "지식 융합을 항상 고민하자", "기록으로 남기자", "3년 ~ 5년 사이에 나만의 영역을 만들어 보자"다.

창의적인 생각과 함께 항상 따라오는 단어는 "지식 융합"이다. 여기서 융합은 다른 분야에 속하는 지식들을 모아서 새로운 분야를 연구하는 과정이라고 할 수 있다.

보안 분야에서 요즘 융합이 많이 이뤄지는 영역 중 하나는 포렌식 분야다. 몇 년 전만 하더라도 디지털 포렌식 분야는 법적 증거를 위한 하나의 단계로 파일시스템 분석이나 레지스트리 분석에 한정된 것에 불과했다. 하지만 이후로 서비스의 변화가 일어나고 다양한 플랫폼의 급성장으로 메모리 포렌식, 데이터베이스 포렌식, 특히 SQLite, NoSQL 등 모바일 서비스에 맞춰 성장한 영역과 브라우저 포렌식 등으로 세부영역별로 분류되어 다뤄지고 있다. 악성코드가 증가하면서 포렌식 분야에서도 새로운 악성코드 분석 절차들이 계속 개발되고 있다. 이것은 이전에 침해 대응을 할 때 파일, 레지스트리, 휘발성 정보를 중점적으로 연구된 지식이 다른 분야의 지식과 융합되어 분야가 확장되고 있는 것으로 볼 수 있다.

마찬가지로 모의해킹 분야에 종사할 때도 융합을 자주 시도해 보길 바란다. 모의해킹 진단은 우리의 모든 실생활과 연관돼 있다. 작은 통신기기부터 국가적으로 진행하는 정보통신 기반시설 등 보안과 관련해서 조금만 방향을 틀면 모두 모의해킹 대상이 된다. 이러한 대상들을 공부하려면 각 분야의 기본 지식부터 시작해서 관리자들도 미처 보지 못한 깊숙한 부분까지 공부해야 한다. 이 과정에서 지식들이 융합되어 해당 분야에 적용할 수 있는 진단 방법론이 구축되는 것이다.

악성코드라고 해서 모의해킹과 관련이 없는 것이 아니다. 악성코드를 보기 좋게 개발해서 내부 시스템 침투용으로 만들어 시나리오를 구성하고 진행할 수 있다. 포렌식 관점에서 접근하다 보면 이 또한 모의해킹의 침투 관점으로 전환할 수 있다. 너무나 재미있는 연구주제가 되지 않을까? 일찌감치 분야를 나눠서 생각하지 말자. 마음이 닿는 대로 잘 할 수 있는 부분을 채워나가보자.

다음으로 후배들과 공부하면서 제일 많이 하는 소리가 바로 "기록으로 남기자"라는 것이다. 기록은 대단한 힘을 가지고 있다.

첫째는 공부한 내용이 남의 지식에서 나의 지식으로 들어오는 단계다. 글로 정리하면서 다른 사람들과 다르게 표현하고, 또 다른 정보와 합쳐서 나만의 글로 쓴다. 이것은 머릿속에서만 맴돌고 있던 각 지식들을 하나의 종이에 모아둔 것이다. 누구한테 설명할 때도 그렇게 정리한 지식을 토대로 설명할 수 있다.

둘째는, 내가 정리한 지식을 공유했을 때 다른 사람들로 인해 지식이 발전할 수 있다. 정리된 글이나 문서를 공개했을 경우 반응이 없을 수 있다. 어떤 피드백도 없을 수 있다. 사람들이 블로그를 관리하면서 회의감을 느끼는 이유도 다른 사람들이 관심을 주지 않는다고 생각하기 때문이다. 그렇지만 멈추지 말고 계속 기록하자. 그러면 사람들은 점점 관심을 갖게 되고 조금씩 의견을 주면서 소통이 시작된다. 이때는 자신도 많이 성장했다는 의미이고, 앞으로 이전에 받은 의견을 반영한 글들이 자연스럽게 쓰여질 것이다.

셋째는, 나의 1순위 참고서가 된다. 인간의 기억 용량은 사람마다 다르겠지만 보편적으로 크지는 않다. 반복적으로 하지 않았다면 얼마 못가서 잊어버리게 된다. 지속적으로 업무로 접하지 않으면 한두 달 안에 금세 다 잊어버린다. 한 분야에서 집중할 기회가 생기면 하루하루

했던 일과 느낀점을 기록해두자. 오랫동안 신경을 못 써서 멀어졌던 분야에 다시 관심을 갖게 됐을 때 제일 먼저 찾는 것은 바로 자신이 작성한 문서다.

그리고 이러한 문서를 깔끔하게 편집하고 전문가에 의해 매끄럽게 다듬어진 것이 책이다.

마지막으로 한 분야에서 3년 ~ 5년쯤 일하다 보면 경험을 바탕으로 한 자기만의 업무 방식이 생기고, 해당 분야의 후배들이 많이 생긴다. 지금 만들어진 길은 모두 선배들이 만든 것이다. 만들어진 길을 그대로 갈 수도 있지만 고속도로와 열차노선 등 환경에 따라 더 좋은 길을 내는 것처럼 자신의 전문성을 살려 새로운 길들을 만들어가야 한다.

후배들과 그 길을 함께 가고 후배들도 그 길을 바탕으로 새로운 길들을 만들어가는 토대가 되도록 도와야 한다. 그 영역은 아무도 정해주지 않는다. 자신이 잘 할 수 있고 열정을 잃지 않는 것, 행복하게 할 수 있는 것에서 선택하라고 조언하고 싶다. 그리고 이 글을 끝까지 읽어 준 독자에게 진심으로 감사드린다.

부록

一

모의해킹과
관련된 질문 모음

아래는 이 책을 쓰는 데 토대가 된 질문들이다. 일부 개인적인 질문들도 있지만 입문자들이 흥미를 보이는 주제가 다양하다는 점을 깨닫게 됐다. 내가 경험하지 못한 부분에 대해 질문한 것은 답변을 정리하지 않았다. 잘못된 정보가 많이 섞일 것이라 생각했기 때문이다. 관련 질문에 전문가인 독자들이 이 책을 읽는다면 이 질문들을 보면서 어떻게 답변할 수 있을지 함께 고민해보고 공유해주었으면 하는 바램이다.

1. 모의해킹 업무를 하는 분들이 일할 수 있는 평균 연령은 어느 정도인가요?

2. 이론과 실습 모두 중요하겠지만 둘 중 어느 것에 비중을 두고 공부하면 될까요?

3. 모의해킹 프로젝트를 진행할 때 고객사 요구사항을 도출하고 업무 협의를 하기 위해서는 커뮤니케이션 기술이 상당히 중요한 것 같습니다. 이때 커뮤니케이션을 효율적으로 하기 위한 방법이 있을까요?

4. 분석해야 할 대상은 상당히 많고 일정은 부족한데, 담당자가 비전공자라 대화가 통하지 않을 때 분석가 입장에서 설득할 수 있는 방법이 있을까요?

5. 모의해킹을 할 때 개인으로 일을 하나요? 아니면 팀으로 일할 때는 주로 어떤식으로 진행해야 수월하고 효과적으로 결과를 얻을 수 있나요??

6. 한번 해보는 게 중요할까요? 나만의 가이드를 만드는 게 중요할까요?

7. 보안 분야에서는 한 가지 분야만 깊게 파고 오랫동안 경력을 쌓는 것은 경쟁력이 없는 건가요?

8. 모의해커 전문가에서 경력을 쌓아 모의해킹 컨설턴트로 나아가려면 어떤 노력이 필요한가요? (예: 기술 컨설턴트는 OOOOO을 해야 한다, 관리 컨설턴트를 하려면 OOOOO을 해야 한다)

9. 모의해킹 전문가는 고객사에 파견된 후 그곳에서 프로젝트 형식으로 업무를 진행한다고 알고 있는데 한번 진행되는 프로젝트는 보통 기간이 어느 정도이고 그동안 주야간 교대근무 같이 온종일 투입되나요?

10. 모의해킹 전문가의 해외 취업에 대해서는 어떻게 생각하시나요? 국내시장과 해외시장과 비교해서 전망이 어떻고 어느 정도의 리스크가 있는지 알고 싶습니다!

11. 보안 분야로 진출하는 신입사원분들 중 대부분이 관제 업무로 시작하는데 관제 업무로 시작한 후 모의해킹 컨설턴트로 나아갈 수 있는지, 그리고 그렇게 하려면 어느 정도의 경력이 필요한지 궁금합니다.

12. 컨설턴트 중에는 관리 컨설턴트와 기술 컨설턴트가 있는 것으로 알고 있는데, 둘 사이의 연관성은 얼마나 되는지, 그리고 만약 컨설턴트로 시작한다면 기술과 관리 중 어떤 것을 추천하시는지 궁금합니다!

13. 모의해킹 일을 하면서 점점 경력이 쌓여가고, 나중에 PM 직책까지 도달할 텐데, 모의해킹도 모의해킹이지만 PM이라는 직책을 수행하는 데 필요한 자질, 저자분이 그동안의 경험에서 느꼈던 'PM은 OOO했으면 좋겠다'라고 정의해 주셨으면 좋겠습니다.

14. 좁은 관점이 아닌 거시적인 관점에서 모의해킹이라는 분야가 전 세계 보안 분야에서 어느 정도의 입지와 전망을 가지고 있는지 알고 싶습니다.

15. 모의해킹 전문가를 요구하는 기업에서 원하는 기업의 인재상은 어떤가요?

16. 모의해킹 전문가는 어떤 환경에서 근무하는지 알고 싶어요.

17. 30대 중반의 늦은 나이에 신입사원으로 들어가는 건 불가능하겠죠? (나이에서 여러 번 떨어졌네요)

18. 저는 보안 엔지니어였는데 우리나라의 IT 분야가 그렇듯이 대부분 나이가 들면 기술보다는 영업 포함 관리직 업무로 전환되지요. 이 부분 때문에 그만두긴 했는데 모의해킹 전문가도 컨설턴트보다는 실무 기술 분야로만 계속 일하는 게 가능한가요? 우리나라의 경우와 해외의 경우 모두 궁금합니다.

19. 모의해킹이 웹 분야에 많이 치우쳐 있다고 들었는데 아직까지 다른 분야의 모의해킹은 활성화되지 않았나요?

20. 평상시 업무가 아닌 3.20 전산대란과 같은 사태 때 포렌식팀이나 리버싱팀의 역할은 어느 정도 예상이 가능한데 모의해킹팀도 이런 사건이 발생했을 때 맡는 역할이 있나요?

21. 해당 업무의 경우 모의침투를 의뢰한 회사의 SM담당자 간의 기술적인 의견 충돌보다 입장 차이에 의한 갈등이 있을 수 있습니다. 이런 갈등을 어떻게 해소하는 것이 좋다고 생각하십니까?

22. 모의침투에 사용되는 방법과 툴이 다양하게 존재하는데, 모의침투에 사용된 방법과 툴에 대한 신뢰도를 높이는 방법에는 어떤 것이 있는지 알고 싶습니다.

23. 모바일 모의해킹 분야에 대한 전망은 어떻게 보시나요?

24. 모의해킹은 팀 단위로 진행되고 컨설팅 업무에 포함된다고 하는데, 그렇다면 신입사원으로 모의해킹 분야에 진출하면 컨설팅 업무도 병행하게 되나요?

25. 워게임이나 웹고트 등을 풀면서 공부해도 취업에 도움이 될까요? 대다수 분들이 직접 환경을 구축해서 공격해보고 막아보고 하라고 하시더라고요.

26. 취업을 어떤 식으로 준비해서 성공하셨나요?

27. 모의해킹의 경우 어떤 지식들을 갖춰야 시작할 수 있나요?

28. 모의해킹 분야는 진입장벽이 높은 것 같고, 대부분 경력직만 뽑던데 회사 측에서 직원을 뽑을 때 우선시하는 부분이 있나요?

29. 개발자들과 비교해서 급여 부분은 어떻게 되나요?

30. 모의해킹 업무를 수행할 때 백트랙이나 MSF 말고도 많이 사용되는 툴이 있다면 어떤 게 있을까요?

31. 기업 보안담당자 입장에서의 모의해킹 활용 사례는 어떤 것들이 있을까요?

32. 모의해킹 이후 다른 업체 혹은 국정원 감사 등을 통해 진단 시 놓치거나 혹은 새로운 취약점 등이 발견됐을 때 이를 진단자의 실수나 기술력 부족으로 설명해야 할까요?

33. 웹 취약점을 진단할 때 코딩 능력이 부족하다는 것을 느낍니다. 그렇다고 처음부터 코딩을 배우려고 보니 내용도 방대하고 다른 일들이 너무 많아 시간도 부족합니다. 기초 책부터 구입해서 공부를 해야하는 건지… 어떤 식으로 접근하는 게 좋을지 궁금합니다.

34. IDS나 IPS를 실무에서도 분석하고 자료를 수집하나요?

35. 허니팟 구현이나 분석 및 허니팟에 대한 것을 직접 구현하고 실무에서도 사용하나요?

36. 진단 및 모의해킹 업무를 수행할 때 늘 저만의 방법론과 다양한 시나리오를 생각하는 데 많은 시간을 투자합니다. 환경 분석 및 대상 정보 수집과 서비스를 이해하고 시나리오를 구상하는 데 아무래도 경험이 많이 부족하다 보니 이 부분이 늘 힘듭니다. 시나리오를 설계하는 노하우와 재미있는 시나리오 설계 경험(백트랙을 이용한)이 궁금합니다.

37. 모의해킹 업무를 하다 보면 기술적인 부분도 늘 중요하고 항상 공부해야 하지만 훌륭한 결과물을 내려면 다양한 소프트스킬도 조화를 이뤄야 한다는 것을 느꼈습니다. 모의해킹과 시너지를 이룰 수 있는 소프트스킬이 궁금합니다.

38. 모의해킹을 최종 목표로 삼는다면 그 과정에서 어떤 것들을 공부해야 할까요?

39. 모의해킹에서 사용되는 툴과 기법은 상당히 많은데 그 중에서 대표적으로 많이 사용되는 툴과 모의해킹의 파트는 무엇인가요?

40. 다른 업무를 하다가 모의해킹으로 전환되는 경우가 있나요? (관제나 기술지원 기타 등등에서요)

41. 백트랙을 이용하면 모든 사이트를 완벽하게 해킹할 수 있나요? 아니면 실패하는 경우도 있나요?

42. 모의해킹을 하기 전에 필요한 지식은?

43. 백트랙을 만들기 위한 기본 원리는?

44. 모의해킹과 프로그래밍의 관계는 어떤가요? 프로그래밍을 잘 하면 모의해킹을 잘 할 수 있을까요? 아님 프로그래밍 실력과 관계없이 모의해킹에 대한 지식만으로 보안 업무를 잘 할 수 있을까요?

45. 정말 모의해킹이라는 분야가 필요할까요? 해킹 스킬을 연마하기보다는 컴퓨터에 대한 튼튼한 기본 지식으로 이용할 서버나 프로그램의 원리를 파악해서 사전에 해킹이 불가능한 형태의 서버나 프로그램을 만들면 되지 않을까요?

46. 국내의 보안 인식 수준에 대해서는 어떻게 생각하시나요?

47. 최근 보안 이슈들이 발생하는 근본적인 이유는 무엇이라고 생각하시나요?

48. 개인적으로 모의해킹을 의뢰받았을 때 한 건당 어느 정도의 금액을 받고 모의해킹을 하는지 궁금합니다.

49. 모의해킹을 의뢰받은 후 대략 어느 정도의 시간 간격을 두고 시작하고 끝마침하는지 궁금합니다.

50. 책이 출간된 후에 책에서 다룬 내용을 악용할 경우 저자분들이나 출판사에 영향이 있는지 궁금합니다

51. 보안 측면에서의 사회공학 기법을 알 수 있는 내용이 책에 담겨있나요?

52. 일반적으로 해킹을 하기 위해서는 IT 전 분야에 대한 폭넓은 지식이 필요한데, 신입사원을 채용해서 무리하게 업무에 투입시킬 경우 툴을 돌리는 정도의 점검밖에 못할 것 같은데, 모의해킹이 그 정도의 지식으로도 충분히 가능한 직업인가요? 개인적으로는 웹쪽 진단에 투입될 경우 적어도 현재 운영 중인 쇼핑몰 홈페이지를 개발해 본 이력 정도는 있어야 한다고 생각해서 드리는 질문입니다. 개발자의 습성, 홈페이지의 원리과 같은 프로세스를 정확하게 이해하고 있어야 역발상할 수 있는 단계에 다다를 수 있다고 생각합니다.

53. 여느 분야처럼 보안 분야도 어딜가나 외국어를 강조하던데, 자유롭게 대화를 나눌 수 있을 정도로 외국어를 구사하는 경우 동급의 기술력을 가진 사람과 연봉 차이가 어느 정도 나는지 알고 싶습니다. 외국기업을 희망하거나 해외진출을 목표로 삼지 않은 이상, 구글번역기도 잘 돼 있고 논문조차 대본까지 영어로 다 대리로 번역해주는 현실에 과연 외국어 능력이 얼마나 인센티브가 있는지 궁금합니다.

54. 모의해커 프리랜서들의 연봉이나 대우, 프로젝트 참여 기회 등이 궁금합니다.

55. 모의해킹 업무를 하면서 가장 보람을 느낀 적은 언제였나요?

56. 우리나라에서 모의해킹으로 기술력 있는 회사로는 어떤 곳이 있는지 궁금합니다.

57. 모의해킹을 할 때 고객사의 담당자에게서 필요한 정보를 얻을 수 있다면 그게 진정한 모의해킹일까요?

58. 홈페이지에 사진이 단 한장만 있습니다. 그럼 어떻게 모의해킹이 가능할까요?

59. 모의해킹과 그냥 해킹의 정확한 차이점은 뭔가요?

60. 모의해킹을 책으로 쓰거나 쉽게 볼 수 있게 만들게 되면서 그에 대한 우려는 없나요? 예를 들어 누구나 쉽게 해킹을 연습해서 해킹한다거나, 그런 것들도 걱정이 되지 않을까요?

61. 현재 보안관제 신입사원으로 일하고 있는 중인데, 모의해커를 목표로 하고 있습니다. 관제 경력을 2~3년 쌓으면서 관련 공부를 하면 경력직으로 모의해킹 컨설턴트로 입사할 수 있을까요?

62. 모의해킹 업무를 수행하려면 인문학적 지식과 소양, 창의적이고 번뜩이는 아이디어가 업무에 큰 도움이 될까요?

63. 아무래도 보안 분야가 기술이나 경험이 중요하다 보니 이론적인 공부 말고도 실습이 중요하다고 하신 글을 많이 봤습니다. 제가 학교를 다니고 있는데 학기 중에는 학교 공부와 과제를 하기에도 벅찹니다. 그런데 학교 공부만 하자니 뭔가 불안하고 뒤처지는 것 같아요. 남들은 학교 공부 말고도 많은 것들을 준비하고 전공이 보안과 관련된 학생들은 그 분야만 전문적으로 할 테지만 저는 보안 관련 학과가 아니거든요. 그래서 남들보다 뒤처지는 건 아닌지 걱정입니다. 우선은 학점 관리가 우선일까요? 아니면 보안 관련 공부도 병행하는 게 맞는 걸까요? 괜히 이도저도 안 되는 건 아닌지 걱정이라서요.

64. 보안 분야에서 어학연수를 다녀오는 게 도움이 될까요? 아무래도 비용 부담이 크다 보니 결정을 내리기가 쉽지 않네요. 만약 어학연수를 간다면 영어공부만 하겠지만 교환학생으로 간다면 전공 공부를 하게 될 텐데 가서 어떤 공부를 하고 오는 게 더 좋을까요?

65. 모의해킹을 하는 데 쓰는 툴로는 어떤 것이 있나요?

66. 사용되는 툴들을 공부하기 위해 참고할 만한 책이나 사이트를 알려주세요.

67. 최신 버전의 스노트(snort) 윈도우 버전을 설치할 때 SQL과 연동하려면 어떻게 해야 할까요?

68. 빅팀 서버 사이트들을 알려주세요.

69. 아직 학생인 만큼 학교 숙제나 공부를 따라가기에도 힘든 상황입니다. 그런데 정보보안이나 스마트폰 분야에 관심이 있다 보니 계속해서 눈이 가게 되더군요. 혼자서 열심히 한다고 생각은 했는데 그게 말처럼 쉽지는 않더라고요. 지금 같은 상황에서 어떤 식으로 공부해야 모의해킹 업무 등을 할 수 있는 보안 전문가가 될 수 있을까요? 그저 공부에만 충실하면 되는 걸까요?

70. 질문 1과 비슷하지만 혼자서 하다 보니 다른 선생님들의 의견을 받아 네트워킹, 운영체제, 백트랙 관련 책을 PDF 파일로 내려받거나 책을 빌려 공부하고 있습니다. 그런데 모의해킹을 하려면 어떤 툴을 사용하고 어떤 분야를 좀 더 자세히 알아야 하나요?